인구감소시대

도시만들기와 공유경제

정은주 저

CREATING CITY & SHARING ECONOMY

전남대학교출판문화원

인구감소시대
도시 만들기와 공유경제

인 쇄 2017년 8월 25일
발 행 2017년 8월 30일

저 자_정은주
발행인_정병석
발행처_전남대학교출판문화원
등 록_1981. 5. 21. 제53호
주 소_61186 광주광역시 북구 용봉로 77
전 화_(062) 530-0571~2
영업부_(062) 530-0573
팩 스_(062) 530-0579
홈페이지_http: //www.cnup.co.kr
이메일_cnup0571@hanmail.net

값 20,000 원

ISBN 978-89-6849-427-7 (93320)

이 도서의 국립중앙도서관 출판예정도서목록(CIP)은
서지정보유통지원시스템 홈페이지(http://seoji.nl.go.kr)와
국가자료공동목록시스템(http://www.nl.go.kr/kolisnet)에서 이용하실 수 있습니다.
(CIP제어번호 : CIP2017021476)

■ 프롤로그

시간이 지나면 초심을 잃어버리고 시간의 흐름에 맡겨 피동적인 존재가 되고 시공간 개념을 상실하며 사는 것이 일상적인 일이다. 절대적인 시간과 공간의 개념을 부정한 아인슈타인의 상대성 이론이 등장한지 100여년이 지나 시공간의 상대성은 당연한 진리로 여겨진지 오래이다. 시간의 흐름이 각 객체별 다른 속도와 정도로 느껴지는 것처럼 도시에 가해지는 시공간적 자극 또한 지극히 상대적이다. 그리고 변화에 대한 적응 정도에 따라 도시의 생멸이 결정된다.

도시가 처한 상황은 마치 트레드 밀(Tread Mill) 위의 사람과 같다. 단 속도조절은 사람이 할 수 없다. 발을 디디고 있는 패드는 사람의 의지와 관계없이 돌아간다. 걷기도 하고 뛰어야 하는 머신 위에서 바닥으로 내동댕이쳐지지 않으려면 그 속도와 운동 법칙에 맞추어야 한다. 게다가 머신은 항상 일정 속도를 유지하는 것이 아니라 언제든지 변할 수 있어 눈은 앞을 향하고 손과 발은 끊임없이 움직여야 하는 상황이다.

최근 우리가 사는 세상의 변화는 사람이 통제하기엔 너무나 빨라 어제가 인류 역사 상 두 번째로 빠르게 변화했던 날로 기록될 것이라는 우스갯소리를 당연한 듯 헛웃음으로 인정해야 되는지도 모른다. 매일 매순간 변화하고 있다고 해도 과언이 아닐 만큼 빠르게 변하고 있고, 변화를 가속화시키는 변수들은 시간만큼 증가하고 있다.

도시는 수천 년 동안 인류와 함께 해온 살아있는 역사물이다. 도시도 인류 역사상 지금과 같이 빠르게 변했던 시대를 찾아보기 어려울 만큼 빠르게 변하고 있다. 오랜 기간 지속되고 발전해온 도시가 빠르게 움직이는 시간 위에서 떨어지지 않으려고 발버둥하고 있다.

변화의 속도는 빨라지고 그로 인한 파급효과가 미치는 범위는 점점 더 깊고 넓어지고 있다. 인류 역사상 기술발전의 거대한 변혁 시기로 기록되어 혁명이라고 지칭되는 산업혁명을 필두로 하는 변화를 반추해보면 현재의 변화 속도와 정도를 가늠해볼 수 있을 것이다. 1780년대 영국을 필두로 시작된 산업혁명이 인접한 프랑스, 벨기에까지 이르는데 50년이 걸렸고, 1890년에 이르러서야 일본과 러시아에까지 퍼지게 되면서 전 세계적으로 산업혁명의 물결이 미치는데 100년 이상이 소요되었다. 1800년대 당시 도시에 사는 인구는 불과 3%에 불과했다. 산업화의 바람과 함께 도시화의 선두에 섰던 선진국들은 1950년대 50% 남짓의 도시화율을 보였고, 불과 50년 만에 그들 나라 인구의 75%가 도시에 살게 되는 유래를 찾아보기 어려울 만큼 놀라운 변화를 보였다. 1950년대 당시 세계적으로 인구 100만이 넘는 메트로폴리스(Metropolis)가 83개 도시였던 것이 50년만인 2000년대 초반 468개로 늘었다. 또한 당시 인구 1000만의 메갈로시티(Megarocity)가 뉴욕과 도쿄뿐이었는데 현재는 25개의 메가시티로 진화했다. 산업혁명의 영향이 바로 연접한 나라에 미치기까지 50년의 시간의 필요했고 100년 이상의 시간이 흘러 전 세계적으로 파급되었던 것에 비해 세계적인 도시화의 속도는 놀라움을 금치 못할 정도다. 2014년 전 세계 도시화율은 54%에 이르게 되었고, UN예측에 따르면 향후 세계인의 75%가 도시에 거주하게 될 것이라고 한다. 이에 덧붙여 세계화와 정보화, 기술 환경의 변화, 그리고 기후변화와 같은 자연환경의 변화까지 더해 도시의 변화 속도를 측정해본다면 그 만큼의 변화 속도를 견디고 살고 있는 사람들이 가히 경이로울 정도이다.

이러한 급속한 시대적 변화에 동승하지 못했던 소도시나 대도시로 성장하지 못한 도시는 알에서 깨어나 아직 날개가 채 마르기도 전에 날기를 강요당하는 격이 되었다. 세계적으로 대형화·집중화되는 세계 도시들의 틈바구니에서 도시가 살아갈 제 나름의 방법을 강구하지 않으면 생존이 위협받는 시대에 이르렀다. 산업화에서 정보화 사회로 다시 제4차산업혁명이라는 거대한 폭풍우에 맞닥뜨려야 하는 도시들의 미래는 어떻게 될 것인가? 이 질문으로 본 책을 쓰는 동기를 대신해도 될 것이다.

도시의 봄날은 갔다. 인구의 90%이상이 도시에 살고 있는 오늘날 수도권과 일부 대도시를 제외한 도시의 봄날은 이미 지나갔다. 아니 봄날이 언제였는지 기억조차도 아련하다. 하지만 아직도 대도시의 모습을 꿈꾸며 대안이 없다는 이유 하나로 쇠락의 길을 가고 있는 도시가 많다. 심지어 도시 자체수입으로 자신들의 공무원 급여마저도 주지 못할 형편임에도 중앙정부의 지원과 지역민의 고통을 당연시하며 자신들은 봄날인척 도시를 경영하고 있는 사례도 있다. 이러한 지방도시의 쇠퇴상황을 자초한 도시의 이면에는 대부분 실패한 도시경영이 자리하고 있고, 다음과 같은 공통적인 특징을 가지고 있다.

첫 번째, 계획은 있지만 전혀 성과가 나오지 않는다는 것이다. 결과적으로는 재정적 낭비만 초래했다는 것이다. 이유는 간단하다. 도시의 현실인식이 배제된 대응 전략을 내세워 전혀 경쟁력 없는 대중적 요법에 불과한 정책을 내세웠기 때문이다.

대표적인 사례가 도시의 인구를 늘리겠다는 것과 기업유치를 통해 일자리를 만들겠다는 것이다. 이 두 가지 계획과 투자는 모든 도시의 목표이지 그들 도시만의 목표가 아니다. 도시들 간 무한 경쟁 속에서 명칭만 다를 뿐 똑같은 내용의 정책으로 개별 도시만의 경쟁력을 가질 수 있다고 한다. 많은 도시들이 자신들만의 장밋빛 청사진을 제시하며 추진하지만 정작 결과가 없거나 도리어 도시의 짐이 되는 경우가 많고 이보다 더 심각한 것은 책임지는 사람도 없다는 것이다. 왜 우리 도시의 인구가 감소했는지, 왜 지금까지 우리 도시에 기업체가 없는 것인지 한번만 생각해보면 될 일을 생각하기 싫어서 하지 않는 것인지 아니면 외면한 것인지 붙잡고 물어보고 싶은 심정이다. 냉철한 자기 분석과 책임의식이 동반되지 않는다면 낭비된 재원과 후세에게 넘겨주어야 할 도시 자원마저 훼손하여 시간이 갈수록 도시 거주자의 삶은 더 피폐해져 갈 것이며 결국 지역의 생존 자체를 위협할 것이다.

두 번째는 보여주기식 정책에 있다. 이러한 정책의 특징은 황당한 목표와 함께 기존의 도시프레임과 별개로 추진된다는 것이다. 계획을 수립하고 추진할 때까지는 지역과 지역민에게 필요한 사업처럼 보이지만, 정작 이해당사자 몇 명과 추진 주체만의 일이 되어버린다. 하지만 이러한 사업의 피해는 도시민 모두에게 돌아오고 후세에 까지 영향을 미친다.

세 번째는 의사결정의 폐쇄성에 있다. 지금까지의 지방도시는 한계점과 약점으로 여겨지던 고령화와 지역성을 도시 의사결정의 도구로 활용했다. 역으로 생각해보면 급속한 고령화와 지역성에 의존해 쉽게 도시를 경영해 왔다고도 할 수 있다. 몇몇 시민단체의 이의제기는 있지만 그래도 대도시처럼 다양한 주체의 이해관계와 목표들이 도시경영 과정에 참여하는 것과 비교해본다면 도시경영의 애로사항은 거의 없다고 하는 것이 더 타당할 것이다. 고령자들은 젊은이에 비해 의사결정과정 참여에 적극적이지 못한 성향이 있다. 특히 지방도시의 고령자는 도시경영에 참여하는 경우가 거의 없다. 여기에는 과거에 비해 지금의 삶이 좋아졌다고 생각하는 등 아직까지 삶의 질에 대한 의식이 부족하다는 점에서도 이유를 찾을 수 있다.

이들은 또한 혈연과 지연관계에 맹목적으로 추종하는 지역의 특수한 성향을 이용한 도시 경영이 이루어지고 있어 소수에 의한 의사결정이 이루어지고 있다고 추측할 수 있다. 즉 도시경영의 의사 결정이 상향식 의사 결정이 아닌 도시경영을 맡고 있는 소수의 의사결정에 의해 결정된 사항을 아래로 지시하고 전달만 하는 방식이 주를 이루고 있다.

도시는 어느 날 갑자기 만들어진 것이 아니다. 도시라는 공간에서 살아간 수많은 사람들의 경험과 생각, 이상이 담기고 펼쳐져 있는 역사책이다. 그 곳에 사는 사람들이 쓰고 지우고 다시 후손에게 넘겨주기 전 까지 소중히 다루어야 할 공동의 자산이다. 세계 정치·경제·사회적 변화의 물결 속에서 도시의 소멸을 걱정해야 할 정도의 위협을 인식하는 수준에 다다랐다면, 우리는 도시가 나아갈 새로운 길을 여는 방법을 찾아야 한다. 이전 모든 도시의 기억과 현재의 상황, 미래의 예측을 융합하는 새로운 눈과 귀를 가져야 한다. 지금도 도시는 트레드 밀 위에서 달리고 있는 중이다. 이제 도시는 변해야 한다. 도시가 과거에서 현재까지 살아오고 성장해 온 것처럼 그만한 저력과 잠재력이 있다는 것은 현재 존재하고 있다는 사실 자체가 그 증거이다. 다만 한 번도 가보지 않은 길을 가볼 용기를 내는 것이 필요한 시점이다.

도시의 최종 목표는 사람 사는 도시를 만드는 것이다. 이를 위해 먼저 도시를 제대로 된 시각으로 바라보고 자신의 도시를 객관적으로 바르게 이해하는 작업이 우선이다. 본 책의 제 I 부에서는 도시 바로 보기와 날것으로의 도시 민낯을 최대한 객관적인 눈으로 바라보고자 하는 시도를 했다. 이를 바탕으로 도시에 대한 생각과 비전으로 도시의 방향성을 찾는 작업으로 구성하였다. 이제까지의 도시가 특화된 생산능력을 담아내는 것을 목표로 하였다면, 미래의 도시는 생존을 위한 교류와 융합이 강조되는 창조적인 도시를 목표로 해야 할 것이다. 사람과 사람의 교류, 기술과 사람의 연결, 이러한 교류의 상호작용, 인구감소시대를 대비한 현실적 방안 모색, 도시자원과 인간의 관계 정립 등에 대한 미래 도시의 방향성에 관해 생각해보았다.

방향과 비전이 결정되었다면 이후에는 실제적인 실행이 따라야 한다. 실행(Action)없는 생각과 계획은 한낱 망상에 불과할지 모른다. 지금 조금 불편하고 어렵다고 하더라도 도시의 현실을 부정하거나 외면하는 정책은 도움이 되지 않는 것이며 도시의 지속성을 해하고 또 다른 위협요인으로 소멸의 시기를 앞당길 뿐이다. 지속가능한 도시를 구현하고 변화된 환경을 인지하여 성장의 시대에서 축소의 시대, 역성장의 시대를 맞이할 준비를 해야 한다.

기존에 경제성장과 발전을 지향하고 구가하던 도시에서 신규 자원과 공간을 활용할 수 있는 여력과 환경이 허락되었던 시대였다면, 현대 도시는 지속가능성, 리질리언스, 사회적 통합과 배제, 자연환경의 변화 등으로 예전의 풍요로움과 사치를 누릴 수 없게 되었다. 현대

도시의 생존을 위해서는 최소한의 자원 소비와 환경 보존, 재생과 재활용, 융합과 협동, 균형, 연계, 공유 등에 가치를 두어 기존의 단편적, 일회성으로 접근하던 방식에서 벗어나 창의적으로 통합, 균형과 연계, 순환 등이 강조되는 홀리스틱적 사고(Holistic Paradigm)로 전환해야 한다. 현존하는 도시에 최소한의 개입을 통해 도시 문제에 접근하는 방식을 적용해 도시의 지속성과 균형을 도모하자는 것이 현대 도시의 변화에 적응하는 방법이 될 것이다. 도시의 문제가 도시의 기회가 될 수 있듯이 기존의 도시 위에서 문제의 핵심에 작용할 수 있도록 하는 작은 개선이 전체에 긍정적인 파급효과를 줄 수 있는 방법이 필요하다. 본 책에서는 이러한 사고의 전환을 적용하는 도시전략 방법의 하나로 창의적인 도시침술 방법을 제안한다.

도시 침술(Urban Acupuncture)은 동양의학의 침술처럼 막힌 경혈에 침을 놓아 몸을 살리듯 우리의 도시를 살려내는 것을 표현하는 방법이다. 본 책에서는 사람 사는 도시를 만들기 위한 방법으로 도시침술을 제시하며 구체적인 방법과 사례를 간략하게 살펴보고자 한다. 이로써 처음에 책을 쓰기 시작한 마음이 전달되어 미래 도시를 위한 안내라는 자리를 조금이라도 구하고자 하는 바람이다. 사람 사는 도시를 만드는 방법에는 여러 가지가 있겠지만, 우리의 현실에 가장 적합한 도시침술의 하나로 손꼽을 수 있는 방법은 교통을 활용하는 것이다. 일례로 중심시가지를 보행자 전용도로화하여 보행 친화적인 공간으로 구축함으로써 사람이 보고 즐길 수 있는 공간으로 재생하는 방법을 활용하거나, 지역 간 연계교통망을 구축하는 방법, 교통여건이 갖추어진 곳에 주거클러스터를 조성하는 방법 등이 있을 것이고 이를 적용한 몇몇의 사례를 들어 살펴본다.

제Ⅱ부에서는 도시가 직면한 다양한 문제들에 대한 정책적 해결 방안으로 부상하고 있는 공유경제에 관해 살펴본다. 성장의 한계와 인구의 감소, 고령화, 기후변화 등의 문제에 대응할 만큼 공적 자원이 충분하지 못한 한계에 봉착하게 되면서 기존 도시의 유휴자산과 유·무형의 자원을 활용한 공유경제를 도시 패러다임의 일부로 도입하게 되었다. 덧붙여 성장의 한계와 저성장, 역성장이 논의되고 있는 현대 도시에 대한 소프트웨어적 접근방법의 하나로 공유경제가 자리하게 되었다고 말할 수 있다. 과학기술이 가져온 정치·경제·사회적 패러다임의 변화를 외면하고 미래 도시를 담보할 수 없다는 것은 당연한 현실이다. 또한 기술발전과 함께 환경문제, 지속가능성, 사회적 가치, 심화된 불평등 현상, 사회적 배제 등의 문제가 복합적으로 시민을 위협하고 있고 그 해결책으로 다양한 방안이 제시되고 있다. 그 중에서도 기술발전으로 초연결 사회를 살고 있는 현대인에게 공유는 이제 선택이 아닌 필수이며 미래전략의 하나가 되었다.

선택과 집중으로 이루어진 성장지향형 도시 전략이 초래한 도시 간 격차 문제의 해소, 일자리 창출, 기후변화 대응 등 우리 실정에 맞는 공유경제 모델의 개발은 시급한 과제이다. 지방 소도시의 경우 산업화의 과정에서 소외되어 지역격차와 인구유출 등을 당연한 숙명으로 받아들였고, 도리어 고유의 문화와 자원이 잘 보존되어 독창성과 차별성을 유지할 수 있게 된 점 등이 공유경제 적용의 이점으로 부상하게 되었다. 특히 다른 지역과의 차별성은 지역 활성화와 공유경제 구현을 위한 핵심 자원을 보유하고 있다는 점에서 공유경제에 쉽게 접근하는 지름길로 혹은 사례로 활용할 수 있게 되었다.

본 책에서는 미래 도시 전략을 위한 많은 제안 중 최소한의 자원 활용으로 환경의 변화에 적응할 수 있는 방법으로 공유경제를 채택하였다. 공유경제를 통해 지역의 자원을 나누고 활용하는 시방서나 사용설명서로서 이야기를 시작할 수 있는 장을 마련하고자 한다. 특히 인구가 감소하고 산업이 쇠퇴하는 지역에서 공유를 통한 관광의 활성화는 제조업에서 서비스업으로 고용시장이 이행되고 있는 현실을 감안할 때 해당 지역에게는 한 줄기 빛과 같을 수 있다. 이로써 공유는 지역을 보존하고 살리며 활성화 시키는 창구와 터전으로서 역할을 할 것이다.

도시의 변화를 초래하는 경우의 수가 많은 것처럼 변화에 적응하고 또 다른 변화를 유도할 수 있는 방법에도 헤아릴 수 없이 많은 처방이 있다. 개별 도시의 입장에서 보면 그들 각자가 갖는 현재 특성에 맞는 맞춤형 방안을 강구하는 것만이 도시의 현재와 미래를 위한 최고의 해결책이 될 것이다. 현재를 살고 있는 사람이 미래를 예측한다는 것은 과거·현재 자료를 토대로 가능한 것이라 실제로 미래인지 아니면 현재의 연장인지 엄격히 구분할 수 없다는 것이 더 사실에 가깝다. 그럼에도 불구하고 수없이 미래를 이야기하고 이에 대응해야한다고 말하지만, 미래에 이르기까지 너무도 많고 다양한 환경과 변수에 노출되어 있는 것이 현실이다. 요즘처럼 변화의 속도가 빠르게 다가오는 시대에 살고 있다면 현재 시점에 미래를 대비하는 것들은 이미 과거의 것이 되어 버릴 수도 있기 때문이다. 그럼에도 불구하고 매번 이러한 대응과 예측을 거듭해야 하고 그렇지 않으면, 현재조차 제대로 볼 수 있는 눈을 가질 수 없다.

저자는 이런 생각들과 문제의식으로 도시의 방향성에 대해 논의해보자는 작은 바람으로 책을 쓰기 시작했다. 이 책에서 주로 이야기하는 지방도시와 작은 도시들이 거대한 미래의 소용돌이를 헤쳐 앞으로 나가지는 못하더라도 도시에 살고 있는 우리들이 도시의 기본 이념을 잃지 않았으면 하는 바람이다. 도시는 최초 도시 생성의 기본 목적에 걸맞게 사람이 살기 좋은 곳이어야 한다. 그 바탕이 전제가 된다면 변화의 소용돌이가 아무리 거센들 지속가능한 도시가 될 것이라는 확고한 믿음이 있다.

이 책이 도시 계획, 도시 행정 등 도시 관련 전공자나 행정가, 실무자, 시민 등 도시를 사랑하는 사람들이 생각을 공유할 수 있는 계기가 되었으면 좋겠다. 도시를 만드는 것은 사람이고 사람은 과거와 현재 그리고 미래의 사람들을 포함하는 의미로 확장되어야 할 것이다. 과거의 사람이 만든 것을 현재 우리가 향유하며, 이를 오롯이 미래 세대에 넘겨주어야 한다면 오늘의 도시에 살고 있는 사람이 미래의 도시를 위한 안내서를 마련할 수 있었으면 좋겠다. 오늘은 내일 읽어야 할 역사책이다.

■ 목 차

프롤로그 _____ 3

제 I 부 도시 바라보기와 만들기

1. 도시 바로보기 — 21
    1.1. 인구 감소 — 22
    1.2. 고령사회의 도래 — 28
    1.3. 재정압박 — 34
    1.4. 격차의 심화 — 36

2. 도시 만들기의 이해 — 50
    2.1. 도시의 지속가능성과 리질리언스 — 51
    2.2. 살기 좋은 도시(Liveable City) — 62
    2.3. 도시의 힘, 도시의 매력 — 69

3. 앞으로의 도시 방향성 — 81
    3.1. 정주환경개선을 통한 삶의 질 향상 — 82
    3.2. 인구감소에 대응하는 현실적 방안 — 90
    3.3. 도시 자원을 활용한 도시 활성화 — 94

4. 창조적인 도시 만들기 — 111
    4.1. 도시 만들기의 의미 — 111
    4.2. 도시 만들기 목표 — 114
    4.3. 도시 만들기 프로세스 — 121

5. 도시 침술을 활용한 도시 만들기 — 128
    5.1. 도시 침술 — 128
    5.2. 간선급행 교통체계 구축 — 142
    5.3. 주거 클러스터 — 157

제Ⅱ부 도시를 위한 공유경제

6. 공유경제의 이해 — 169
6.1. 공유경제란 무엇인가? — 169
6.2. 불평등과 네트워크, 그리고 공유경제 — 173
6.3. 공유경제 플랫폼 — 182

7. 공유경제라 불리는 공유경제들 — 195
7.1. 온 디맨드 경제(On-Demand Economy)와 공유경제 — 195
7.2. 공유경제와 방문자 경제(Visitor Economy) — 202
7.3. 공유경제와 고용 그리고 긱 경제(Gig Economy) — 208

8. 공유경제의 영향과 효과 — 220
8.1. 경제적 측면의 영향 — 222
8.2. 사회적 측면의 영향 — 227
8.3. 기술·혁신적 측면의 영향 — 232
8.4. 공유경제의 외부효과와 기타 — 234
8.5. 공유경제의 이점 — 235

9. 공유경제 사례와 각국의 대응 — 244
9.1. 공유경제의 유형 — 244
9.2. 공유경제 사례 — 250
9.3. 공유경제에 대한 각국의 대응과 현황 — 260

10. 공유경제의 미래 — 278
10.1. 공유경제가 안고 있는 과제 — 278
10.2. 지역 활성화와 공유경제 — 285
10.3. 공유경제의 미래 — 298
10.4. 도시의 미래와 우리의 공유경제 — 302

참고문헌 — 307

찾아보기 — 321

표 목차

표 1-1	고령화 추세	29
표 1-2	중위시나리오 추계 고령화비율 추계	30
표 3-1	창조도시와 문화도시 비교	98
표 6-1	경제 체계의 변화와 공유경제의 도래	178
표 6-2	플랫폼 유형	186
표 6-3	전통경제와 공유경제의 비교	188
표 6-4	자산별 공유경제 분류	191
표 7-1	방문자 경제 내 공유경제 비즈니스 모델	208
표 9-1	공유경제 서비스 분류 및 주요 서비스 제공업체	249
표 9-2	공유경제 정책동향	268
표 9-3	공유경제촉진조례입법현황	268
표 9-4	광역자치단체 공유경제 지원활동 유형	270
표 9-5	공유경제 유형별 법적 제도적 문제점	272
표 9-6	서울시 공유관련 주요정책	273
표 9-7	공유경제 우선추진사업	275
표 10-1	공유경제를 둘러싼 과제	285

그림 목차

| 그림 1-1 | 인구변화와 성장률 —— 23
| 그림 1-2 | 생산가능인구의 변화 —— 24
| 그림 1-3 | 총부양비, 유소년부양비 및 노년부양비, 1965-2065년(중위) —— 31
| 그림 1-4 | 지방 재정 구조 —— 35
| 그림 1-5 | 시간제와 비정규근로자 추이 —— 43
| 그림 1-6 | 아시아 주요국의 지니지수 비교 —— 44
| 그림 1-7 | 한국 소득상위 1% 비율의 변화 —— 46
| 그림 3-1 | 주거입지효과(RLE)의 개념 —— 84
| 그림 3-2 | 거리와 기회의 관계 —— 86
| 그림 3-3 | 주거입지효과와 삶의 질 관계 —— 88
| 그림 3-4 | 창조 순환 사이클 —— 100
| 그림 4-1 | 도시 만들기 4단계 —— 126
| 그림 5-1 | 캐빈 린치의 도시이미지 5요소 —— 131
| 그림 5-2 | 꾸리찌바 BRT —— 152
| 그림 5-3 | 멕시코시티의 메트로 버스 —— 153
| 그림 5-4 | 도야마시 LRT 개요 —— 155
| 그림 5-5 | 지역의 변화와 주거 클러스터 —— 159
| 그림 5-6 | 주거 클러스터 실행 단계 —— 164
| 그림 6-1 | Global income growth from 1988 to 2008 —— 173
| 그림 6-2 | Global inequality from Karl Marx to Frantz Fanon and Back to Marx? —— 175
| 그림 6-3 | 상위 25개 상장 플랫폼(Publicly Traded Platforms) —— 186
| 그림 6-4 | TOP 25 Privately Owned Platforms —— 187
| 그림 6-5 | 상업적 공유경제 메카니즘 —— 190
| 그림 6-6 | 공유경제의 유형 —— 190
| 그림 6-7 | 공유경제 라이프 사이클 —— 192

| 그림 7-1 | The Sharing Economy and Other Related Economic Forms ---- 197
| 그림 7-2 | 온 디맨드 경제의 구분 ---- 198
| 그림 7-3 | 방문자 경제의 파급효과 ---- 206
| 그림 7-4 | 긱 경제 수혜 규모 ---- 215
| 그림 8-1 | 공유경제의 영향(자동차 이용과 환경) ---- 241
| 그림 9-1 | 유형별 공유경제 구분 ---- 246
| 그림 9-2 | 에어비앤비(Airbnb) 비즈니스 모델 ---- 256
| 그림 9-3 | 우버(Uber) 비즈니스 모델 ---- 257
| 그림 9-4 | 집카 이용 단계 ---- 259
| 그림 9-5 | 공유 2기 정책 효과 ---- 276
| 그림 10-1 | 공유경제 참여자별 요구사항 ---- 279
| 그림 10-2 | 공유경제의 과제 ---- 279
| 그림 10-3 | 공유경제의 과거, 현재, 미래 ---- 301
| 그림 10-4 | 공유도시와 공유경제의 미래 ---- 303

Chapter 01

도시 바로보기와 만들기

1. 도시 바로보기 2. 도시 만들기의 이해 3. 앞으로의 도시 방향성
4. 창조적인 도시 만들기 5. 도시 침술을 활용한 도시 만들기

01

도시 바로보기

1. 도시 바로보기

도시는 매순간 변한다. 도시의 변화를 가져오는 에너지는 도시 자체가 갖고 있는 근본 속성으로 도시의 출현 이후 성장과 파괴의 과정을 반복하며 현재에 이르렀다. 그래서 도시의 변화를 바라보는 시각 또한 시대적 상황과 여건에 따라 변해야 한다. 변화를 인식하고 받아들이기 위해서는 매번 다른 관점으로 접근하여야 하며, 또 다른 도시의 변화와 해결의 과정이 반복되어 도시가 성장하고 또한 발전하는 속성에 대한 이해가 필요하다.

기원전 15000년 전 취락이 현재의 도시로 발전해오는 과정에서 도시라 불리는 다양한 유형의 도시들이 등장했고, 생성, 성장, 파멸의 과정을 거치는 동안에도 끊임없이 변화하고 있다. 현대에 이르러 도시화로 지칭되는 과학기술과 경제발전을 거치며 산업, 이념 혹은 학제연구 등의 다양한 분야와 영역들이 융합되고 응용되면서 산업도시, 제3세계도시, 경관도시, 문화도시, 세계도시, 포스트모더니즘도시 등 등의 다양한 이름으로 명명되면서 시대적 요구를 도시에 표현하고 있다.

그렇다면 서로 다른 이름으로 불리던 그 '도시에 사는 사람들의 모습은 어떻게 달라졌을까, 사람들이 도시에서 얻고자 하는 것들은 어땠을까'하는 의문이 다양한 도시의 이름만큼이나 궁금증으로 다가온다. 하지만 의문은 있으나 답을 찾기는 어려울 것으로 짐작하고 있을 뿐이다. 왜냐면 변화와 다양성은 도시의 본질 그 자체에 있어 감히 한낱 표현상의 문제에 본질을 아우를 수 있는 답을 구하기 어려울 것이기 때문이다.

그렇다면 현재 도시를 바로보기 위해서도 어떤 특정한 표현으로 전체적인 특성을 모두 함축한다는 것이 어려울 것이라는 것은 당연한 것일지 모른다. 현재 도시의 특성을 토대로 미래도시를 예측한다는 것은 더욱 어려울 것이다. 이런 한계를 전제로 미래 도시를 위한 도시의 특성을 4가지로 축약했고, 대표적인 특성으로 인구감소, 고령화, 재정압박과 도시들 간 격차 심화의 4가지를 선정하였다. 열거한 특성들은 현재 맞닥뜨리고 있는 도시들도 있고, 미래에 마주하게 될 것들이기도 하다. 분명한 것은 몇몇 대도시를 제외한 지방 중소도시와 지역이 미래 겪게 될 것이라는 예측은 단지 시간문제일 뿐 예외가 없을 것이라는 점이다.

1.1. 인구 감소

우리나라의 현재 인구는 대략 5,101만 명(2015년 기준)에 이르고 있으나 인구감소 사회의 도래로 50년 후 2065년에는 대략 28%에 해당하는 인구가 줄어 3,666만 명이 될 것으로 예측하고 있다. 이는 본격적인 인구감소시대로 접어들었다는 전망과 함께 인구감소의 충격과 함께 엄습하게 될 급격하고 광범위한 변화가 멀지않았음을 보여주고 있다.

그리고 이러한 전망 또한 대도시로 편중된 인구분포를 보이고 있는 우리나라 전체 도시의 실정을 대상으로 한 예측과 가정일 뿐이다. 그보다 더 심각한 문제는 향후 본격적인 인구절벽현상과 인구감소시대 국면으로 전환되었을 때 지방도시에 미칠 영향은 상상 그 이상이 될 것이다. 이미 지방도시에서는 수 십년 전부터 지속적으로 인구가 감소하는 추세를 보이고 있어 멀지않은 미래에 도시의 지속을 장담하기 어려운 실정이다.

통계청의 장래인구추계(2010년~2060년)에 따르면, 우리나라의 인구는 2030년 5,216만 명을 정점으로 2060년 4,396만 명까지 감소할 것으로 예상되고 있다. 다음 <그림 1-1>을 보면 총인구와 인구성장률의 추이에 대해 쉽게 알 수 있다. 인구성장률은 2010년 0.46%, 2020년 0.28%를 기록하다가 2031년부터 마이너스 성장을 시작하여 2060년이 되면 -1.0% 수준을 기록할 것으로 예상하고 있다.

| 그림 1-1 | 인구변화와 성장률

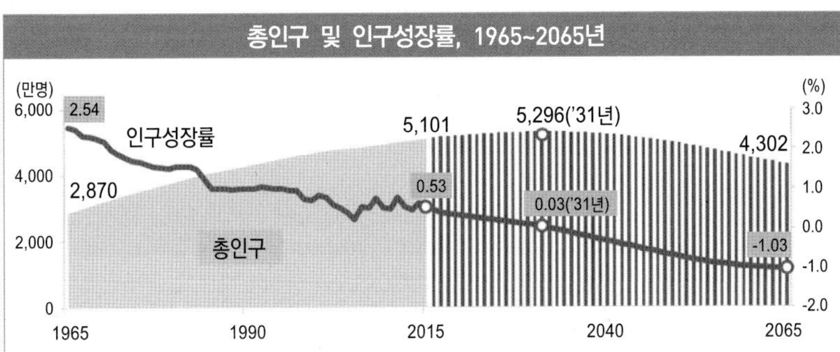

특히 인구감소현상의 영향에서 가장 우선적으로 우려되는 것은 생산가능인구의 감소다. <그림 1-2>에서 보는 바와 같이 생산가능인구는 2016년 3,744만 명(인구의 72.9%)을 정점으로 이후 지속적으로 감소할 것으로 예상되고 있다. 인구감소가 2031년부터 시작된다고 예측했다고 해서 그때까지 인구감소 현상이 심각하지 않다고 생각하는 것은 큰 착각이다. 생산가능인구 예측에 따르면 2065년 2,062만 명의 생산가능인구는 전체 예측인구 4,302만 명 대비 47.9%에 불과한 수치이다. 대략 50년 후 현재의 총인구 5,101만 명이 4,302만 명으로 감소하여 15.66%의 인구가 줄어들 것이라는 예측도 심각한 데 생산가능인구의 변화는 3,744만 명에서 2,062만 명으로 무려 44.92%나 감소할 것이라고 하였다. 이미 2017년부터 전체 인구 대비 생산가능인구가 감소하는 추세를 보이고 있어서 생산가능인구가 줄어 경제성장이 지체되는 인구 오너스(Demographic Onus) 시대가 도래했다고 우려하고 있다.[1]

▌그림 1-2▐ 생산가능인구의 변화

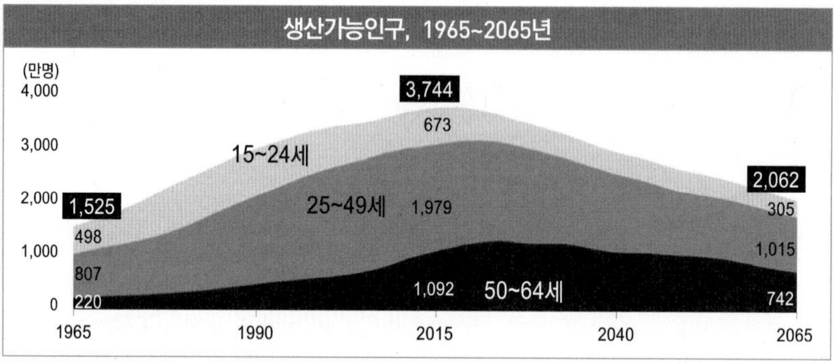

통계청은 당초 2018년으로 발표했던 인구감소 시기를 2011년 말 새로운 인구추계를 발표하면서 12년이나 늦춰 2030년으로 변경한 바 있다. 통계청의 2015-2065년 인구추계에 인구예측 요인을 저위[2] 시나리오로 인구감소추이를 예측해보면, 기존 중위기준 예측에 의해 2030년 인구정점을 찍고 2031년부터 인구가 감소할 것이라고 했던 것보다 무려 8년이나 앞당겨져지는 결과가 도출되어 2023년 인구감소가 시작된다는 결과가 도출된다.

생산가능인구(15~64세) 변화 예측에 따르면 생산가능인구의 정점 시기는 저위시나리오와 중위시나리오가 동일하게 2016년으로 분석했다. 2065년에는 생산가능인구 비중에 대해 저위시나리오의 예측에서는 중위(47.9%)보다 낮은 46.4%에 머물 것이라고 통계청은 전망하고 있다. 인구예측은 출산율과 기대수명, 국제적인 이동수준 등 인구예측요인에 따라 인구추계가 달라질 수 있다. 그리고 제반 요인의 변경에 따라 예측보다도 더 빠르게 진행될 가능성이 높지만, 그럼에도 불구하고 예측의 추세와 방향성은 일정하다. 특히 인구예측은 정치, 경제 예측에 비해 큰 오차가 발생할 확률이 낮아 정확도가 매우 높으며, 특정한 국제적 이동현상 등의 급변한 상황이 발생하지 않는 이상 단기간에 변화될 수 있는 속성이 아니다.

국가적인 차원에서의 인구와 연령별 인구분포 등의 특성을 살펴보았다면, 도시별 인구변화 양상에는 어떤 특성이 있는지 찾아보았다. 행정자치부의 내고장알리미(www.laiis.go.kr)를 통해 지자체 인구감소 추이를 살펴본 결과, 우리나라 228개 지자체 중 2007년부터 2015년까지 9년 연속 인구가 감소하고 있는 지자체가 무려 40곳에 달했다. 이는 전체 지자체의 17.5%에 해당되는 숫자다.

10년 가까이 인구가 감소하는 지역은 흔히 농촌지역이나 지방 소도시들이 해당될 것으로 쉽게 생각할 수 있겠지만, 서울 노원구와 영등포구, 대구 서구, 경기 안양시 등이 명단에 포함되어 있다. 이는 대도시라고 해서 인구감소문제에 안전지대가 아니라 대도시 내 자치구의 인구감소라는 과제가 상존하고 있어 인구감소문제가 특정 도시의 문제로 한정할 수 있는 것이 아니라는 것이다. 9년 연속 인구가 감소하고 있다는 것은 감소 추세를 중단시킬 “특단의 대책”이 없는 한 인구 감소세가 계속될 가능성이 높다는 점을 시사하고 있다.

광역 지자체별로 인구감소 추세를 보이는 곳은 전남이 고흥군과 여수시 등 7곳으로 가장 많았고, 서울과 부산이 각각 6곳, 경북이 5곳, 충남이 4곳, 대구와 전북이 각각 3곳, 강원도와 충북이 각각 2곳, 경기와 인천이 각각 1곳씩 포함됐다.[3]

인구감소와 지속가능성의 문제는 우리나라만의 문제가 아니듯이 외국에서도 관련 연구가 이어지고 있으며, 마스다 히로야 전 일본 총무장관은 지방소멸위험지수[4]라는 개념을 제시하기도 했다. 지방소멸위험지수는 가임기 여성(20~39세)인구를 65세 이상 고령자 인구로 나눈 값으로 산출 값이 1.0이하이면 인구쇠퇴주의단계, 0.5이하이면 인구소멸위험단계로 정의했다. 한국고용정보원에서는 지방소멸위험지수에 따라 우리나라 상황을 분석하였다.

지방소멸위험지수를 분석한 결과에 따르면, 광역시도에서 지방소멸위험지수가 1.0 이상인 지역은 서울(1.2), 인천(1.3), 광주(1.2), 대전(1.2), 울산(1.4), 세종(1.5) 등 6개 지역이 해당되었다. 대구는 광역시임에도 불구하고 2014년 7월 1.0에서 다음해 7월 0.977로 내려가는 수치를 보였다.

전남은 2015년 7월 0.51에서 2016년 0.50으로 하락하여 0.5 미만으로 떨어질 것으로 예측됐다. 시군구별로 보면 지방소멸위험지수가 0.5미만인 곳은 2014년 79곳에서 2015년 80곳, 2016년 84곳으로 빠르게 증가하고 있는 추세다. 신규 진입지역은 강원도 삼척(0.488), 부산 동구(0.491)와 영도구(0.499), 경남 함안(0.495)이었다. 전국 읍면동의 3분의 1이 넘는 1,383곳이 30년 뒤 사라질 수 있는 소멸위험 지역에 포함됐다. 이 중 708곳은 0.2 미만인 '소멸고위험 지역'에 해당되기도 했다. 광역시 기초단체 중 부산 동구와 영도구가 최초로 지방소멸위험 지역에 진입한 것은 "이는 더 이상 지방소멸 문제가 농어촌

낙후지역에 국한된 것이 아니라 지방 대도시권까지 확산되고 있음을 의미한다."고 지적했다.[5]

인구 감소는 도시의 생멸을 결정하고 도시민의 삶에 막대한 영향을 미친다. 인구 감소는 노동 인구의 감소와 소비 시장의 축소, 경제활동 둔화 등으로 파급되어 도시 활력을 저하시킨다. 특히 인구감소와 함께 저출산 고령화의 인구 구조는 젊은 세대의 사회보장 부담을 증가시켜 가처분 소득 감소로 이어지고 소비 침체를 가져와 경제에 부정적인 영향을 주게 된다. 그리고 세수 감소와 저축률 하락, 재정 및 금융 시장을 비롯한 모든 분야에 영향을 줄 것으로 예상된다. 이와 같이 끊임없이 열거할 수 있을 정도로 많은 인구감소의 영향을 정리해보면 다음과 같다.

첫째, 도시 기반과 규모의 경제를 훼손한다. 우리 일상생활에 필요한 생활관련 각종 서비스는 일정한 인구 규모를 기반으로 제공되기 때문에 지역의 인구 감소는 이들 서비스의 축소가 불가피하다는 것을 의미한다. 서비스 산업의 축소와 철수는 지역의 고용 기회 감소, 교육서비스 감소, 생활의 불편함 가중 등으로 이어지게 되고 이는 새로운 인구감소 요인으로 작용하여 인구 유출을 초래하는 악순환의 과정을 만든다.

둘째, 인구 감소는 지방 재정에도 부정적인 영향을 미친다. 인구감소와 그에 따른 경제·산업 활동의 축소에 따라 자치단체의 세수가 감소하게 된다. 이에 반해 고령화의 진행으로 사회보장비 지출이 증가되어 지방 재정여건은 점점 더 어려워지게 된다. 이런 상황이 지속되어 종국에는 행정서비스의 축소로 연결되고 갈수록 생활 편의성이 저하되게 된다. 또한 기존의 인구성장을 전제로 구축되었던 도시 인프라가 노후화되면서 관리와 운영에 있어 지방재정 부담을 가중시키는 결과를 가져오게 될 것이다.

셋째, 인구 감소와 달리 주택의 총량(stock)은 감소되지 않아 임대 혹은 매각되지 않아 장기간 비워져 있는 공가와 폐가는 지속적으로 증가할 것이다. 이렇게 방치된 주택과 유휴 토지는 도시의 경관을 해치고 환경을 훼손하는 것은 물론이며 치안과 방재를 위협하는 요인이 되어 해당 지역에 거주하고 있는 주민들의 주거환경을 해치게 된다.

넷째, 지역의 커뮤니티 기능 저하 현상을 가져온다. 지역의 인구 감소로 지역의 정책참여와 활동에 참여인원이 감소하게 되면서 자치 기능과 연대감, 소속감 등을 저하시키게 된다. 특히 젊은 층이 감소하여 다른 지역과의 네트워크 활동과 행사 등이 축소되면서 주민 간 교류와 지역에 대한 애착이 줄어들게 된다.

다섯째, 환경적 문제를 들 수 있다. 지역에 인구가 감소한다는 것은 민간 자본의 경제성을 확보할 수 없어 각종 편의서비스를 지역에서 충족할 수 없다. 특히 정시성과 경제성을 기본으로 하는 교통서비스의 경우 민·관 모두에게 서비스 제공의 한계가 있다. 따라서 지속적으로 인구가 감소하는 지역의 경우 교통서비스의 감소로 개별적으로 차량을 이용해야 한다는 점에서 환경오염과 에너지 자원의 추가적인 소비를 초래한다. 이와 같은 문제들은 서로 영향을 미치며 악순환 고리를 형성하게 되고 존립을 위협하는 요인으로 작용하게 된다.

1.2. 고령사회의 도래

통계청에서 발표한 고령화 추계에 관한 <표 1-1>에 의하면 2014년 65세 이상 고령인구는 전체 인구 중 12.7%를 차지하고 있다.

2015년 우리나라 65세 이상 고령인구 비중이 13.2%라는 공식적인 발표가 이어지고 2017년 14%에 진입해 본격적인 고령사회로 진입하게 되었다. 2024년에는 19.0%, 2034년에는 27.6%로 계속 늘어날 것으로 전망하고 있다.

▌표 1-1▐ 고령화 추세

(단위: 천명, %)

	2004		2014		2024		2034	
	수	비율		비율		비율		비율
준고령자	6,806	14.2	10,507	20.8	12,635	24.4	11,910	22.9
베이비부머	7,257	15.1	7,112	14.1	6,881	13.3	6,206	11.9
고령자	4,166	8.7	6,386	12.7	9,834	19.0	14,325	27.6
· 65~79세	3,530	7.3	5,070	10.1	7,570	14.6	11,022	21.2
· 80세 이상	636	1.3	1,316	2.6	2,264	4.4	3,303	6.4

자료: 통계청, 장래인구추계(2011)

세계은행(WB)이 발표한 아태지역 경제현황보고서에 따르면 고령화 사회에서 고령사회로 이행하는 고령화 진행 속도에 있어 우리나라(20년)는 베트남(15년 소요)에 이어 세계에서 두 번째로 빠른 나라로 선정되었다. 고령화가 이미 진행된 영국, 미국이 각각 45년, 69년이 소요되었고, 일본이 25년, 중국과 홍콩이 30년인 것과 비교해보면 한국의 고령화 속도는 인터넷속도만큼 빠르다는 유머를 이해할 만하다. 메가급 진행속도를 보이고 있는 한국의 고령화 추세에 대해 통계청의 중위 시나리오에 의한 고령화 추이를 살펴보면 <표 1-2>와 같다.

| 표 1-2 | 중위시나리오 추계 고령화비율 추계

년도	2015	2025	2035	2045	2055	2065
고령화 비율(%)	13.1	20.0	28.7	35.6	39.2	42.5

통계청 2015-2065년 인구추계에 의하면 인구예측 요인이 저위시나리오대로 진행될 경우, 2065년 65세 이상 고령인구가 1,695만 명으로 전체 인구의 46.2%에 달할 것으로 전망해 고령화에 대한 심각한 사회적인 고민이 필요하다는 점을 시사하고 있다. 특히 해당 전망치는 전국적인 예측이라는 점에서 지방소멸위험지수가 높은 지역의 경우 지방소멸이 실제적으로 가시화된다는 점에서 막연한 우려수준이 아니라는 것이다.

고령화의 급속한 진전은 인구감소와 더불어 심각한 사회적 부담을 가중시킨다. 인구감소 추이에서도 우려되던 생산가능인구가 줄어드는 현상은 총 부양비를 상승시키게 된다. 총부양비는 생산가능인구 100명당 부양할 인구(유소년, 고령인구)의 비율을 나타내는 수치로 2015년 36.2명에서 2037년에 70명을 넘고, 2059년에는 100명을 넘어설 것으로 전망되고 있다. 2065년에는 고위추계로 103.8명 저위추계로 115.6명으로 예상되어 2015년 기준 대비 3배에 달하는 수준까지 증가할 것으로 예상된다.

또 다른 부담으로 작용하게 될 노년부양비는 고령인구의 빠른 증가로 인해 2015년 17.5명에서 2036년 50명을 넘고, 2065년 88.6명 수준으로 2015년 대비 5.1배 증가할 전망이다. 유소년인구 100명당 고령인구수인 노령화 지수는 2015년 93.1명에서 2017년 100명을 넘어 2029년 203명, 2065년 442.3명으로 2015년 대비 4배 이상 증가

▌그림 1-3▐ 총부양비, 유소년부양비 및 노년부양비, 1965-2065년(중위)

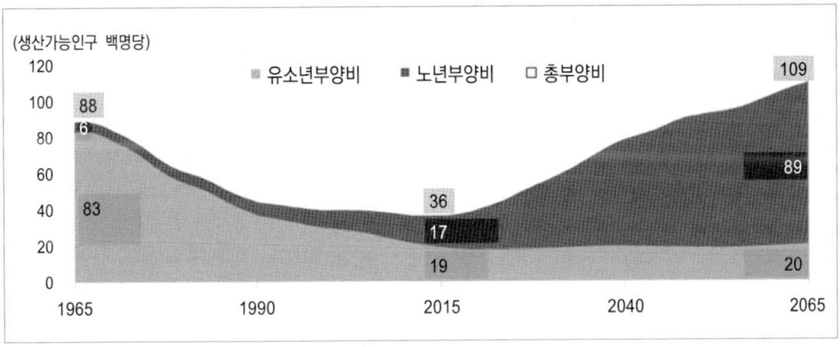

하게 될 전망이다.

고령사회로의 이행은 전후 출생한 베이비붐세대의 고령기 진입과 저출산 문제, 장수명화에 따른 평균수명의 상승이 동일한 궤로 움직이고 있다. 저출산·고령화의 진전에 의한 고령사회로의 영향은 인구 측면과 물리적 측면의 두 가지로 구분할 수 있다. 첫째, 인구 측면에서 노인인구의 비율이 높아지면서 연금·의료·개호 등의 사회보장비 부담 증가가 우려된다. 또한 생산가능인구의 감소가 지속될 것으로 예상되어 경제 활력과 성장 잠재력를 악화시키게 될 것이다. 이는 재정수입 축소를 가져오고 국가 재정건전성을 위협하는 요인으로 작용하여 경쟁력을 약화시킨다.

둘째, 물리적 측면에서 도로, 공항, 항만 등에 대한 비용이 상승할 것이다. 기존 도시기반시설이나 인프라 등 사회간접자본 스톡은 고도 경제성장기에 구축·형성된 것이다. 70년대 이후 고도 성장기를 거치는 사이 시설은 노후화되고 또한 최신화를 위한 유지관리비용이 증가하고 있는 가운데 고령사회로 이행되면서 재정수입감소와 인구감소 등에 대응하는 비용이 크게 증가할 것으로 전망되고 있다. 이 외에도 다양한 분야에서 고령화에 대한 우려와 대책의 필요성이 논의되고 있다. 다음의 언론기사를 보며 우리 앞에 어느 덧 다가온 고령사회의 현실을 직시하는 기회로 살펴볼까한다.

- 지자체 76곳 초비상
  경북 군위·의성군, 전남 고흥군… 머지않아 지자체 존속 자체 위기
- 교육·국방·투표·조세 '격변'
- 인구역전 따른 생산·비용 등 변화 엄밀히 계산해 대책 세워야
  의성군은 65세 이상 노인들이 1만 9,614명(2016년 8월 현재)인 반면 어린이(0~14세)들은 3,438명밖에 안 돼 노인 인구가 어린이보다 5.7배나 많다. 의성군처럼 노인 인구가 어린이 인구를 추월한 곳은 전국 229개 지방자치단체(세종특별자치시 포함) 가운데 154곳(67%)이나 된다. 노인들이 어린이보다 세 배 이상 많은 지자체는 경북 군위군과 전남 고흥군 등 전국적으로 35곳이고, 두 배 이상인 곳은 76곳에 달한다.

2020년이 되면 고교는 500여 개, 학급 수는 15,600개가 남아돌게 되는 실정이다. 현재 57만 명 선인 대입 정원과 대학 진학률(70%)을 그대로 유지할 경우 40만등이 세대들이 대부분 대학에 진학하면서 대입 정원의 20만명 안팎이 남아돌 것으로 예상된다. 이와 함께 어린이 인구의 급격한 감소는 농촌 지역을 중심으로 지자체의 존속 자체를 위협할 가능성도 높다. 올 8월 기준으로 노인 인구가 어린이 인구의 두 배가 넘어 미래에 지자체 인구가 급감할 가능성이 높은 곳은 경북 군위·의성·청송·청도, 경남 합천·남해, 전남 고흥·신안·보성·곡성군 등 76곳에 달한다. 획기적인 저출산 대책 등이 나오지 않으면 앞으로 이런 추세는 더욱 가속화할 전망이다.(조선닷컴 2016. 9. 18.)

이와 같은 급속한 고령화의 진행은 인구구조의 변화를 가져오고 이에 따라 소득감소, 생활서비스 수요 변화, 지역경제와 정책에 미치는 영향 등 다양한 변화를 가져오게 된다.

첫째, 고령화로 인해 가계의 소비 금액이 감소한다. 고령자가 새로운 경제주체로 등장할 수도 있겠지만 경제활동에 참여하는 고령층이 많지 않아 소득의 감소를 겪게 되고 이에 따라 소비금액의 감소를 예상할 수 있다.

둘째, 고령화는 도시에서 필요로 하는 서비스와 재화의 수요를 변화시켜 도시 산업구조에 영향을 미칠 것이다.

셋째, 건강한 고령자가 증가하고 있으나 일반적으로 고령자는 젊은이에 비해 경제적, 신체적 부담을 안고 있어 대중교통서비스에 대한 수요가 증가한다. 또한 고령자의 일상생활 특성 상 활동 반경이 축소되는 경향이 강해 거주지 주변의 공공시설이나 편의시설에 대한 수요가 높아진다.

넷째, 경제활동인구의 감소로 세수는 감소하는 반면 공공서비스를 비롯한 사회복지비용은 증가하게 된다.

다섯째, 고령화 사회로의 이행은 새로운 시설의 추가적인 건설과 설치보다는 기존 기반시설 위주의 관리가 주로 이루어지는 사회로 도시 인프라의 노후화가 예상된다. 사회간접자본 뿐만 아니라 개인의 자산관리에 있어서도 주택관리나 주변 환경 관리의 어려움이 있는 고령자들로 인해 공가가 발생한다거나 관리가 소홀하여 도시환경과 치안에 부담을 가중시키고 전반적인 도시매력을 감소시킬 우려가 높다.

1.3. 재정압박

지방자치단체의 재정압박은 일반으로 세입감소와 지출증가, 서비스 수요의 증가, 정부 간 제약과 위임증가, 긴급 상황 발생, 중앙재정 의존도 증가 등을 통해 야기된다.[6] 재정압박의 원인은 다양하지만, 재정압박의 정도가 가중되어 재정위기(Fiscal Crisis)로 전이되어 버리면 지역의 재정건전성과 지역성장 잠재력을 훼손하는 요인이 된다. 지자체의 열악한 재정 상황을 잘 보여주는 대표적인 자료가 재정자립도다. 전국 지자체 평균 재정자립도는 지방자치제도가 부활한 1995년 63.5%에서 20년이 지난 2015년 50.6%까지 낮아졌다. 10% 미만인 지자체도 59곳으로 전체 지자체(243곳) 중 24.3%에 달하고 있다. 이는 전체 지자체 4곳 중 1곳은 지방정부 재정활동에 필요한 자금의 10%도 자체적으로 조달하지 못하는 상황을 의미하는 것이다.

열악한 재정자립도의 요인 중 하나로 꼽을 수 있는 것이 국세 위주의 세입구조이다. 2015년 기준 국세와 지방세의 비율은 78.8% 대 21.2%다. '2할 자치'라는 표현도 이 같은 비율에서 나왔다. 반면 재정사용액은 이 비율이 역전되는데 중앙정부의 재정사용액은 전체 392조 7,113억 원 중 42.5%를 차지하며 지방정부는 57.5%에 달하고 있다.

중앙정부는 지방정부의 격차를 지방재정조정제도를 통해 보완하고 있다. 대표적인 것이 지자체 재원보장과 재정 불균형 완화를 위한 지방교부세와 특정사업 지원을 위한 국고보조금이 있다. 광역단체가 기초단체 간 재정 불균형 완화를 위해 지급하는 조정교부금도 있다. 그럼에도 지방정부는 항상 재정 압박에 시달리고 있다.

▌그림 1-4▐ 지방 재정 구조

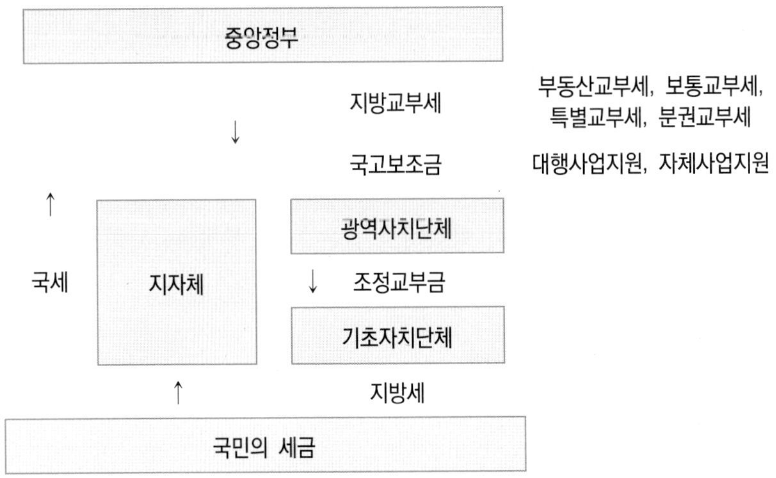

최근 지자체는 중앙정부가 기초연금이나 누리과정 등 대규모 재정이 소요되는 복지제도를 도입하면서 충분한 지원을 하지 않는다고 불만을 토로하고 있다. 중앙정부의 저출산·고령화 대책 관련 국고보조사업이 많아질수록 지방의 재정압박이 가중[7]될 것이라고까지 한다.

지방정부의 재정 현실은 2014년 진선미의원(새정치연합)의 지방재정과 관련한 보도 자료를 보면 상황의 심각성을 예상할 수 있는데, 자체수입(지방세+세외수입)으로 직원 월급도 주지 못하는 지자체가 전국 244개 시·군·구 중 3분의 1에 해당하는 78곳에 이른다고 하고 있다. 이 가운데 경북과 전남이 각각 15개 지자체로 가장 많았으며, 전북 10개, 경남 9개, 강원 8개 지자체 순이었다.

자체수입으로 공무원 월급도 지급하지 못하는 지자체로 가장 많은 시·군이 속한 경북은 영양군, 봉화군, 청송군, 군위군, 예천군, 의성군, 청도군, 상주시, 고령군, 영덕군, 성주군, 울릉군, 울진군, 안동시, 영주시 등으로 경북 내 23개 자치단체 중 15곳(65.2%)이 해당되었다. 전남은 완도군, 장흥군, 진도군, 구례군, 곡성군, 함평군, 신안군, 고흥군, 보성군, 해남군, 강진군, 장성군, 영광군, 담양군, 무안군 등 전체 22개 자치단체 중 15곳(68.1%)이 해당되었다. 이와 같은 지방재정 악화의 이유는 지방도시의 저 출산과 지속적인 인구 유출, 고령화 등의 현상으로 세입기반이 악화되고 있는 반면 복지 등 사회보장비용은 급증하고 있는 점을 일부 원인으로 설명하고 있다.

1.4. 격차의 심화

❑ 도시 간 격차

우리나라 도시 간 격차는 고도 경제성장기 경제개발정책의 선택과 집중이라는 개발 논리로부터 시작되었다 해도 과언이 아니다. 지역별 중심산업이 위치하는 대도시 중심으로 성장하여 대도시 주변 위성도시와 신도시의 성장으로 이어져 대도시권역의 성장은 더욱 활발해지고 그 외 지역은 성장의 길목에 진입하지도 못하고 인구감소라는 새 국면에 진입하게 되었다. 국토 공간구조로 살펴보면 우리나라 대도시 성장은 수도권과 남동임해권을 잇는 경부축 중심으로 성장하게 되면서 그 외 도시들 간의 격차가 커지게 되는 종주도시화(Urban Primacy, Primate City)[8] 현상을 목격하게 된다.

이러한 도시 간 격차 발생은 국가 차원에서만 나타나는 현상은 아니다. 도시 간 격차심화현상은 동일 도시 내에서도 각 기초자치단체별로 격차가 심화되는 현상으로 전이되고 있다. 일례로 강남구는 2017년 서울시로부터 일반조정교부금을 한 푼도 받지 않아도 기준재정수요충족도가 172.2%나 되는 기초자치단체이다. 기준재정 수요충족도는 직원 인건비와 매칭사업비 분담금 등 필수 경비를 말한다. 강남구는 자체 재원으로 직원 인건비는 물론 복지 사업 등 매칭사업비를 쓰고도 72.2%정도나 여유가 있는 재정여건을 갖고 있다는 것을 의미한다.

서울시 기초자치단체를 대상으로 한 기준재정 수요충족도를 예로 들어 살펴보면, 최하위(25위)로는 노원구(36.8%), 24위는 도봉구(43.4%), 23위는 강북구(43,4%), 22위는 성북구(45.8%) 등의 순이다. 기준재정수요충족도가 높은 자치구는 강남구와 서초구(97.1%), 중구(92.4%), 송파구(84.4%), 영등포구(74.9%) 등이 해당된다. 특히 서울시가 일반조정교부금을 주지 않을 경우를 가정해보면 강남구는 최하위인 노원구 36.8%에 비해 135.4%나 많은 기준재정 수요충족도를 보이고 있다. 서울 자치구 중 기준재정 수요충족도 2위인 서초구(97.1%)와 비교하더라도 75.1%만큼이나 높은 수준을 보이고 있다. 강남구는 종로, 중구, 용산, 성동구 등 나머지 24개 자치구가 서울시로부터 일반조정교부금을 받아 기준재정 수요충족도를 100%로 맞추는데 안간힘을 쓰고 있는 것과 비교해 '특별 부자 자치구'임이 증명됐다.[9]

우리나라를 대표하는 서울의 자치구별 격차가 이러한 상황일진데 지방도시의 상황은 충분히 미루어 짐작할 수 있다. 장기적인 경기침체와 세계화로 그 어느 때보다 치열한 경쟁무대에서 국가 경제를 유지하기 위해 이전 보다 더 대도시 중심의 경쟁력 강화 전략을 추구하고 있는 것이 세계적인 조류이다. 그렇다면 이전부터 지금까지 소외된 도시는 경쟁력을 갖추기도 전에 도시 스스로 자생력을 갖는 방법을 모색하는 것만이 도시가 지속할 수 있는 유일한 길이다.

기존의 도시 간 격차는 경제 주체 간의 소득 격차와 산업 구조의 차이가 도시라는 공간에 투영된 것이다. 하지만 최근의 도시 간 격차를 살펴보는데 있어 개별 도시만의 관점에서 벗어나 도시 간 네트워크를 고려하여 분석할 필요가 있다. 과거의 도시 간 격차 문제는 도시 간 인구이동의 문제이었지만 현재 도시 간 격차 문제는 도시 간의 소득격차에 따른 재정격차가 도시로 표현되고 있다. 따라서 단순하게 도시 간 격차 완화를 위한 재분배만으로는 한계가 있어 격차를 시정할 수 있는 근본적인 방안이 마련되어야 할 것이며 이와 함께 개별 도시의 경쟁력을 강화하는 노력이 수반되어야 한다. 특히 인구 감소와 고령화라는 사회·경제적 요인을 감안할 때, 도시 간 격차는 도시의 지속가능성 여부를 예언처럼 보여주는 것일 수 있다.

도시 간 격차는 복잡하고 다양한 요인이 작용하여 발생하는 것으로, 격차를 발생시키는 메카니즘을 역으로 작동시켜보면 지역성장이론으로 설명될 수 있다. 지역경제성장은 지역의 총생산 및 소득의 증가를 의미하는 것이다. 성장의 요인에는 지역 내부적 요인, 지역 간 교역, 생산요소(자본, 노동, 토지 포함한 자연자원, 생산기술)의 지역 간 이동 등이 있다.

지역 내부적 요인은 생산요소의 구성과 변화와 집적 경제, 경제승수효과[10]가 있다. 여기에서 말하는 경제 집적효과는 첫째, 내부적인 규모의 경제(Internal Economies of Scale)로 생산요소들이 서로 근접 입지함으로써 거리비용을 절감하고 시너지를 높이는 효과를 말한다. 둘째, 지역특화 경제(Localization Economies)로 특정산업 분야의 관련기업과 활동의 집적효과를 말한다. 셋째, 도시화 경제(Urbanization Economies)는 도시에 각종 기업과 주거가 집적하여 다양한 활동이 공간적으로 집적된 효과를 말한다. 이러한 지역성장이론은 대표적으로 수출기반성장이론[11]에 의해 설명되고 있다.

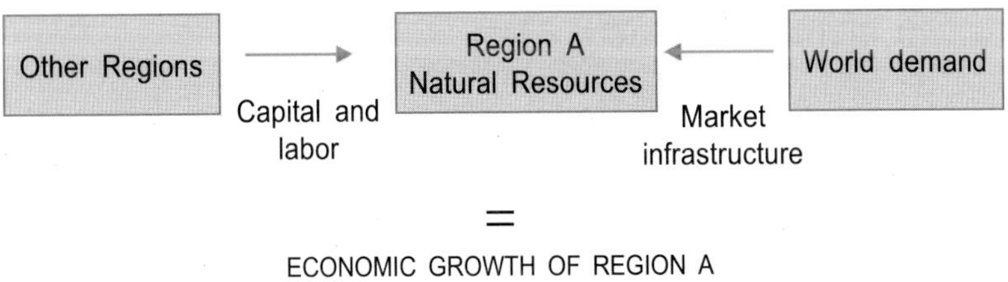

한편 도시 간 격차의 원인을 불균형 성장이론(순환·누적적 인과관계론)[12]으로 설명하기도 한다. 이 이론은 개발된 도시와 그렇지 못한 도시 간에 경제적 불평등이 점차 증가하고 있다는 사실에 근거하여 도시 간 격차와 불균형의 이유를 설명한다. 먼저 개발된 지역의 성장과 발전이 파급효과(Spread Effect)보다 역류효과(Backwash Effect)를 발휘하게 된다는 것이다. 도시와 도시 사이에 역류효과와 파급효과라는 상반되는 힘이 작용하는데, 역류효과가 순환·누적적으로 더욱 강하게 작용하여 부유한 지역은 점점 더 부유해지고 가난한 지역은 점점 가난하게 된다. 특히 파급효과(Spread Effect)는 주변 지역에 저렴하고 풍부한 노동력이 있거나 천연자원이 풍부한 경우, 핵심지역에서 집적의 비경제적 현상이 나타나는 경우, 중앙정부의 개발정책에 의해 주도되는 경우에 나타난다.

결국 기(旣)개발된 지역의 성장과 발전 요인이 다른 지역으로 파급되기 위해서는 단순히 영향을 미친다는 것이 아니라 개발지역의 필요와 중앙정부의 정책에 의해 효과를 발휘할 수 있다는 것이다. 정부는 지역균형발전정책과 지역산업정책 등 다방면에서 국토균형 발전

전략을 펴고 있지만 그럼에도 불구하고 지역 간 격차는 심화되고 있다. 지역격차의 지속은 차별받지 않고 인간답게 살 수 있는 기회가 지역 간에 차등화 됨으로써 국민들의 삶의 질 저하를 초래한다. 차별받지 않고 인간답게 살 수 있는 기회와 개인이나 집단에 다른 사람들이 필요로 하는 것에 대한 통제권을 부여하는 권력자원의 불평등과 결부될 때, 지역격차는 지역을 범주로 하는 사회집단 간에 대립과 갈등을 부추겨 사회적 안정과 통합성을 심각하게 저해한다. 또한 지역격차는 지역별 인적·물적 자원의 부적절한(비효율적) 활용을 초래해 국토 전체의 생산성을 떨어뜨려 선진적 공간발전 시스템으로의 전환을 가로막는다.[13]

흔히 지역격차를 대표하는 지표로 1인당 지역내 총생산(GRDP: Gross Regional Domestic Product)을 설명하는데 이는 지역 간 생산격차에 기초하여 소득, 삶의 질, 사회문화적 격차까지 유추해낼 수 있는 지표로 간주된다. 1인당 지역내총생산은 단순한 소득격차로 한정되는 것이 아니라 경제적 편중현상을 의미하여 소득양극화 현상이 확대되면서 문화, 복지, 교육, 의료 등에 영향을 미쳐 삶의 질에 영향을 미치게 된다.

한국의 지역 간 일인당 GRDP 격차는 1998년 IMF 위기 이후인 2000년대 들면서부터 계속 확대되고 있다.[14] 1인당 GRDP 지니계수 추이를 통해 지역 간 격차를 살펴보면 2005년 불변가격 기준으로 2000년 0.17에서 2012년 0.20으로 지속적인 상승 추세를 보이고 있고 명목가격기준으로 2000년 0.17에서 2012년 0.22로 격차가 더 확대되었다. 우리나라의 1인당 GRDP 격차는 OECD 다른 국가들과 비교해 상대적으로 큰 편에 속한다. 2010년 기준 OECD 30개국 평균

0.16을 상회하는데 비해 우리나라의 지니계수는 0.218로 칠레, 멕시코, 슬로바키아 등에 이어 6위를 기록하고 있을 정도다. 특히, 지역별 1인당 GRDP의 격차를 유발하는 요인으로 노동생산성과 생산가능인구 비중의 격차확대가 주요한 요인으로 간주되고 있다.[15]

OECD국가들을 대상으로 분석한 결과에 따르면 1인당 GDP와 고용률 사이에 양(+)의 상관관계가 있는 것으로 나타났다. GRDP의 총합은 GDP(Gross Domestic Product)라고 할 수 있어 GRDP 또한 고용률과 관련성이 있다고 할 수 있다. 고용률은 생산가능인구 대비 취업자 비율을 말하는 것으로 실업률과 차이가 있다. 실업률은 생산가능인구에서 주부, 장애인, 노인 등 노동력 제공의사나 능력이 없는 사람을 뺀 사람을 의미하는 경제활동인구 대비 주당1시간도 일하지 않았지만 4주 동안 구직활동을 한 사람의 비율을 말한다. 따라서 고용률과 실업률은 서로 반대되는 개념이 아니라 차별화된 개념으로 이해해야 할 것이며, 지역의 고용률은 GRDP와 연관된다고 할 수 있다.

❑ 소득 간 격차

지역 간 격차현상은 개인의 소득격차로 이전되는데 전통적으로 노동시장에서 부와 빈곤의 차이를 유발하는 주요 원인은 실업과 저임금을 꼽는다. 개인의 소득격차를 유발하는 요인 중 하나로 경기침체와 세계화의 변화에 따른 기업들이 경쟁력 상실을 탈출하는 방법으로 인적 구조조정인 '정리해고'를 선택한 것을 꼽을 수 있다.

다음으로 꼽을 수 있는 것이 노동의 유연성이다. 지식기반사회의 급속한 기술발전에 따른 변화와 혁신은 우선적으로 변화에 신속하게 대응할 수 있는 유연성에 좌우된다. 산업과 노동시장에 있어서도 얼마나 유연하게 대응할 수 있느냐가 기업의 경쟁력은 물론이고 국가 경쟁력의 핵심이 된다. 이에 따라 기업은 숙련된 노동은 내부적으로 보호하며 기능적 유연화를 추구하고, 비숙련노동은 외부적으로 수량적 유연화를 도모하여 가격경쟁력과 함께 품질경쟁력을 확보하려는 유인을 갖게 된다.[16] 이로써 내부적인 노동시장과 외부 노동시장의 이중성이 강화되는 추세가 형성된다.[17] 즉 임금노동자들 사이에서 임금격차가 확대되면서 저소득층을 양산하게 되고 이는 다시 소득양극화를 초래하게 된다. 특히 비정규직 전환과 비중 확대는 소득분포의 불평등성을 높인다[18]는 연구결과를 통해서 소득격차와 양극화 현상이 심화되고 있음을 알 수 있다.

소득격차는 소득에 의한 주거, 교육, 의료 등의 격차로 흔히 말하는 '격차 사회'를 가장 쉽게 체감할 수 있는 현상이다. 급격한 소득양극화 현상의 진행은 우리사회를 지탱해온 중산층이 해체되고 있다는 점을 보여주는 것으로 빈곤이 사회문제화 될 것임을 의미한다. 2016년 8월 기준 비정규직은 627만 1,000명이다. 이들의 월평균 임금(6~8월 기준)은 146만 7,000원으로 정규직 임금 269만 6,000원보다 122만 9,000원이 더 적은 금액으로 정규직 노동자 임금의 54.4%에 불과하다.[19] 다음 <그림 1-5>를 통해 국내 시간제근로자 및 비정규직근로자 비중추이를 살펴볼 수 있다.

소득격차 심화를 극복하는 방법으로 조세를 통한 소득 재분배 정책이 있다. 조세와 재정정책을 동원해 소득 재분배 기능을 강화하는 선진국과 달리 우리나라의 공평한 분배를 위한 정책은 오히려 후퇴하고 있다는 평가를 받고 있으며, 정부의 정책 의지도 부족해 조세를 통한 소득 재분배 효과는 경제협력개발기구(OECD)회원국 평균

❙그림 1-5❙ 시간제와 비정규근로자 추이

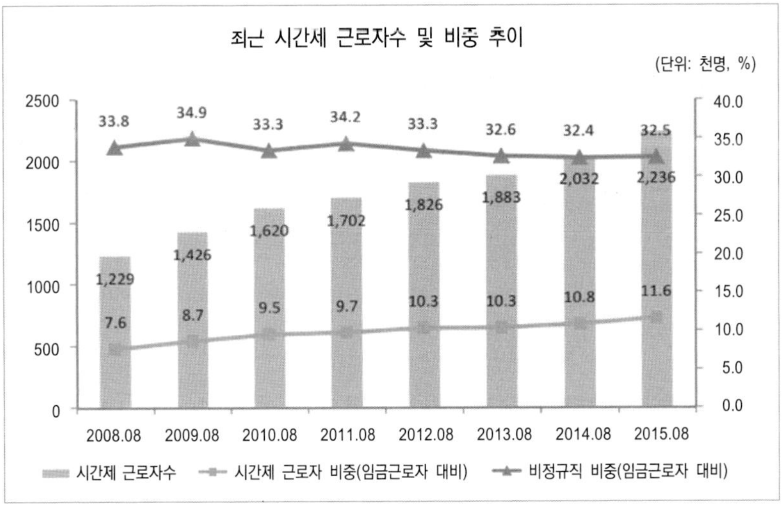

자료: 통계청, 경제활동인구조사 부가자료

3분의 1수준에 머물고 있다. OECD회원국은 조세정책으로 지니계수가 평균 34.5% 개선됐다고 발표되는데 비해 한국은 그 효과가 9.2%에 불과했다 이처럼 소득격차를 완화하기 위해 조세를 통한 소득 재분배 효과는 국제적 기준에 미달함에도 불구하고 조세정책은 고소득층에 유리하게 전개되고 있다. 이를 보여주듯 기업상속 공제율과 공제한도는 증가했고, 부동산 임대소득 등 자산소득 과세는 제자리걸음이다.

한편 소득 불평등 정도를 나타내는 지니 지수(Gini Coefficient)는 국가 간 뿐만 아니라 다양한 계층 간의 소득분배를 비교할 수 있고, 국가 내 시간에 따른 소득 분배 변화상과 소득 불평등의 증가 또는 감소를 알 수 있는 지수다. 지수 숫자가 클수록 불평등 정도가 높다는 것을 의미하는 것으로 한국은 1990년 32에서 2013년 31, 2015년 29.5, 2016년 30.4로 나타났다. 숫자로만 보면 우리나라 소득불평등 추이는 장기적으로 소득분배가 개선되는 것을 확인할 수 있으나, 아직도 OECD회원국 평균 이하에 머무르고 있다.

2016년 발표된 IMF자료에 따르면 한국은 아시아 국가들 중 소득 분배 정도가 최악인 것으로 나타났다. 국제통화기금(IMF)의 아시아 불평등 분석보고서에 따르면 한국의 사회 계층 간 이동성은 낮아졌고, 이러한 현상이 급속한 고령화, 정규직과 비정규직 간의 큰 임금 격차, 성별 간 불평등에서 기인한다고 분석했다. 아시아 국가들 중 지난 20년 간 소득 상위 10%의 소득점유율이 감소한 지역은 말레이시아, 필리핀, 태국 등에 불과하다.[20] 보고서에 따르면, 2013년 기준 한국의 상위 10% 소득 점유율이 45%로, 싱가포르 42%, 일본 41%, 뉴질랜드 32% 등 조사 대상 아시아 22개 국가 중 가장 소득집중도가 높은 것으로 나타났다.

❙그림 1-6❙ 아시아 주요국의 지니지수 비교

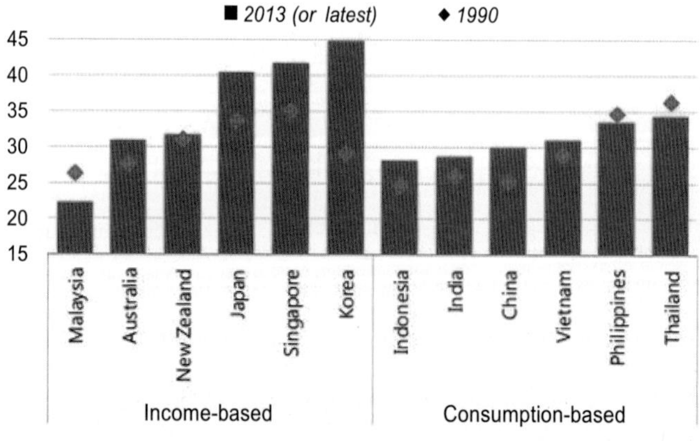

▲ 아시아 국가 중 소득 상위 10%가 전체 소득에서 차지하는 비중 현황 (1990년과 2013년 비교)/세계은행, IMF 제공

사실 1990년대 중반까지만 하더라도 우리나라 소득 상위 10% 국민이 전체 소득에서 차지하는 소득집중도는 다른 아시아 국가들보다 낮은 수준이었으며, 1995년 29%였던 것이 2013년 45%로 급증했다. 18년 간 한국의 소득 상위 10%의 소득 점유율이 무려 16%나 증가한 것이다.

1990년 전후만 해도 아시아의 성장률은 매우 견조(堅調)하고 빈곤도 크게 줄어 당시 '아시아의 기적'이라 불리던 한국, 홍콩, 싱가포르, 대만은 공정한 분배를 동반한 빠른 성장을 유지했었다. 1990~2015년까지 아시아 금융위기, 글로벌 금융위기에도 아시아 국가들은 연평균 약 6%씩 성장했고, 빈곤율(하루벌이가 1.25달러에 못 미치는 인구의 비율)은 1990년 55%에서 2010년 21%로 하락했다. 이에 비해 소득 불평등은 확대되고 심화되었다. 국제통화기금(IMF)는 아시아 이외 지역에서 지니 지수(Gini Coefficient)는 하락하는 추세지만 아시아에서는 반대로 높아지고 있어 아시아 국가들의 소득 불평등 문제가 심각해지고 있다고 하였다. 아시아 각국이 최근 수년 동안 '포괄적인 성장'을 국가적 목표로 하고 있고 불균형 성장이론을 근거로 하고 있다는 점을 보여주고 있다고 평가했다.

과거 전통적인 이론에 따르면 불평등이 자본 축적에 유리하며(Kaldor, 1956), 불평등은 성장에 대한 인센티브를 제공(Prescott, 2004)한다고 하였다. 또한 불균형성장은 기업 활동과 교육을 위해 필요한 최소한의 자산을 축적하도록 할 수 있다는 점에서 필요하다는 의견도 있었다. 전통적 선성장후분배론에서 주장하는 물적 자본의 축적이 경제성장의 동력으로 작용하던 시대는 경제발전 초기에 가능한 일이었다. 하지만 최근 들어선 원활하지 않은 소득분배가 경제성장에 부정적이라는 연구 결과가 속속 나오고 있다. IMF는 소득 상위 5분위(상위 20%)의 소득 비중이 증가하면 국내총생산(GDP) 성장률은 중기적으로 하락하고 반대로, 하위 5분위의 소득이 증가하면 GDP성장률 상승에 긍정적인 영향을 미친다고 하였다. 이는 원활한 소득분배가 이루어져야 경제성장을 이룰 수 있다는 것으로 이해할 수 있다.

경제성장이 한계치에 도달해 인적자본과 기술혁신, 정보력이 주요 성장 동력으로 작용하는 21세기 세계경제 체계에는 소득불평등과 자본의 집중이 가져오는 일극현상은 오히려 인적자본에 대한 투자를 가로막고 기술혁신과 정보력 확산의 기반을 훼손하여 미래 잠재력을 갉아먹는 격이 된다.

한편 우리나라의 소득분배와 불평등 문제는 아시아 권역 내 뿐만 아니라 주요 국가들과 비교해 보더라도 우려스러운 수준임에 틀림

┃그림 1-7┃ 한국 소득상위 1% 비율의 변화

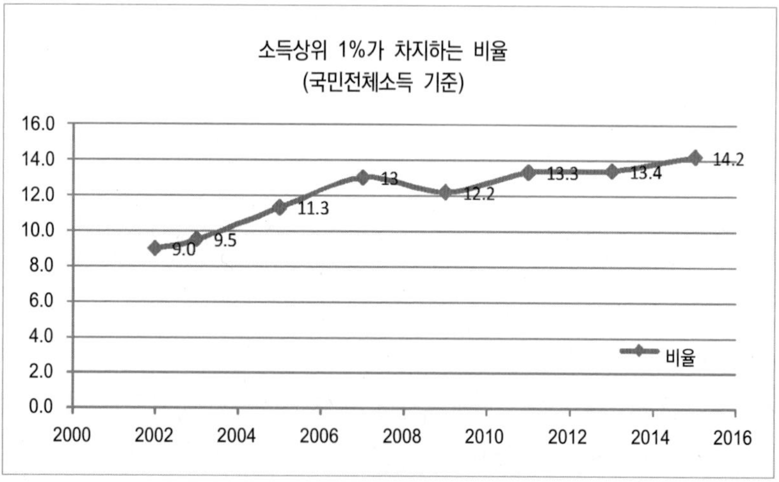

자료: 한국노동연구원

없다. 상위 10%의 소득비중에서 미국이 50%, 한국 45%, 일본 42%, 영국 39.1%, 프랑스 30.5%로 우리나라는 미국 다음으로 가장 높은 나라에 속한다. 국민전체 소득에서 상위 1%가 차지하는 비율에서도 14.2%(2015년 기준)를 차지해 2000년 이후 역대 최고치를 기록하고 있다.

세계 주요국의 상위 1% 소득비중을 살펴보면 미국 21.2%, 영국 12.8%, 일본 10.5%, 프랑스 8.6%, 스웨덴 8.8%(2010년 기준) 등으로 발표된 자료를 통해 우리나라 부의 편중 정도를 가늠할 수 있다.

이러한 요인에 대해 IMF는 한국과 일본에서 유사하게 나타나는 현상으로 고령화, 여성의 낮은 경제활동 참여, 노동시장의 이중구조 확대 등이 상위 10%의 소득비중을 키우는 원인이 되고 있다고 하였다. 일본의 경우 경제 버블 붕괴 이전인 1990년대 비정규직 근로자의 비중이 20%에 불과했지만 2011년 35%까지 늘었고, 이중에서도 70%가 여성이라고 하였다. 이는 정규직과 비정규직으로 양분된 이중적인 노동시장이 형성되어 소득 격차를 유발하고 그 중에서도 여성은 낮은 임금과 열악한 근로와 복지여건에 놓여있다는 점을 내포하고 있다. 한국은 90년대 이전까지의 고도경제성장기 이후 서비스업 위주로 변화된 산업과 저성장을 극복하기 위한 노동의 유연화를 추구하는 과정에서 비정규직 비중이 32.5%(2015년 기준)에 이르게 되었다.

한국의 비정규직 근로자 비중은 OECD회원국들과 비교해 높은 수준이다. OECD는 국내 비정규직 규정과 다르게 기간제 근로자, 단기기대 근로자, 파견근로자, 일일근로자의 합을 비정규근로자로 계산한 수치로 2013년 한국의 비정규직근로자(Temporary Workers)비율은 22.4%를 기록하고 있어 회원국 평균 11.8%보다 2배가량 높다고 하였다. 특히 비정규직 비율이 20%이상인 나라는 칠레 29.7%, 폴란드 26.5%, 스페인 23.1%, 한국 22.4%, 네덜란드 20.6%로 5개국에 불과했다.[21]

그렇다면 노동시장에서 비정규직을 완벽하게 없앨 수 있을까? 이 질문에 대해 완전 철폐가 가능하다는 의견에는 부정적이다. 기업의 입장에서 뿐만 아니라 산업구조의 변화, 의식과 생활수준, 기술의 변화 등을 이유로 비정규직은 어디에나 존재할 수 있는 근거가 있다. 그렇다고 하여 현존하는 비정규직에 대해 동의하는 것은 아니다. 왜냐면 한국과 일본의 정규직과 비정규직의 소득격차와 사회복지, 근로여건 등의 차별이 당연시 되는 이중적인 고용구조는 소득분배 문제는 물론이고 사회적 갈등을 유발하는 요인으로 작용하기 때문이다.

소득격차를 초래하는 고용시장의 격차는 주거와 소비, 교육, 의료와 같은 개별 가계의 필수적 소비와 요소들의 격차를 초래한다. 이로써 주택지 결정과 생필품의 소비, 교육과 의료기관의 선택 등에 있어서도 소득별로 나뉘는 등 생활의 변화를 강요당하게 된다. 비정규직에게 기업이 제공하는 사회복지와 처우 등의 서비스에 대한 동일한 기준은 고사하고 정규직과 동일한 노동을 하는 비정규직 근로자에게도 동일한 임금이 주어진다면, 노동의 유연화를 통한 기업의 경쟁력 쇄신과 근로자의 소득보전이라는 목적을 동시에 이룰 수 있을 것으로 예상된다.

02

도시 만들기의 이해

2. 도시 만들기의 이해

도시는 세계 인구의 절반이상이 살고 있고, 전 세계 경제생산의 75%를 담당하고 있으며, 에너지의 67%를 소비하고 전 세계 온실가스의 70%를 배출한다. 멈추지 않고 성장의 패드 위를 쉼없이 달려왔던 도시가 이제 성장의 시대에서 성숙의 시대로의 전환을 강요당하고 있다.

성숙한 시대의 성숙한 도시는 사람을 위한 도시를 표방하고 모든 사람을 포용하는 도시이다. 성숙한 도시는 이전과 같은 인구성장, 경제발전 등을 목표로 하지 않는다. 대신 주민의 삶의 질 향상을 목표로 사람과 사람, 사람과 환경의 상호작용에 대한 재인식을 통해 모두가 향유할 수 있는 마스터플랜을 마련하는 것이다. 기존의 도시가 확장과 성장 위주로 인프라를 중시하였다면, 성숙사회에서는 기존 도시가 갖고 있는 공간의 질을 높이고 인간친화적인 환경을 조성하는 것이 중요하게 된 것이다. 이는 단편적인 재개발이 아니라 도시 침술[22]과 같이 이미 도시에 구축된 인프라를 활용한 새로운 연계, 즉 새로운 결합을 통해 작은 변화를 유도하여 전체에 긍정적 변화를 가져오는 전략이 필요한 시대가 도래하고 있다는 것을 의미한다. 성숙한 사회의 도시 만들기는 신도시를 만들자는 것이 아니라 도시의 기존 인프라를 기반으로 하여 도시의 지속가능성을 구축하고자 하는 내발적 노력이다.

2.1. 도시의 지속가능성과 리질리언스[23]

19세기 초 전 세계 인구의 2%에 불과했던 도시의 인구는 매년 늘어나 2008년 전 세계 인구의 절반이상이 도시에 거주하게 되었다. 급기야 2014년 UN세계도시화 전망에 따르면 2050년 세계인구의 75%가 도시에 거주할 것으로 예측하고 있다. 인류의 3/4이 도시에 거주한다면, 한정된 공간에 과도한 인구 집중현상은 물론이고, 세계인중 대다수가 도시형 인간으로 살아간다는 것을 의미하는 것이다.

도시는 최초 생산을 담당하는 1차 산업의 틀을 벗어나 2차 산업 이상의 산업구조를 갖는 시스템을 갖춘 곳으로 생산을 위한 자원소비와 상품소비의 역할을 하는 곳이다. 따라서 도시에 거주하는 인구가 늘어날수록 자원과 상품의 소비는 증가할 것이고, 고도의 과학기술 발전과 지식정보화 사회는 이를 가중시키는 역할을 할 것이다.

세계적으로 도시화와 산업화 등이 확산되면서 환경오염과 자원 고갈 등으로 지구위험한계선(Planetary Boundaries)을 넘어서는 위험에 봉착했다는 인식이 파급되었고, 인류 미래를 걱정하며 등장한 개념이 지속가능한 발전(Sustainable Development)이다. 1972년 스톡홀름 UN인간환경회의에서 개념이 등장한 이후, 세계적인 도시화 현상은 산업구조 재편에 따른 자원고갈과 환경오염 등과 함께 세계적인 관심사로 대두하게 되었다. 1987년 '환경과 개발에 관한 세계위원회(WCED)에서 제출된 「우리 공동의 미래(Our Common Future)」라는 보고서에서 지속가능발전이라는 용어가 공식적으로 사용되었다.

지속가능한 발전이란 '미래 세대가 그들의 필요를 충족시키는 능력을 저해하지 않으면서 현세대의 필요를 충족시키는 것'이라고 정의할 수 있다(WCED, 1987). 기존 성장일변도의 도시정책은 인구감소와 고령화, 환경오염, 성장의 한계 등의 문제에 봉착하게 되었고, 이전과는 다른 새로운 패러다임으로의 전환을 강요당하기에 이르렀다. 그 해결책으로 지속가능성(Sustainability)이 대두하게 된 것이다. 하지만 지속가능성은 지나치게 추상적(Manzini, 2009)이라는 지적이 있는데다 지속가능성 지표들을 통한 실태와 현황 파악, 지속가능성의 방향과 지표설정 등을 통해 지속가능성을 진단하는 수준으로 한정되어 있다.

1990년대 이후부터 지속가능한 발전 개념을 도시에 적용해 오고 있으나, 여전히 환경오염과 자연재해, 사회적 배제 등의 도시문제가 미해결상태로 진행되어 오고 있다. 게다가 세계화, 정보화라는 시대적 조류로 인해 이상에서 언급된 문제들은 세계 도시들의 공동문제로 확산되었고, 기후 변화와 세계경제 침체 등이 또 다른 도시의 위험요인으로 부상하고 있다. 기술발전으로 이룩한 정보화와 세계화라는 열매가 개별 국가의 문제를 해당 국가의 문제로만 국한되는 것이 아니라 주변 국가는 물론 세계문제로 파급되는 상황을 만드는데 일조하게 된 셈이다. 특히 도시는 공간적인 한계성을 특징으로 한다는 점에서 많은 사람들이 동시다발적으로 위험에 노출될 수 있어 위협요인에 의한 피해 규모가 크고, 정보기술혁명으로 그 파급력과 범위 또한 광범위하고 치명적이게 되었다.

2005년 미국 카트리나, 2008년 세계 금융위기, 2011년 동일본 지진, 2011년 태국의 홍수 등과 같은 복합적인 재난 상황과 이후 극복과정 등을 실시간으로 접하면서 세계 여러 나라들에서 기존 지속가능성에 대한 의구심을 갖기 시작하였다. 이를 계기로 지속가능성이라는 개념이 1990년대 이후 경제·사회적으로 다양하게 접목되었던 개념이었다면, 2000년대 이후 리질리언스 개념이 지속가능성과 함께 회자되기에 이르렀다.

1970년대 이후 환경오염에 대한 우려에서 등장한 지속가능성의 개념은 도시계획과 정책적 요소의 변화를 요구하는 정도였으나, 2000년대에 들어오면서 약한 지속가능성, 강한 지속가능성의 구분을 뛰어넘는 시스템 진반의 변화를 요구받는 시대에 이르게 되었다. 지속가능성을 추구하기 위한 구체적인 방법 등을 논의하는 과정에서 생태학과 의학 분야에서 주로 사용하던 리질리언스 개념을 경제학과 도시 관련 분야에서 연구하기 시작하게 된 것이다. 이후 2000년대 초반부터 지역과 도시의 리질리언스라는 용어가 사용되기 시작하였지만, 아직까지 연구 영역의 확장이 미진한 상태에 있으며 적용과 응용의 단계를 거치고 있는 중이다.

사전적 의미로서 리질리언스는 변화에 대응할 수 있는 시스템 능력이라고 정의할 수 있다. 'Resilience(리질리언스)'는 라틴어 'Resilio'를 기원으로 하는 말로 'To Jump Back', 'To Rebound', 'To Recoil'을 의미한다. 리질리언스라는 용어는 탄력성, 복원성(력), 탄력복원성, 회복탄력성 등으로 번역되어 사용되고 있으나, 본래 함축된 의미를 표현할 대표적인 용어 선정의 어려움으로 본 책에서는 리질리언스라는 용어를 그대로 사용하기로 한다. 최초 리질리언스라는 개념은 물리학 분야에서 외부충격에 대한 탄성과 재료의 개념에서 시작되었지만 (Davoudi, 2012), 학문적으로 체계적인 리질리언스 개념이 등장한 것은 생태학분야이다. 생태학자인 Holling(1973)은 사회생태시스템은 빠른 성장기(R-Phase), 보존기(K-Phase), 해체기(Ω-Phase), 재조직기(A-Phase) 등의 4가지 시스템의 단계로 이루어진 '적응적 재생주기(Adaptive Renewal

Cycle)'를 갖는다고 하면서 리질리언스를 주장하였다.

이후 분야별, 연구자별 다양한 측면에서 리질리언스에 대해 정의하고 있다. 교육, 심리, 의학 분야에서 리질리언스의 개념은 위기와 역경을 이겨 이전의 상태로 돌아가려는 개인 차원의 복원력(현은민, 2007; Cicchetti, 2010; 김희경 외, 2011)이라는 의미로 사용되었다. 경영분야에서 리질리언스는 위기에 대응하거나 실패를 극복하는 것을 넘어 기업에 심각한 해를 입힐 수 있는 환경 추세를 예상하고 적응하는 능력(Hamel & Valikangas, 2003)이라고 정의하였다. 방재분야에서는 재해 발생을 흡수하고 복구할 수 있는 능력(Timmerman, 1981)으로 정의하고 있다.

Walker & Salt(2006)는 리질리언스에 대해 혼란을 흡수하고 기본적인 기능과 구조를 유지하는 시스템의 능력이라고 정의했다. Folke (2006)는 공학적, 생태적, 사회생태적 분야에서 리질리언스를 정의하였다. 공학적 리질리언스(Engineering Resilience)는 안정적 균형을 추구하여 이전 성장경로로 회복하는 것을 의미하고, 생태학적 리질리언스 (Ecological Resilience)는 충격 이후 전단계의 경로에서 벗어나 낮은 수준의 장기 균형 혹은 향상된 성장경로를 갖게 되는 현상으로 이해할 수 있다. 사회-생태학적 리질리언스(Social-Ecological Resilience)는 사람, 사회, 자연의 통합시스템과 피드백, 상호작용에 의한 복합적응계라고 한다. 그는 이들을 종합해 리질리언스는 혼란이나 교란을 흡수하고 기본적인 기능과 구조를 유지하는 시스템의 능력'이라고 정의했다. 또한 리질리언스는 '시스템의 지속성 유지 및 변화와 교란을 흡수하고, 인구나 상태변수 사이에 동일한 관계를 유지하는 능력'이라고 정의했다(한우석, 2016).

이처럼 리질리언스는 다양한 분야와 연구범위에 따라 사용되고 적용분야에 따라 다소 의미의 차이가 있더라도 공통분모로서 갖는 요건은 혼란, 스트레스, 역경과 변화 상황에서 적응하고 회복하는 능력이라고 정의할 수 있다. 사실 리질리언스는 모든 살아있는 유기체의 본능이며 환경에 대한 적응력이라고 할 수 있고 위험(Risk)과 복잡성(Complexity)을 특징으로 갖는다. 이상과 같이 리질리언스는 다양하게 사용되고 영역이 확장되고 있지만, 사실 모든 분야에 걸쳐 일반적으로 받아들일 수 있는 정의가 부재한 실정이다.

현대도시는 정보화, 세계화, 기후변화, 인구고령화 등 기존의 도시체계보다 영향을 미치는 변수가 너무 많고, 파급력이 광범위하며 다양하다. 이를 기저에 두고 생각해본다면 현대 도시는 이전의 도시에 비해 예측하기 어렵고 불확실한 여건에 더 노출되어 있다. 기존에 도시를 위협하는 요인이 방어, 체제, 소요 등이었다면, 현대 도시를 위협하는 요인은 사회문제, 시스템, 경제, 테러 등은 물론이고 기후변화, 자연재해 등 도시 기반 자체를 위협하는 요인까지 다양하고 광범위하다.

특히 도시 체계를 위협하는 지진, 홍수 등의 자연 재해, 교통사고, 산업재해 등의 기술적인 사건, 전염병, 전쟁 등 인간이 유발한 사건, 기후변화 등이다. 이는 특정도시에 한정되지 않고 세계 어디서든 일어날 수 있는 사건들이고, 특별히 취약한 계층에게 더욱 큰 피해를 준다. 또한, 방재측면이나 경제발전 측면에서 도시의 리질리언스를 향상시키려는 노력 이상의 선제적이고 광범위한 관점으로의 전환이 요구된다. Sieverts(2013)는 '리질리언스는 지속가능성을 전제로 하지만, 지속가능성이 반드시 리질리언스를 전제로 하지 않는다'고 보았다. 지속가능성의 핵심이 한정된 공간이나 자원 내에서 경제, 사회가 존재하는 것이라면, 지속가능성을 구성하는 각 요소의 목표들 간 생산적인 균형이 맞춰지지 않는다면 현재와 미래 세대의 요구가 보장될 수 없기 때문이라고 하였다.

결국 이미 도시의 문제로 부상한 기후변화와 도시화의 폐해에 대응하기 위해 리질리언스를 회복하는 것이 미래를 위한 가장 효과적인 최고의 전략으로 모색된다는 점에서 리질리언스와 도시의 지속가능성을 융합하는 것이 필요하다. 즉 미래 과제를 해결하는데 필요한 능력을 개발하기 위해 포괄적인 개념(Umbrellar Term)의 접근방법으로서 리질리언스를 선택해야 할 것이다. 최근 유엔 지속가능발전목표(SDGs, 2015), UN인간정주회의(2016, HabitatⅢ), 유엔재난경감국제전략기구의 센다이 프로그램(UNISDR, 2015-2030 Sendai Framework) 등에서도 도시의 리질리언스에 대한 개념을 채택하고 있다. OECD(2014)는 리질리언스를 '지속가능한 발전과 복지(Well-Being) 및 포괄적 성장을 위해 경제, 환경, 사회적인 충격 또는 만성적인 압력으로 인한 영향을 흡수, 복구, 적응하는 능력'이라고 정의했다. 이는 도시가 현재 기준으로 무엇을 지속적으로 유지하고 제공해야 하는지에 대한 지침 역할과 노력의 일환으로 리질리언스가 필요하다는 것을 반증하는 것이다.

지속가능한 도시를 구현하고자 하는 방법으로는 생태도시, U-Eco City, 생태문화도시, 창조도시 등이 있다. 그리고 부처별, 지자체, 정부, 시민단체 등 다양한 주체와 방법으로 시도하고 있다. 정부 부처별 추진되고 있는 사업들로는 환경부에서 추진하고 있는 에코시티 시범사업, 그린시티, 자연생태우수마을 등과 국토교통부의 살고 싶은 도시 만들기 사업, 행장자치부의 살기 좋은 마을 만들기 사업 등이 있다. 각 부처에서 수행하고 있는 이들 사업은 각각의 특성과 기관별 목적에 따라 상이하다.

환경부에서 추진하고 있는 에코시티사업은 생태적인 도시환경을 추구하는 사업으로 특정 환경규제지역을 대상으로 하여 모든 도시와 지역에 일반적으로 적용하기에 다소 무리가 있다. 살기 좋은 도시만들기 사업은 물리적 환경정비 사업을 통해 변화를 추구하는 기존 도시계획관점의 틀을 벗어나지 못하고 있어서 환경적, 사회문화적인 가치를 부여하는 데 한계가 있다. 살기 좋은 지역만들기는 지역경제발전을 목표로 하는 지역개발의 성격이 강해 비도시지역의 지역발전 전략으로 유효하다고 할 수 있고, 지속가능성보다는 지역성과 지역발전을 강조하는 경향이 강하다.

이상과 같이 정부 부처별 수행하고 있는 지속가능성 구현 정책들마다 특징과 한계점이 있어서 모든 도시에 일반적으로 적용하기에 무리가 있다. 그렇지만 공통적으로 지역, 사회, 경제, 환경의 균형발전을 통한 도시와 지역민의 삶의 질 향상과 지속가능성을 목적으로 하고 있다. 지속가능성과 리질리언스를 통합한 도시 만들기를 위해 먼저 지속가능한 국내 도시사례를 살펴보면 도움이 될 것이다.

사례로 선정된 지역은 주체와 규모별로 분류하여 시민주도형, 공공주도형, 민관협력형의 사례로 정했다. 순수시민주도형 사례로 선정한 성미산 생태마을 사례는 마을단위의 공동체가 지역을 변화시킨 곳이다. 성미산마을은 마포구 성산1동에 위치한 지역으로 주로 아파트가 주를 이루는 대도시 모습과 달리 주택이 많은 지역적 특성을 갖는 곳이다. 이 곳은 2001년 성미산지키기 운동을 계기로 마을 공동체 복원과 생태계 가치를 실천하는 공동체운동으로 진화하면서 주민주도형 지속가능한 마을 만들기로 알려지게 되었다. 초기 성미산마을 만들기 사업은 공동육아로 시작되었는데 생협 등의 지역공동체 운동이 다각화되고 친환경적 생활양식으로까지 확장되었으며 도시공간개조 사업으로 까지 발전하게 된 사례이다.

성미산마을공동체는 성미산지키기 운동을 통해 생태계 가치, 공동체 보존과 발전의 중요성을 깨닫게 되면서 지역을 변화시킨 사례이다. 공동체와 지역 주민의 공감대 형성은 어느 날 갑자기 가능한 것이 아니다. 생협과 공동육아조합 등 생활공동체운동이 기반이 되어 숲속학교, 자연체험 교육 등과 지렁이퇴비화운동, 안전한 골목길 만들기 등 일상생활의 활동이 서서히 녹아들어가면서 생태적 지향을 구가할 수 있게 되는 과정들이 누적되면서 만들어지게 된 것이다. 최근에는 도시계획적 차원으로 확대되어 다수 주민의 희망과 생태적 가치, 문화를 구현하고자 노력하고 있다. 성미산 생태마을의 지속가능성 실현 사례는 지역의 독특한 특성과 역사를 배경으로 하는 도시 마을만들기 사례를 다른 지역에 적용하는 것에 대한 한계와 폐쇄성, 지속성 등에 대한 지적도 있지만, 지역주민으로부터 시작된 생태계 가치와 지속가능성을 목표로 하는 도시공동체라는 점에 큰 의의가 있다.

공공주도형의 사례로 선정된 송도국제도시는 갯벌을 매립하여 만든 신도시로 환경 파괴의 산물이라는 오명에도 불구하고 지속가능하고 스마트한 도시라는 명성을 동시에 가지고 있어 세계적으로 주목받고 있는 도시이다. 송도국제도시는 인천경제자유구역청이 주관하는 사업으로 포스코, 미국의 게일사의 컨소시엄 법인이 개발주체라는 점에서 민간주도로 대형 도시개발을 수행하는 보기 드문 사례이다.

2001년부터 조성되기 시작하여 2020년 완공 계획으로 진행되고 있으며 세계도시, 첨단도시, 환경친화를 지향하는 도시개발을 목표로 하고 있다. 송도국제도시는 입지적 강점을 활용해 동북아 경제중심도시를 구축하고 지속가능성을 실현하기 위해 기업환경과 생활환경 인프라 구축에 중심을 두고 어메니티 향상을 추구하고 있다. 또한 2000년대 이후 개발되는 신도시들의 사례와 같이 업무시설을 기반으로 하는 자족성을 강화하고 지속가능성을 실현하려고 했다. LEED인증(미국그린빌딩협회 친환경인증)을 받은 친환경건축, 단지별 스카이라인 조정, 넓은 공원면적, IT가 결합된 기반시설, 워터프런트 계획, 보행친화적인 공간 조성, 쓰레기 집하시설 등 도시 순환을 위한 물리적 시설 설치 등 지속가능한 도시 구현을 위한 도시계획적 요소를 충족한 도시이다. 송도국제도시는 무(無)에서 유(有)를 창출하는 대형 개발 프로젝트로 탄생한 신도시라는 점에서 계획부터 실행까지 지속가능성을 목표로 추진되고 있는 도시이다.

특히 송도국제도시의 사례는 막대한 자본이 소요되는 관주도의 도시개발 사업으로 세계가 주목하고 벤치마킹의 대상이 되고 있다. 하지만 이미 존재하고 기반이 형성되어있는 기존의 다른 도시에 그대로 적용하기에 다소 무리가 있다. 또한 인프라와 시설 구축 중심으로 지속가능성을 실현시켜 사회적, 경제적 지속가능성으로 확대한다는 취지로 이해할 수 있어 개발과 성장위주의 기존 도시전략과 궤를 같이한다고 할 수 있다. 한편 지속가능성을 실현하고 도시의 리질리언스를 추구한다는 측면에서 볼 때, 송도국제도시라는 신도시를 개발함으로써 다른 지역의 인구와 경제력을 유인하여 다른 도시의 인구를 유출할 수 있는 가능성이 있다. 어떤 도시의 지속가능성과 리질리언스를 추구하는데 있어 다른 도시의 지속가능성을 위협해서는 안 될 것이다. 즉 도시개발 진행과정에서 겪는 자본과 국내외 경기변동 등의 변화에도 지속가능한 도시를 실현하고자 하는 전략이 필요하다. 특히 인구감소와 도시 쇠퇴를 우려해야하는 지역의 도시들에게는 송도국제도시와 같은 대형개발사업으로 건설되는 신도시는 경쟁자일 뿐 닮고 싶어도 닮을 수 없는 도시의 모습이다.

민관협력형 사례로 선정된 경기도 수원시는 기존 도시이면서 서울의 위성도시, 노후화 문제, 삼성전자로 치중된 산업 등 기존 도시들이 갖는 취약성과 잠재력을 동시에 갖고 있는 도시이다. 수원은 환경적으로 지속가능한 도시, 미래세대를 배려한 발전, 인간과 자연이 공존하는 도시 등을 표방하며 지구온난화, 기후변화에 대응하는 회복력 강한 지속가능한 도시를 시의 비전으로 정했다.

수원시는 환경수도를 자칭하며 기후친화형 도시 인프라 구축, 취약계층의 건강과 복지 향상, 도시생태계 건강성 및 회복력 증진, 환경수도 시민 적응능력 배양 등 지속가능성 제고를 목표로 정하고 있다. 온실가스 감축을 위한 도시기본계획을 변경하고 노면전차, 바이오메탈 트램 등 저탄소 녹색교통 활성화 등을 시도하기도 한다. 특히 수원시는 시민이 도시 및 마을 계획에 참여하고 예산을 세우고 프로그램을 만드는 등 시민참여형 도시를 추구하는 수원형 마을르네상스 모델이 UN의 지속가능한 정주(定住) 모델로 인정받아 2013년에는 우리나라 최초 유엔 해비타트 대상을 수상하는 도시가 되었다. 최근에는 관광·마이스 분야 비정부 국제기구인 국제 지속가능 관광위원회 회의(Global Sustainable Tourism Conference 2016)에서 '지속가능 도시 관광 표준' 인증을 받기도 했다. 수원시의 사례를 통해 얻을 수 있는 시사점은 도시의 비전과 목표를 만들어가는 과정에 민관협력 체계를 이루려고 노력하는 도시 정책가의 의지와 시민 사이에 공감대가 형성되고 외부적으로 인정받게 되었다는 것이다.

이상에서 살펴본 지속가능성과 리질리언스가 융합된 도시 만들기의 과정은 시민 단독 혹은 공공의 주도로만 성공하기 어렵다. 도시를 위협하는 다양한 요인들 속에서 도시의 지속가능성과 리질리언스를 융합한 도시로 만들기 위해서는 민간과 공공부문의 협조가 반드시 이루어져야 한다. 단 지자체 및 공공부문에서는 단기적인 성과나 홍보 수준에 그치는 정책은 지양하고 넓고 깊은 식견과 정보를 바탕으로 도시 미래 비전을 지키는 정책을 지향해야 할 것이다.

도시에 살고 있는 시민은 도시를 구성하고 향유하며 평가하기도 하지만, 세부적이고 구체적인 계획과 실행은 도시 경영(Urban Management)에 속한다. 도시 경영은 미래지향적인 공동체의식이 바탕이 되어 전체 사회의 복지 극대화와 자립적 경제기반, 도시의 지속가능성 추구, 삶의 질 향상, 갈등과 이해관계의 조정 등 도시와 관련된 모든 문제를 해결하는 실체이다. 따라서 도시의 미래 지속가능성을 위해서는 도시 경영의 책임자 역할이 중요하고, 집행자와 실무자 등 행정가의 역할이 중요하다. 아무리 좋은 생각과 아이디어가 있다하더라도 정책 결정자와 집행자에 의해 선정되지 않으면 빛을 발할 수 없다. 이처럼 도시의 지속가능성과 리질리언스가 융합된 인식이 부족하다면, 실제 도시의 지속가능성을 구현하기 어렵다. 따라서 도시 만들기의 시작은 근시안적인 성과에 집착하지 않고 도시의 지속가능성을 예견하고 위험요인에 대비하는 리질리언스를 갖추고자 하는 인식이 우선되어야 할 것이다. 자연생태계가 리질리언스를 본성으로 하고 있다는 점을 근간으로 인간이 만든 유기체로 비유되는 도시에서 리질리언스와 지속가능성을 융합하는 접근은 도시 만들기의 시작이다.

2.2. 살기 좋은 도시(Liveable City)

세계 인구의 절반 이상이 도시에 살고 있는 오늘날 인류가 겪는 도시 문제는 인류 절반의 문제가 되고 있다. 그러면서 문제로 논의되고 있는 분야와 내용 또한 광범위하고 다양하다. 이렇게 제기된 도시 문제들에 대한 인식과 해결책, 방향성에 대한 논의가 시작되면서 여태까지 도시가 갖던 다양한 기능들 중에서 시민의 삶에 중점을 두는 도시의 대안으로 새롭게 등장한 것이 살기 좋은 도시이다. 살기 좋은 도시란 삶의 질(Quality Of Life) 관점에서 거주에 적합한 도시를 말한다. 살기 좋은 도시는 기존의 성장과 발전 위주의 도시 관점에서 탈피하는 삶의 적합성(Livability)을 추구하는 도시이다.

자연환경을 극복하며 생존가능성을 높여주는 삶의 터전을 찾던 초기 인류로부터 현대 도시에서 자신이 살아갈 도시를 선택함에 있어 거주적합성은 매우 중요한 요소이다. 특히 세계적으로 도시화와 정보화가 진행되면서 급속히 지식정보화 사회로 이전되었고, 인류 생산활동의 근간이 지식정보가 되는 사회가 되었을 때 거주적합성은 세계 도시들과의 경쟁에서 거주지 선택결정의 주요 요인이 된다. 자크 아탈리(Jacques Attali, 1943~) 말처럼 현대인은 자신의 지식을 가장 비싼 값에 판매할 수 있는 곳을 찾아 떠도는 신 유목민이 되었다. 이러한 시대적 변화를 뉴 노마드(New Nomad)시대에 이르렀다고 지칭하기도 한다. 유목민이 먹을 것과 쉴 곳을 찾아다닌 것처럼 현대 지식정보화 사회에서는 휴대폰, 컴퓨터, 시계, 자동차 등의 신 유목물품(Nomad

Objects)을 가지고 다니면서 자신들이 일거리를 찾고 살 곳을 찾게 된다.

현대인들이 신유목민으로 사는 이유는 인류의 진화, 산업체계의 변화, 생활수준과 의식의 변화, 교통·통신과 과학의 발전 등 다양한 이유로 설명되고 있다. 그렇지만 분명한 것은 세계 경제와 도시가 성장시대에서 저성장, 역성장시대로 전환되어 가는 변화를 겪고 있다는 것이다. 그리고 그 속에서 지속가능한 발전과 삶의 질, 거주 적합성은 21세기 도시 존립의 핵심요소로 부각되고 있다.

교통·통신기술의 발달로 세계 도시들 간 자유로운 이동이 가능하고 직업선택에 있어서도 유동적인 현대 도시인들에게 거주 적합성은 좋은 도시 즉 살기 좋은 도시와 그렇지 못한 도시로 분류하는 기준이 되어 거주지 선택 행동에 영향을 미친다.

흔히 살기 좋은 도시는 주거 환경과 인프라 문제로만 생각하기 쉽다. 그렇지만 실제적으로 도시를 선택하는 기준에는 경제적 문제를 해결할 수 있는 일자리와 아이들의 교육, 의료 문제가 선결 조건으로 손꼽힌다. 이러한 문제에 대한 확실한 대응 없이 살기 좋은 도시라고 할 수 없다. 인구감소와 고령사회에 접어들면서 도시로 사람을 유인하기 위해 단순한 애향심에만 호소하는 시대는 이미 지났다. 사람 간 경쟁, 상품 간 경쟁에서 선택되어지기 위해 각고의 노력을 하는 것처럼 도시들 간 경쟁에서 살아남기 위해서는 도시를 선택을 받을 수 있는 진열대에 놓여야 한다. 거주 적합성이 갖추어진 살기 좋은 도시 만들기 전략으로 사람들에게 선택받을 수 있는 준비가 되어야 하는 것이다.

사실 거주적합성이 지속가능한 도시 구축의 한 부분임은 부인할 수 없지만, 거주적합성에 대해 합의된 정의는 아직까지 없다. 거주적합성을 구성하는 요인은 주거를 둘러싼 사회적 요인과 환경적 요인으로 설명할 수 있다. 사회적 요인은 도시의 고용 환경과 임금 수준에 영향을 미치는 지역의 경제적 여건과 역동성 정도를 말한다. 환경적 요인은 자원의 보존과 보호, 오염의 최소화를 위한 토지이용의 적절한 규제, 대중교통 중심의 도시 실현, 안전성, 공공공간의 활성화 등이 해당된다.

거주적합성을 구성하는 요인을 통해 살기 좋은 도시를 규정하는 내용을 살펴보면, 취업 기회, 이동의 편리성, 주거환경, 도시의 활력, 교육·문화적 환경, 복지·의료 체계, 자연환경, 재해 대비, 정보 등을 들 수 있다. 거주적합성은 도시 규모와 발전정도에 따라 차별성을 띄기도 한다. 대도시의 경우 가장 큰 문제는 과밀한 인구로 인해 주거와 관련된 문제들이 많고, 범죄와 교통정체, 과도한 생활비용 등이 거주적합성을 저해한다. 반면 지방도시는 일자리부족, 도시 교통체계 미비, 주거환경 정비 불량, 도시침체 등 시민에게 경험적 혹은 가시적으로 보여 지는 문제들로 인해 도시의 거주적합성에 부정적 영향을 끼친다. 따라서 도시의 규모와 발전정도에 따라 거주적합성의 충족기준이 달라져야 할 것이다. 인프라가 부족한 지방도시와 소규모 지역에 막대한 비용으로 풍족한 기반시설을 갖춘다하여 거주적합성이 충족되었다고 할 수 없다. 도시의 규모와 기능에 따른 거주적합성의 설정이 요구되는 이유가 바로 그것이다.

한편 도시의 지속가능한 개발과 삶의 질 문제가 서로의 이해관계로 충돌할 수 있다. 가령 주민들의 생활 편익과 지역 활성화를 위한 공공시설을 설치할 경우 자연환경 훼손을 야기해 주민들과 행정기관의 대립이 일어나는 사례는 흔히 주변에서 볼 수 있다. 이러한 충돌은 사람들의 가치판단과 선택 기준이 양적인 측면을 중시하던 시대에서 질적인 면을 중시하는 시대로 인식의 전환이 이루어지는 과정에서 흔히 발생한다.

또한 도시경영자의 기준과 지역 주민의 기준이 서로 다를 수 있음도 알아야 한다. 도시경영자의 관점에서 도시는 성장과 발전의 객체로 인식되는 것이지만, 주민에게 도시는 삶의 터전이면서 그들의 삶 자체이다. 따라서 살기 좋은 도시는 주민의 편에서 주민의 관점으로 도시를 살만하게 만들어야 할 도시의 지향점이다. 현재 도시는 세계화, 인구감소, 고령화, 경제침체 등으로 인한 축소사회(Shrinking Society)로의 전환을 받아들여야 하는 시점에 이르렀다. 이는 도시라는 유기체가 성장과 소멸하는 과정에서 자연스럽게 받아들여야 하는 현상이라는 것을 의미한다. 이미 도시는 성장의 한계를 경험하고 있고, 축소를 지향하고 있는 모습으로 변화되고 있다. 그리고 이러한 자각이 우선된다면 살기 좋은 도시, 지속가능한 도시 등의 구현을 위해 도시경영자의 관점에서 보다는 주민의 관점에서 도시 만들기에 접근해야 할 필요성을 설명하고 있다.

살기 좋은 도시를 만들기 위해서는 도시에 대한 개량과 평가의 기준도 필요하다. 도시라는 시공간 속에서 사람과 사람, 사람과 환경이 얼마나 원활하게 상호작용하고 있는지, 이를 위해 어느 정도의 사회적 비용이 지불되어야 하는지를 계량해보고 이들 간의 균형과 조정의 여부에 따라 도시의 질적 평가를 위한 기준으로 정할 수 있을 것이다.

현재 우리가 살고 있는 도시의 모습은 사람과 사람, 사람과 환경의 상호작용 즉 관계망 형성의 과정과 결과이다. 이들 관계망의 긍정적 상호작용은 도시의 혁신적 사고와 창조, 성장 촉매제로 작용하게 된다. 그렇지 못한 경우 오염과 범죄, 폭력을 초래하는 요인이 되기도 한다. 도시의 매력을 상승시키거나 혹은 훼손하는 것은 관계망 내 상호작용(Interaction Within a Network)을 형성하기 위해 도시에 투자되는 비용과 그로 인해 생산된 가치들 간의 균형여부에 의해 좌우된다. 이는 도시의 성장과 쇠퇴를 결정하게 되는 것으로 작용하며 결국엔 도시의 지속가능성(Sustainability)에 영향을 미치게 된다.

일례로 세계적으로 대두되고 있는 환경문제를 예로 들어 설명할 수 있다. 환경문제는 사람과 환경의 상호작용에 의해 발생한 문제로 이를 조정하기 위한 한 가지 방법으로 대중교통중심 도시로의 정책 지향점을 제시하며 도시의 혁신과 지속가능성을 추구하고자 한다. 그러면서 이를 추구하는 방법으로 친환경 대중교통시스템을 도입한다. 새로운 교통시스템의 도입과 작동은 사람과 사람, 사람과 환경의 상호작용에 대한 고려가 필수적이다. 환경문제를 완화하기 위한 노력이 교통에 영향을 미쳐 도시의 이동성과 접근성 향상을 가져와 도시의 매력과 가치를 상승시킬 수도 있다. 다른 한편에서는 재정 부담을 가중시킨다는 불만이 있을 수 있고, 이동시 불편을 초래하고 교통체증을 유발하여 살고 있는 지역의 가치를 하락시킬 수 있다. 이들 모두 도시를 구성하는 사람과 환경의 관계망에 의해 사회적 가치와 비용의 조정과 균형의 문제들이고, 도시의 거주 적합성(Liveability)과 직결된다.

살기 좋은 도시를 논의함에 있어 물리적 환경과 함께 논의해야 하는 것 중 하나가 지역의 특성과 공동체의식이다. 하나의 도시 내에는 다양한 공간이 존재한다. 토지이용에 따라 용도가 결정되어 상업

지역, 주거지역, 공업지역 등으로 구분되지만, 같은 주거지역이라고 하더라도 동일 도시 내에서조차 서로 격차를 보이는 것이 현실이다.

격차(Gap)는 차이(Difference)와 나뉨(Division)을 함축하고 있는 말로 흔히 부정적인 의미로 사용되는 용어이지만, 그렇다고 격차가 항상 부정적 요인으로만 작용하는 것은 아니다. 지역의 격차는 지역에 이질성이 침투했을 때 지나치게 배제하는 효과를 가져 오기도 하지만, 지역 내 공통된 네트워크 통로로 이해될 수도 있다. 지역 내 공동 네트워크로서 긍정적인 역할을 한다면 지역성을 훼손하지 않고 고유성과 정통성을 유지할 수 있게 한다. 그렇지만 격차가 개인 혹은 단체 등의 특정 이익과 편승할 경우 지역전체를 위협하여 부정적인 악영향을 끼치게 된다. 한편 지역 간 격차가 지역의 차별화된 전략과 고유성으로 발전할 때 격차는 부정적인 요인으로서가 아닌 도시의 다양성을 흡수하여 지역의 또 다른 특성으로 승화시킬 수 있게 한다.

도시는 다양한 특성을 가진 사람들이 모여 차별화된 생활방식과 문화가 한데 어우러져 공통된 공간을 채우는 근본적인 특성을 갖는다. 그리고 다양성과 차별성을 포용하여 도시만이 갖는 매력으로 자리하게 되면서 조금 더 살기 좋은 도시를 만들어 가게 된다. 살기 좋은 도시가 특정 시대 혹은 가치에 한정된 개념이 아니라 오랜 시간에 걸쳐 구축한 사회 환경과 인프라를 기반으로 한다는 점에서 볼 때 살기 좋은 도시 만들기 접근방법 또한 다양하고 광범위한 범위로 확장되어야 하는 이유가 바로 그것이다. 주요 도시들이 살기 좋은 도시를 표방하며 각자 도시로 사람들을 유인하고자 하는 정책과 전략을 펴고 있지만, 모든 도시에서 외부 사람을 유인하기위한 도시 만들기 전략이 성공하는 것은 아니다.

특히 지방도시와 소규모 지역에서 대형도시화 현상과 인구감소라는 시대적 변화를 판단의 주요 닻(Anchor)으로 적용한다면, 살기 좋은 도시가 갖추어야할 조건을 논의하는 출발점은 다른 지역의 인구를 유입하는 것은 옳은 해답이 아니다. 그보다 더 중요한 것은 현재 거주자의 삶의 질을 중시하는 도시의 필요성에 대한 인식이다. 그러면 시민의 삶의 질은 살기 좋은 도시를 만드는 기초적 인식이라는 결론에 귀착하게 된다.

인구감소와 고령화, 초대형화 되고 있는 현대도시의 방향성에 대응하는 살기 좋은 도시 만들기는 다음 세 가지의 정책적 지향점을 제시할 수 있을 것이다. 첫째, 삶의 질에 영향을 미치는 도시 거주자의 육체적, 정신적 건강을 지원하는 정책이 요구된다.

둘째, 지역에 소속감을 가지며 도시의 정체성을 높이는 정책과 지원이 요구된다. 이를 위한 가장 좋은 해결책은 공공공간을 통해 시민이 안전하게 교류하고 지원할 수 있는 통로를 마련해주는 것이다. 21세기 시대적 트렌드는 정보기술발전과 함께 공유, 공존, 공생, 공공의 시대로 명명할 만큼 유형·무형의 재화를 공동으로 소유하고 이용하는 사회로 이전되었다.

셋째, 고령사회로의 이행에 맞게 고령자가 적절한 건강관리와 안심하고 활력 있게 살아갈 수 있도록 하는 것이다. 세계보건기구(WHO)에 따르면 2050년에는 전 세계의 60세 이상 인구비율이 22%에 도달할 것으로 전망하고 있다. 현재 인구구조와는 다른 미래가 예견되고 있는 상황을 인식하고 고령자를 위한 도시정책으로 선회하는 정책이 요구된다.

2.3. 도시의 힘, 도시의 매력

모든 도시에는 보물과도 같은 고유의 공동 자산이 있다. 이전에 도시에 살았던 사람들의 역사와 문화, 그리고 이를 도시의 자산으로 엮어가는 시민과 행정이 어우러져 도시가 살아가는 힘을 만든다. 도시의 힘은 살기 좋은 도시, 지속 가능한 도시를 구현하기 위한 도시의 매력이라는 이름으로 표현된다.

이를 위한 정책으로 연결한 사례 중 하나가 도시 공동의 자산을 활용한 도시매력 만들기이다. 특히 도시의 공공공간은 도시의 이미지를 결정할 뿐만 아니라 기존의 스톡을 활용한다는 관점에서 유용한 수단이 되고 있다. 공공공간(Public Space)은 일반인에게 공개되어 접근과 이용이 가능한 공간이면서 사회적인 공간(Social Space)으로서 역할을 하는 곳으로 다양한 아이디어와 가치의 공유(Sharing)를 통해 사회적 가치(Social Value)를 상승시킬 수 있는 공간이다(Worpole et al, 2007).[24] 공공공간은 물리적인 공간적 특성과 함께 사회적인 상호작용과 사회 통합, 지역사회 발전을 촉진하는 사회적 공간이다. 특히 인구감소와 고령사회의 미래 도시에는 더욱 그 중요성이 강조된다. 고령층의 경우 다른 연령층에 비해 공원, 상가 등의 공공공간에서 만남의 기회를 갖거나 교류장소로 활용하는 비율이 높고, 개인주의가 심화되면서 주로 공공이 이용할 수 있는 영역에서 다른 사람과 접촉하는 경향이 많아졌기 때문이다.

한편 공공공간에서 펼쳐지는 생각과 가치들에 한계는 없지만 그것이 대중에게 받아들여지지 않을 경우 흔적조차 없어지는 특성을 가진다는 점에서 오랜 기간 동안 대중에게 기억과 현재로 남아있는 것들은 그 자체만으로도 시사하는 바가 크다. 그만큼 공공공간은 경제·사회·정서적으로 도시와 사람들에게 영향을 미치고 있으며, 이는 공동의 자산이라는 점에서 도시의 매력으로 만드는 일에 신중해야 하는 것이기도 하다. 도시의 공공공간에는 도시의 매력을 만들 수 있는 요인들이 기억으로 또한 역사로 숨어있고, 그것들은 과거 혹은 현재에 대중들에게 인정을 받았거나 받을 수 있다.

도시에 숨어있는 보물을 캐내어 도시의 매력으로 만들어가며 살기 좋은 도시를 만드는데 일조하는 사례들이 이를 증명하고 있다. 몇 가지 사례를 통해 도시 만들기를 살펴보기로 한다.

❑ 자연의 씨줄과 문화 위 날줄로 엮어내는 천가지로(天街地路)

지방도시의 원도심 쇠퇴는 인구감소시대로 진입된 이후 대도시 문제보다 훨씬 심각한 것이 현실이다. 순천시 원도심 활성화와 도시재생전략인 천가지로 또한 처음부터 지지를 받았던 것은 아니다. 순천시는 원도심 인구의 23%가 감소할 정도로 빈집이 늘어나고 상권이 쇠퇴하여 심각한 침체현상을 겪고 있었다. 시민들은 차라리 재개발을 해서 새 아파트를 지어달라고 요구할 정도였다. 더욱이 순천만이 생태관광지로 유명해지고, 정원박람회가 순천시를 대표하는 축제로 자리매김하면서 원도심 쇠퇴현상은 더욱 가속화되었다. 단순한 재개발식 도시재생과 환경정비를 요구하는 바람들이 대두되어도 순천시에 맞는 도시비전을 세워야 한다는 의지를 굽히지 않았다. 파헤치고 뜯어내는 콘크리트 도시 건설이 아니라 역사와 문화가 살아 있는 도시재생을 바랬고, 이러한 노력은 순천시민을 움직였으며 결국 정부의 지원도 이끌어 냈다.

순천시는 2016년 초 국토부 '도시재생 선도지역 사업특화지구'로 선정되었고, 지역사정에 해박한 시민들이 직접 도시재생 프로그램에 참여한 것이 가장 큰 요인으로 작용했다. 2013년 초여름 순천시의 주민대표 60여 명은 나흘 간 열린 순천시 주민주도 도시재생전략 집중검토회의에 참여했다. 무려 나흘 동안, 매일 8시간씩 말 그대로 집중검토회의였지만 주민들은 지치지 않고 의견을 개진했다. 원도심 실태에 대한 의견이 많이 나왔고, 향후 계획에 대한 의견도 봇물을 이뤘다. 여기서 나온 의견이 바로 국토부에 제출한 "자연의 씨줄과 문화위 날줄로 엮어내는 천가지로(天街地路)"이다. 결국 시민이 직접 참여해 도시정책을 만들어낸 좋은 사례라고 할 수 있다.[25] 순천만과 정원박람회, 동천을 원도심과 연결하는 도시관광 루트를 개발하고 문화와 예술을 도시 재생의 핵심 콘텐츠로 활용하였다는 평가를 받고 있다. 특히, 정부기관(국토부, 중기청, 문체부)의 협업과 함께 순천시의 부서 간 칸막이를 최대한 배제하고 사업별로 연계하여 해결하는 방식을 취하고 있어 협업 성공의 사례로도 평가받고 있다.

순천시 사례를 통해 얻을 수 있는 시사점은 첫째, 기존 도시가 가진 유무형의 자산을 최대한 살리는데 노력을 다했다는 점이다. 특히 도시가 가진 자산의 가치를 시민들이 직접 논의하여 끄집어내고 문제에 대한 공동의 해결책을 모색했다는 점이다. 둘째, 지역의 화가, 작가, 음악가 등 지역이 가진 예술자원이 참여하고 시민이 직접 도시 만들기에 동참했다는 점이다. 시민들이 살고 있는 삶의 터전인 도시에 유명한 예술가와 작품이 참여하는 것도 의미가 있지만, 지역의 문화와 예술작품이 그들이 태어나고 살고 있는 도시라는 공간에 펼칠 수 있는 기회가 주어졌다는 데 더욱 큰 의미가 있다. 셋째, 정부와 관련기관, 지방정부의 협업을 통해 성과를 높일 수 있었고, 자금 지원까지 얻어낼 수 있었다는 점이 높이 평가한다. 넷째, 도시재생과 마을만들기 등 도시를 만들어가는 사업이 특정 지역에 한정되어 단순한 환경개선과 시설 설치 등에 그칠 수 있는데, 원도심 활성화와 연계된 관광루트 개발과 유인으로 상생전략을 추구했다는 점이다.

❑ 산업화 과정에서 소외된 슬로우 시티 청산도

청산도는 전라남도 완도(莞島)에서 남쪽으로 19.2km 떨어진 다도해 최남단 섬으로 완도항에서 뱃길로 45분 거리에 위치하고 있다. 산, 바다, 하늘이 모두 푸르다하여 '청산(靑山)'이라 이름 붙여진 섬이다. 푸른 바다, 푸른 산, 구들장논, 초분, 돌담장, 해녀 등 느림의 풍경과 섬 고유의 전통문화가 어우러진 섬은 그 가치를 인정받아 2007년 4월 5일 문화체육관광부 가고 싶은 섬 시범사업 대상지, 같은 해 12월 1일 아시아 최초 슬로시티[26]로 선정되었다.[27]

영화 "서편제"와 TV 드라마 "봄의 왈츠"의 촬영 장소로 유명한 청산도는 2011년에는 총 42.195㎞의 11코스 17길의 청산도 슬로길이 국제슬로시티연맹으로부터 세계 슬로길 1호로 인증받기도 하였다. 청산도에서 매년 4월에 개최되는 슬로걷기 축제는 1일 평균 2천여 명이 방문하며, 주말에는 1만 명 이상이 다녀갈 정도로 슬로시티로 성공한 예이다.[28]

슬로우시티 청산도는 산업화와 도시화의 급속한 변화를 겪는 과정에서 시대적 변화에 편승하지 못하고 개발되지 못한 침체되고 버려진 곳으로 인식되던 곳이 가치관의 변화에 맞춰 적응한 사례가 되었다. 이는 삶의 질과 느림을 추구하는 트렌드의 변화로 관심을 받게 된 사례이고, 개발과 성장위주의 사회에서 선택받지 못하고 소외되었던 단점들이 오히려 청산도를 보존할 수 있게 만든 힘이 되었다. 개발되지 않고 보존된 자연환경은 새롭게 자원으로 부상하게 되었고, 잘 보존된 자연과 문화유산이 지역의 활성화의 새로운 보고와 출발점이 되고 있다. 슬로시티의 로고인 달팽이처럼 빠르고 살벌한 현대의 변화 속에서도 느림의 생존방식을 삶의 방법으로 채용하여 도시의 지속가능성을 꾀하자는 것이다. 국내에서 슬로시티로 가입된 곳은 11곳이 있고, 세계적으로는 30개국 225개 도시가 가입되어 있다.

슬로우 시티 청산도는 완도군 관광활성화 사업과 연계되어 매년 관광객이 증가하여 지역민의 삶이 풍족해지고 브랜드가치가 창출되는 효과를 얻고 있다. 한편에서는 슬로우 시티 정신 확산과 자연환경 보존 등 본래 슬로우 시티 선정의 의미가 실현되고 있는지에 대해서는 의문도 제기되고 있다. 그럼에도 불구하고 슬로우 시티의 사례를 통해 생각해볼 수 있는 것은 결국 외부 사람들이 찾아오게 할 수 있는 지역의 자원은 오직 지역에 있는 것이고, 다른 곳과는 차별되는 그 어떤 것이라는 결론에 이른다. 결국 슬로우 시티라는 느림과 유유자적, 전통 등을 포함한 가치도 수려한 자연환경과 지키려고 하는 지역민의 공동체 의식이 함께하지 않는다면 돈벌이 수단으로 전락할 수 밖에 없다.

❑ 유휴자원의 문화적 활용 소촌 아트팩토리 사업

광주광역시 광산구에 입지한 소촌농공단지 및 소촌일반산업단지는 1980년대 초 조성되어 기계, 철강, 석유화학 등 제조업체가 주로 입주해 있는 곳이다. 산업단지 조성이후 30여 년이 지나 시설이 노후화되고 단지환경이 열악하며 주변 산업단지와도 동떨어져 고립된 지역이다. 주변에는 송정초등학교, 정광고등학교, 광주여대 등 교육시설과 소촌라인아파트, 가천아파트 등 주거지가 인접해 있다. 해당 단지에는 2015년 현재 종사자는 2천여 명에 이르지만, 근로자 및 지역주민이 이용할 수 있는 문화시설이 턱없이 부족한 실정이었다. 특히 광산구는 광주광역시 중 평균연령이 가장 젊어 문화적 욕구가 높음에도 불구하고 문화시설이 충분하지 않아 주민들의 불만이 되고 있다.

이에 공공행정과 기업가, 근로자, 주민이 만족하는 사업추진을 고민하던 중 산업단지·폐산업시설 문화재생 공모사업을 통해 소촌아트팩토리가 탄생하였다. 2015년부터 시작되어 아직 특별한 성과가 보이는 것은 아니지만 예술가, 근로자, 주민이 경계 없이 소통할 수 있는 문화예술 융합공간으로 재편될 수 있는 기회를 갖게 될 것으로 기대하고 있다. 현재 소촌농공단지 내 관리소와 대피소로 활용되었던 건물과 주차장은 지역의 복합문화공간으로 사용하고 있다. 지금도 접근성이 떨어지는 위치와 컨텐츠 개발 등이 문제점으로 제시되고 있지만, 버려졌던 도시 자원을 새로운 공공공간으로 창출하려는 시도는 높이 살만하다.

❑ 공무원들이 만들어낸 광명동굴

광명동굴은 1912년부터 채광이 시작되어 일제 수탈과 강제징용의 현장에서 근대산업화시대의 동력으로 활약했던 수도권 유일의 금속 폐광산이다. 1972년 폐광된 이래 광산이 문을 닫자 마을사람들도 모두 떠나면서 방치되었고 얼마 전 부터 소래포구의 젓갈을 보관하는 창고로 사용되다가 2011년 새롭게 태어나는 계기를 맞게 되었다.

광명동굴은 도시가 가진 자산을 개발하고 재해석한 사례로 국내는 물론 세계적으로 주목받는 국가적 자산이 되고 있다.

광명시는 가학산 자락의 가학광산동굴과 주변 부지를 매입하여 문화예술체험과 힐링 공간으로서 가치를 더해 새로운 관광지로 개발하는 사업을 폈고, 세계 최초 동굴 패션·보석쇼 등을 통해 국내 최초 동굴테마파크로 자리 잡았다. 2010년 관광객 수 3천명에 불과했던 광명시는 광명동굴 개발 이후 관광객 수가 폭발적으로 증가해 2016년 332만 명이 찾게 되었다. 광명동굴을 통해 400여개의 일자리가 창출됐고, 관광객 유입으로 지역경제가 크게 활성화하면서 수도권 위성도시로 베드타운에 불과했던 광명시가 관광도시로 자리매김하게 하는 계기가 되었다.

40여 년간 버려진 폐광을 5년 만에 한국을 대표하는 관광지로 발돋움하게 된 것은 광명동굴만이 갖는 독특함과 창의성을 성공요인으로 꼽는다. 특히 가장 눈여겨봐야 할 것은 지역에 널려있는 자산들 중에서 보물을 찾을 수 있는 안목과 추진력을 갖는 도시경영자의 헌신적 노력의 결과물이라는 평가를 받고 있다.

광명동굴의 사례를 통해 도시 만들기에서 얻을 수 있는 시사점은 도시경영자가 지역의 자산을 발굴하고 개발할 수 있는 안목과 추진력을 갖추면 도시의 현재는 물론 미래까지 변화시킬 수 있다는 점이다. 아무도 가보지 않는 길을 가보는 스타트업 정신은 일반적으로 공무원과 같은 조직에게는 필수 덕목이 아닌 것으로 생각한다. 그렇지만 도시 간 치열한 경쟁무대에서 개별 도시의 존재 가치를 발휘하기 위해 도시경영자에게도 새로운 사고와 접근의 혁신을 통해 새로운 가치를 창출하는 앙트레프레너쉽(Entrepreneurship)이 요구된다고 할 것이다.

이상에서 살펴본 몇몇 도시의 사례와 같이 도시의 힘이 되어 매력으로 작용하는 자원은 특정한 지역에만 있는 것이 아니라 어느 도시에나 존재하고 있다. 왜 우리 지역에는 동굴이 없지, 왜 우리 도시는 멋진 풍광과 자연환경이 없을까 하며 불평불만을 할 게 아니라 우리 도시에는 무엇이 있는지 객관적인 관점에서 도시 바라보기를 해야 하는 이유이기도 하다. 도시의 미래와 희망이 될 수 있는 자원은 어느 도시에나 존재하지만, 우리가 찾지 못하고 활용하지 못할 뿐이다. 생태계에서도 강한 포식자만 살아남는 것이 아니라 나름의 역할과 생존방식으로 존재하고 살아가고 있는 것을 보면 치열한 도시 간 경쟁에서도 나름의 생존방식은 분명 있을 것이다. 왜냐하면, 지금 우리가 살고 있는 곳은 그 이전에도 존재했고 현재에도 존재하고 있다는 점에 비추어볼 때 도시가 생존해 온 힘의 원천이 분명히 있다고 유추할 수 있을 것이다. 그리고 도시의 힘을 구성하는 요소를 함축하면 다음 세 가지로 정리할 수 있다.

■ 시민

도시의 힘과 매력을 구성하는 가장 중요한 요소가 사람이다. 도시라는 공공자산의 주인은 시민이다. 격변하는 국내외 정세와 기술변화, 경쟁심화 등 변화의 회오리 속에서 살아낼 수 있는 방법은 도시가 주체성을 갖는 것뿐이다. 이를 위해서는 개인 시민, 시민단체, 비영리단체(NPO) 등 다양한 사람들이 주역이 되어 지혜와 능력을 모아 살기 좋은 도시를 구현하는 작업이 요구된다. 인터넷과 휴대전화 등 정보통신기술의 발달로 시민의 요구나 가치관은 다양화, 복잡화된 진화를 거듭하고 있어 행정만으로 지역 문제에 대응한다는 것이 점점 어려워지고 있다. 이러한 시대적 변화를 반영해 시민의 사회참여를 높이고, 지역의 문제는 시민들의 자발적인 참여와 협조를 통해 해결하고자 하는 움직임이 많아지고 있으며 민관 거버넌스 등을 통해 해결하고자 하는 추세이다. 결론적으로 도시의 힘은 시민의 능력과 적극적인 참여로 발휘될 수 있다는 것을 증명하고 있다.

■ 지역 자원

성장의 한계를 넘어 저성장, 역성장시대로 접어들면서 도시의 지속가능성을 확보할 수 있는 최선의 방법은 도시가 기존에 보유한 자원을 활용하는 것이라는 합의에 도달하고 있다. 도시의 유·무형의 자산은 동시대에 존재하는 다른 도시의 자산이 아니라 현재 우리 도시가 가진 최선의 카드이다. 그리고 이들 자산의 양적, 질적 문제를 어떻게 활용하느냐에 따라 도시의 현재와 미래가 달라진다. 대표적인 사례로 일본의 당지 음식[29]인 B급 음식[30]이 지역경제 활성화에 기여하고 있는 것을 보더라도 그 어떤 것이라도 자원으로 전환될 수 있다. 특히 지역의 인재에 의한 산업과 지역의 문화와 경관을 활용한 관광 등은 도시의 발전 정도에 좌우되는 것이 아니라 도시의 자원을 활용하는 전략에 의해 좌우된다고 할 수 있다. 도시의 자원 발굴과 적절한 활용은 도시의 매력을 배가시키는 것이다.

■ 행정

이상적인 행정은 민간 주체의 지역 활성화를 뒷받침하는 것이다. 이에 행정 관료는 공정성, 전문성, 적극성을 가지고 투명한 집행을 하여야 한다. 특히 살기 좋은 도시는 적극적으로 지역문제에 참여하는 시민이 있고, 시민 의견에 귀 기울이고 먼저 다가가 시민과 행정 간 신뢰와 적절한 역할분담에 의한 파트너쉽이 구축되었을 때 가능하다.

이를 위해 정보 공개를 철저히 하고, 시민 활동이 이루어질 수 있는 기반을 조성하며 지원을 아끼지 말아야 한다. 이와 더불어 행정 운영에 시민이 참여할 수 있는 기회를 확대하고, 민주적 절차에 따라 시민 의견을 행정 운영에 반영해야 할 것이다.

이상의 내용과 같이 시민, 자원, 행정이 상호작용하면서 만들어 가는 도시의 매력은 크게 두 가지로 설명할 수 있다. 첫 번째는 도시 생활의 편리성이다. 생활의 편리성은 도시의 매력을 결정하는 요소이며, 도시를 선택하게 하는 중요한 부분이기도 하다. 일상생활을 하는 데 필요로 하는 쇼핑이나 외식, 병원, 금융기관, 행정 등의 서비스를 이용하는 등의 다양한 활동들은 가능한 한 가까운 거리 내에서 충족되기를 원하고 그렇지 못한 경우에는 접근이 용이한 곳을 선택하는 경향이 있다.

특히 지역의 상황에 좌우되는 일상생활에서 사람들이 이동하는 거리와 시간 및 비용은 사람들의 기회와 직결되어 삶의 질로 표현된다. 일상적인 쇼핑이나 통원 등은 살고 있는 지역에서 이루어지고, 상업 시설·의료 시설 등 도시가 제공하는 생활편의시설까지의 거리는 가깝거나 대중교통을 통해 접근이 용이한 것을 선호한다.

두 번째는 도시의 차별성으로 도시만이 가지고 있는 자연 환경, 기후와 풍토, 환경, 그리고 다른 도시에서 접할 수 없는 문화가 도시의 매력을 만든다. 즉 도시만이 가지고 있는 보고 느끼고 즐기며 먹을 수 있는 도시자원은 무엇과도 바꿀 수 없는 도시의 경쟁력과 매력으로 작용한다. 문화재나 특정 건물뿐만이 아니라 어느 도시에나 있는 도시의 거리도 도시의 얼굴로서 자산이 될 수 있다. 도시의 거리는 시민의 공동자산으로 공공성을 표현하고 동시대를 살아가는 시민들의 미적 감각이나 수준을 가늠하는 잣대로서의 역할을 하기도 한다.[31] 특히 도시 경관에 대한 시민의 관심이 집중되고 있는 현상은 삶의 질 향상과 도시만의 문화를 만들어가는 의지가 표명된 것이라 할 수 있어 다양성과 차별성을 요구하는 현대 도시민들의 요구를 반영할 수 있는 주요 기준이 될 수 있다.

03

앞으로의 도시 방향성

3. 앞으로의 도시 방향성

저 출산, 고령화, 인구감소 등 도시의 대·내외환경이 크게 변화하는 가운데 더 높은 소득과 기회, 풍요로운 삶을 찾아 도시로 유입되던 화려한 도시의 미래를 뒤로 하고, 도시의 소멸을 걱정해야 하는 시대적 변혁기에 다가서고 있다. 도시는 수많은 도전과 변화를 거쳐 모두가 함께 노력하여 여기까지 왔다. 변화에 대응하고 방향성을 결정하는 전략은 세계적인 도시화 확산과 사회·경제체제의 변화 속에서 거시적으로는 세계적 흐름에 편승하느냐에 달려 있고, 미시적으로는 개별 도시의 지속가능성을 위한 방향성 결정에 따라 성패가 결정된다.

이를 위해서는 먼저 개별 도시가 처한 현실을 인식하고 당면한 문제에 대한 해결과 함께 경쟁력 강화와 지속가능한 성장을 모색할 필요가 있다. 여기에는 우선적으로 도시규모별 차별화된 전략을 설정해야 할 필요가 있다. 대도시의 경우에는 도시 간 국제경쟁시대에 우위를 확보하기 위한 노력과 함께 세계적인 추세를 반영하는 전략적 노력이 필요하다. 1990년대까지 대도시의 경쟁력은 재화와 서비스 생산을 위한 능력이 도시 간 경쟁력의 기반이었다. 그러다가 정보화와 세계화, 가치관의 변화로 삶의 질이 중시되면서 문화와 예술, 네트워크, 생활편리성 등이 도시경쟁력으로 작용하게 되었다.

대도시와 달리 지방도시는 인구유출과 인구감소가 지속되고 있는 가운데 대도시로 성장하기를 꿈꾸지 않는 전략이 필요하다. 현재 살고 있는 시민들의 정주환경개선을 위한 행정서비스와 사회보장의 재검토 및 지역현실에 맞는 지역경제 활성화 모색 등 도시의 기능 유지를 최우선으로 하는 전도시적 대응이 요구된다.

3.1. 정주환경개선을 통한 삶의 질 향상

삶의 질을 좌우하는 도시의 정주환경(定住環境)은 사람이 일정한 장소에서 일정기간이상 삶을 영위하는데 필요한 환경을 일컫는 말이다. 정주환경은 거주자의 요구와 가치관의 변화에 따라 선호와 내용에 있어서도 변하게 된다. 주거환경(住居環境)은 생활에 필요한 주택과 주변의 환경, 사회·경제·문화적 환경 등 모든 것을 둘러싸고 있는 통합적인 환경을 일컫는 표현으로 정주환경보다 훨씬 포괄적인 의미를 갖는다.

도시 발전과정에 따라 사람들의 주거생활과 가치관에도 변화가 있었고, 이는 주택과 정주환경, 주거문화 등의 변화를 유도하였다. 일례로 우리의 주거문화는 서양과 비교해 폐쇄적이고 내향적인 경향을 가진 것으로 알려져 있었지만 외향적이고 편리함을 선호하는 방향으로 변했다. 서양의 도시 형태를 받아들이면서 우리들의 주택과 환경도 도시생활에 적합한 구조와 공간으로 채워지게 되었다. 그러면서 공원, 편의시설, 전시장, 쇼핑, 교통시설 등 생활에 편리한 서비스를 제공하는 공간으로의 접근성과 편리성이 정주환경의 좋고 나쁨을 결정하는 요인이 되었다. 저자는 이를 주거입지효과로 설명하고자 한다.

다음에서 기술하는 내용은 저자가 발표한 논문 등에서 정리한 주거입지효과(Residential Location Effects)의 개념[32]과 적용에 관한 내용이다. 정주환경 개선을 통한 삶의 질을 추구하는 방향은 주거입지효과와 연관되어 있다. 흔히 주택·부동산시장에서 입지를 선택할 때 입지의 좋고 나쁨을 구분 짓는 기준으로 입지효과를 언급한다. 하지만 입지효과라는 용어는 개별 수요자의 상황과 관점에 따라 가변적이고 지극히 광범위하며 막연한 개념으로 쓰일 뿐 이에 정확한 정의나 규정은 아직까지 없는 실정이다. 입지효과(Location Effects)라는 말은 Belzer & Autler(2002)가 제안한 TOD 프로젝트[33]의 6가지 성능 기준에서 위치효율성(Location Efficiency)을 단순한 액세스(Access) 또는 액세스라는 용어를 대신하는 새로운 개념으로 이용되는 것에서 시작되었다.

최근 입지효율성(Location Efficiency)은 가구가 부담하는 교통비와 에너지 절감을 일컫는 개념으로도 쓰이고 있다. LEM(Location Efficient Mortgage)[34]에서는 교통이 편리하고 도보권 생활이 보편화된 지역 주민들은 교통비와 자동차보유율이 낮아 대출상환가능성이 높아져 위치효율성이 높다고 한다. 반대로 그렇지 못한 지역에 거주하는 주민은 대출 금리와 담보비율이 높아져 상대적으로 주택구입비용이 높아지는 결과를 보인다고 했다. 위치효율성이 있는 지역(Neighbourhood)의 조건으로는 수준 높은 대중교통, 다양한 토지이용, 보행친화적인 도시 계획이 요구된다.

입지효율성(Location Efficiency)개념에서 주거입지와 연관시켜 주택과 주거환경을 포함하는 주거입지효과라는 개념을 도출하였고, 주택이 존재하는 장소(Position)와 그 장소를 포함하고 있는 환경(Environments)이 제공하는 특성을 통틀어 주거입지효과(Residential Location Effects, 이하 RLE)로 정의한다. 따라서 주거입지효과(RLE)는 입지특성(Locational Attribute)과 지역 특성(Neighbourhood Characteristics)을 포함하는 개념으로 이해될 수 있다. 입지특성(Locational Attribute)은 개별 주택이 위치하고 있는 특성을 말하는 것이고, 지역특성(Neighbourhood Characteristics)은 입지보다 더 광범위한 입지를 둘러싸고 있는 환경적 특성을 말하는 것이다. 개별 주택이 갖는 주거환경은 입지 특성의 장점과 단점을 거주자의 교통행동(Travel Behavior)을 통해 상승시키거나 극복하게 된다. 따라서 주거입지효과가 좋은 지역이 주거환경이 좋은 것이라 할 수 있게 된다.

| 그림 3-1 | 주거입지효과(RLE)의 개념

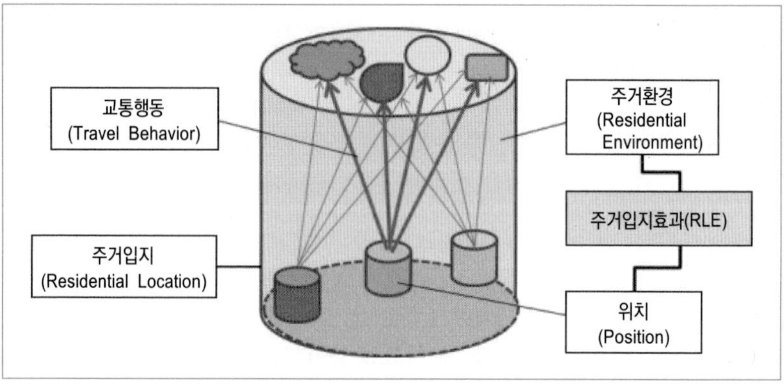

<그림 3-1>에 의하면 주거입지라는 큰 테두리 내에서 동일한 재질, 구조, 평면을 갖는 주택일지라도 서로 다른 장소(위치)에 위치하고 있으면 각 주택은 거주자에게 각각 다른 주거환경을 제공한다. 주택은 특정한 위치(Position)에 고정되어 있고 그 위치는 환경(Environment)이 제공하는 각종 서비스에 대한 양적, 질적 차이를 보인다. 환경은 위치마다 고유한 빛, 토양, 물, 녹음, 공기와 소음 등의 자연적인 요소와 생활편의서비스, 이웃들의 관계, 지역커뮤니티 등의 인위적인 요소를 포함한다. 그리고 각 위치별 각종 서비스에 대한 차이는 거주자의 교통행동(Travel Behavior)에 의해 생성되고 차이를 극복하며 보완하는 과정을 거치게 된다.

이처럼 주거입지에서 각 위치(Position)는 거주자가 생활서비스를

활용하기 위한 교통행동과 이동성을 결정하며, 주거환경(Residential Environment)은 거주자의 삶의 질에 영향을 미친다. 주로 주거지 주변을 활동범위로 하는 고령자, 주부, 아동 등의 경우 주거환경과 삶의 질의 연관성은 더욱 높아지게 된다. 특히 고령사회에 접어들어 고령자가 증가하게 되면 주거입지효과(RLE)에 영향을 받는 사람들이 증가할 것이라는 점에서 삶의 질과 주거입지효과로 정주환경을 설명하는 이유이다.

주거입지효과(RLE)의 구성요소와 내용을 살펴보면 다음과 같다. 입지효과(Location Effects)에 대해 서구에서는 이동비용의 개념으로만 한정되어 설명하고 있으나, 저자는 거주 장소(Position)와 환경(Environment)이 가지고 있는 특성을 주거입지효과(Residential Location Effects)로 정의하고 여기에는 물리적 요인과 심리사회적 요인을 구성요소로 한다. 물리적 요인은 거주자의 활동 혹은 교통행동에 따라 접근 기회와 범위 정도가 달라지는 것을 의미하는 것으로 주거환경요소 중에서 편리성 요소를 포함하는 것이다. 심리사회적 요인은 주거입지에 포함된 것으로 고정적이면서 전체에 영향을 미치는 것으로 주거환경요소 중에서는 쾌적성 요소를 포함하는 개념이다.

이처럼 주거입지의 편리성과 쾌적성 요소를 통틀어 주거입지효과(RLE)의 구성요소로 설명한다. 쾌적성은 주거입지에 포함된 것으로 거주자가 활동을 하지 않고도 혜택을 누릴 수 있는 것으로 주거입지선택의 장소(Position)가 갖는 고유의 것이지만, 편리성 요소는 거주자의 이동성·접근성과 활동의 범위 정도에 따라 다르다. 이상과 같은 설명을 장소가 갖는 기회 측면의 차이로 보고 간략하게 도식화하였다. <그림 3-2>는 주거입지효과(RLE)가 각각 다른 입지에서의 거리와 기회의 관계를 보여주는 도식이다.

| 그림 3-2 | 거리와 기회의 관계

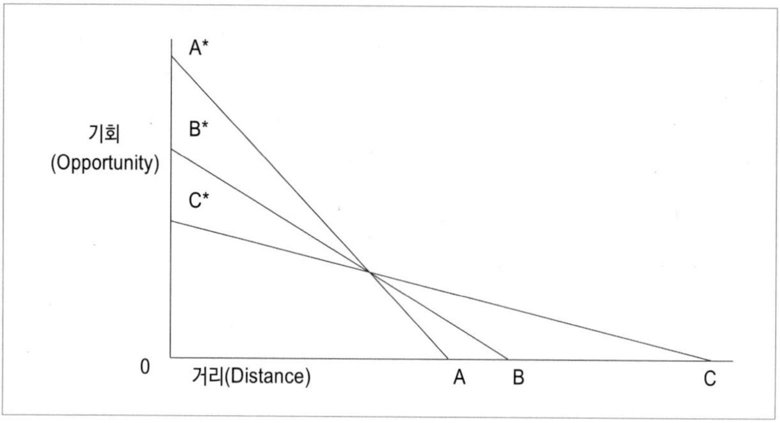

기회는 직접적 혹은 간접적으로 생활서비스에 접근하고 이용할 수 있는 기회로 정의한다. 생활서비스는 일상생활을 영위하는 데 필요한 기능을 의미하며 여기에는 의료, 복지, 교육, 공공서비스, 교통, 소비와 구매활동, 고용, 방재, 지역 커뮤니티 활동의 장소, 자연 환경, 역사·전통 문화의 존재 등이 포함되는 개념이다. 생활서비스는 정주환경을 결정하는 주요한 요인으로 작용한다.

주거입지효과(RLE)와 연관한다면 기회는 생활편의시설의 접근성과 편리성 요소를 의미하는 물리적 요인과 환경, 쾌적성 요소를 포함하는 심리사회적 요인에 대한 기회를 말한다. 따라서 A·B·C 세 곳은 각각 다른 거리와 주거입지효과(RLE)를 보여 각 지역별 유형 자산이나 무형 자산에 대한 기회(Opportunity) 또한 다름을 보여주고 있다.

각 입지에서 기회를 얻기 위해 필요한 총비용은 동일하다는 가정 하에 △AOA*=△BOB*=△COC*라고 하고 거리에 따른 주거입지효과를 설명한다. 유형 혹은 무형 자산 조건이 갖추어진 중점 O로부터 거리가 가장 가까운 A지역은 상대적으로 다른 지역과 비교해 기회 획득 측면에서 유리하고 가장 거리가 먼 C지역은 상대적으로 기회가 더 적어지는 현상이 발생한다. 중점 O의 기준은 동네, 지구, 지역마다 다르게 설정될 수 있으며 가구의 특성에 따라 혹은 특정 요구(Needs)에 따라 다르다.

거리의 차이는 기회의 차이를 유발하게 되고 선택 기회의 차이와 다양성의 차이와도 연관된다. 또한 기회의 축소는 사회참여를 낮추는 요인으로 작용하게 된다. 최근 들어 정주환경의 가치를 결정하는 것으로 삶의 질(QOL)에 주목하고 있는 경향에 주거입지효과에서 삶의 질은 기회(Opportunity)로 정의하고, 기회에 대한 접근이 유리한 정주환경을 갖춘 곳이 주거입지효과(RLE)가 높다는 결론에 도달하게 된다. 이상과 같이 거리의 차이는 기회의 축소와 관련되며 사회참여를 낮추는 요인으로 작용해 전반적인 삶의 질(QOL) 하락을 가져오게 된다. 흔히 도시에서 보호의 대상으로 여겨지는 고령자, 어린이, 여성, 장애인 등은 정주환경의 좋고 나쁨과 삶의 질이 밀접하게 연관되어 있다. 특히, 은퇴로 인해 사회적 역할 변화나 신체적 변화로 인해 외부활동 범위가 줄어든 고령자의 경우 특히 주거입지효과(RLE)에 의해 직접적으로 영향을 받는다. 고령자의 신체적·경제적인 개인차를 배제하고 건강한 고령자를 기준으로 봤을 때 동일 조건으로 동일한 기회가 주어진다면 고령자가 누릴 수 있는 기회는 공간적 격차 즉 거리에 의해서 제약을 받는다는 것이다.

동일 지역이라 하더라도 거주하는 위치에 따라 주거환경을 포함한 자원이용에서도 차이가 발생한다. 가령 동일한 자치구나 동에 거주한다하더라도 대중교통시설과 관계망 구축이 잘 된 곳과 그렇지 못한 곳은 생활편의서비스를 이용하는 데까지 필요한 비용과 수고스러움의 차이가 발생한다는 것이다. 예를 들어 설명한 것은 단발적인 사건을 가정한 것이지만, 반복적으로 발생하고 여타 생활편의서비스의 생성과 이용에도 영향을 미치게 된다고 가정한다면 그 차이는 훨씬 커지고 넓어질 것이다. 개인적인 비용과 시간측면에서 보더라도 주거입지효과가 높은 지역에 거주하는 사람은 그렇지 못한 지역에 거주하는 사람보다 동일 서비스를 이용하는데 있어 더 낮은 비용과 시간을 지불할 것이고, 반대의 경우는 더 높은 비용과 시간을 지불하게 될 것이다.

이렇듯 생활서비스까지 도달하는 거리와 시간의 차이는 개인의 시간적·경제적 차이를 발생시키게 되고, 시간의 경과에 따라 그 차이가 누적되면서 신체적, 경제적, 심리적인 면에 작용하여 전반적인 삶의 질에 영향을 주게 된다. <그림 3-3>은 주거입지효과(RLE)와 삶의 질의 관계를 도식화한 것이다.

▌그림 3-3▐ 주거입지효과와 삶의 질 관계

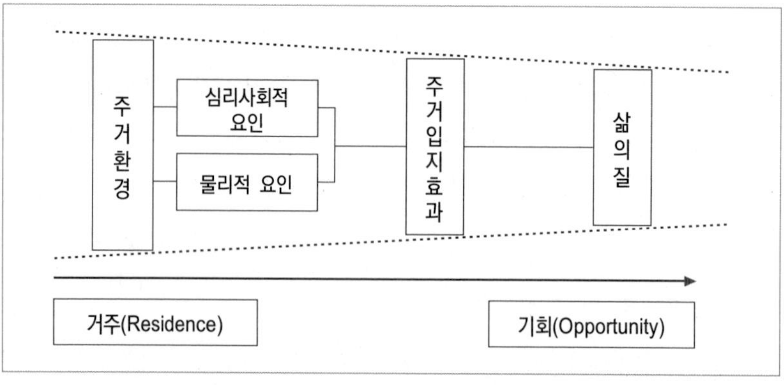

정주환경의 중요성은 디지털 노마드 시대라고 칭해지는 인류 이동의 한 축이라는 거대한 판단기준으로 제시되는 조건이 되기도 하고, 세계적인 과학 특구의 성패를 가르는 기준으로 작용될 수도 있다. 사실 우리나라 대덕연구단지를 국제과학비지니스벨트로 조성하기 위해 가장 필요하다고 지적되는 것도 정주환경이다. 글로벌 우수인재 유치를 위한 첫째 조건은 높은 경제적 보상보다도 과학기술인들이 살고 싶은 정주환경을 마련하는 것이라는 의견이 모이고 있다. 연구와 삶을 아우르는 환경이 주어져야 열정이 생기고 의욕이 생긴다는 것이다. 이를 위한 환경에는 가족생활에 필요한 쇼핑, 문화, 여가 시설 등 일상적 활동과 즐거움을 제공하는 시설의 접근성과 함께 환경이 주는 쾌적성이다. 만일 동일지역 내 생활편의서비스가 없다면 다른 지역과의 연계성 등이 정주환경에 속한다.

정주환경의 중요성은 세계 도시들 간 인재유치 경쟁시대에 진입한 이후 더욱 두드러지고 있다. 세계 유수의 도시들 간 경쟁에서 살아남기 위해 대도시는 대도시 나름대로, 인구유출현상을 겪는 지방도시는 그 도시들대로 정주환경을 도시의 우선 과제로 삼아야 한다. 사실 정주환경은 도시 본연의 기능이면서도 가장 구축하기 어려운 조건이다. 과거의 성장형 도시전략에서 성숙형 도시 전략으로 변화되는 사회라면 더욱 더 정주환경을 조성하기 위해 주거입지효과를 판단의 기준으로 적용해야 된다고 생각된다. 특히 인구감소와 고령화를 동시에 겪는 지방도시의 경우 대중교통망과 생활편의시설이 집중되고 공원, 여가시설 등의 접근이 수월한 인접한 지역에 주거지를 형성하고 유치하는 전략은 삶의 질 향상에도 기여할 수 있을 것이라는 결론에 도달한다.

3.2. 인구감소에 대응하는 현실적 방안

인구감소 우려는 도시의 문제가 아니었다. 왜냐면 도시인구는 농촌으로부터 유입된 사회적 인구증가로 충분히 유지되었고 성장을 목표로 구축되었기 때문이다. 하지만, 출산율 저하와 생산성 한계의 문제는 인구감소문제를 농촌만의 문제가 아닌 도시로까지 확장시켰고, 이러한 현상은 세계적 공통 현상으로 자리하게 되었다.

도시의 인구감소에 대응하기 위해서는 인구감소 사회에 대한 현실 인식이 선행되어야 한다. 즉 인구감소가 한 도시의 문제가 아니라 모든 도시들이 당면하게 될 문제라는 것을 인식해야 한다는 것이다. 이러한 인식하에서 도시의 인구감소를 가속화시키는 인구유출을 억제하기 위한 대책을 마련한 후 다음으로 인구유입정책을 펴야한다. 인구유출이 지속되고 있는 가운데 이에 대한 현황파악과 대책 없이 인구유입을 위한 정책을 펴는 것은 선후가 바뀐 가장 비효율적 정책인 것이다.

지금까지 거주하고 있던 주민도 떠나는 도시에 누가 와서 살 것인가 먼저 물어봐야 한다. 먼저 현재 도시에 살고 있는 주민의 정주환경을 개선하고, 이와 함께 이들의 정주에 중요한 요소인 일자리를 창출하여야 한다. 기존에 일자리는 기업이 들어와야 만들어진다고 생각하여 각 지자체가 유수의 기업을 유치하기 위한 특혜제공, 세제 혜택 등을 제시하며 기업유치에 열을 올리고 있다. 세계적인 경기침체로 기업들의 경쟁력이 시험대에 오르고 있는 상황이 되었다. 전 세계 도시들이 모두 기업유치를 위해 열성을 다하고 있는 상황에 지속적으로 인구유출이 발생하고 있는 도시의 기반시설과 인력, 경제성 등을 압도할 수 있는 기업유인책은 존재하기 어렵다. 따라서 객관적인 여건에 비추어볼 때 지속적인 인구유출과 인구감소 현상을 보이고 있는 도시가 국내 혹은 국외 도시들 간 기업 유치 경쟁에서 우위를 차지해 일자리를 만들고 인구유입을 촉진하겠다는 것은 사실상 불가능에 가깝다.

실제로 세계화와 정보화 그리고 도시들 간 무한경쟁 속에서 기존 제조업도 경쟁력을 상실하고 있는 상황에 기존에도 없는 기업을 다른 도시로부터 유치한다는 것은 지금까지 봐왔던 것처럼 한낱 헛된 공약(空約)에 불과했고 결과적으로 공염불에 그치는 경우가 많았다. 따라서 기업을 유치해 일자리를 만들어 인구유입을 촉진하겠다는 것보다 보다 현실적으로 현재 도시에 살고 있는 주민을 통해 도시에 새로운 활동성을 부여하는 방안을 찾아야 한다.

도시 자체만의 수요를 증가시킬 수 있는 유동성을 도시에 부여함으로서 한정된 수요를 배가시켜 일자리 증가로 연결시킨다면 도시의 경제력 상승과 주민 유입에 긍정적인 효과를 가져 올 것이다. 즉 현재 도시의 인구를 최대한 유지하고 이들의 한정된 수요를 배가시키는 방향으로 전환해야 할 필요가 있다.

이를 위해 가장 먼저 인구감소에 대응하기 위한 현실적인 방향전환을 위해 인구감소를 최소화하기 위한 도시차원의 전략과 대응들 중 효과가 저조한 요인들에 대한 분석을 통해 수정하는 것이 일차적인 방법이다. 이를 통해 도시의 지속가능성을 위한 미래 비전에 대해 공유하고 도시의 공간별 기능과 역할을 부여하는 작업이 이어져야 할 것이다. 그리고 이를 기반으로 인구감소에 대응하는 현실적인 방안을 강구하여 창의적인 도시를 만들어가는 것이다.

본 책에서는 막연하게 도시의 창의성을 발현시키자고 주장하는 것이 아니라 인구감소에 대응하는 현실적인 방안을 제시하고자 한다.

첫째, 도시의 이동성과 접근성을 개선하여 도시거주자 뿐만 아니라 도시를 방문하는 사람들에게도 편리함을 제공하는 것이다. 흔히 도시의 교통은 인간의 혈관으로 비유하기도 하는데, 교통체계와 연관된 시설이용의 연계성 향상은 도시에 활력을 부여하여 살만한 곳으로 만드는 작업이다. 인구감소시대 도시에서는 분산된 시설과 기능을 주요 권역별로 집중 혹은 연계체계를 통해 다양한 생활편의서비스에 대한 이동성과 접근성을 향상시키는 것이 필요하다. 이는 새로운 생활편의시설의 공급을 최소화하면서도 기존의 시설을 활용하여 인프라가 갖추어진 살만한 환경을 제공할 수 있게 된다. 또한 이를 통해 사람이 살기 좋은 도시가 기업이 사업하기 좋은 도시가 되는 시발점으로 전환될 수 있다.

둘째, 인구감소에 대비하기 위해 도시는 고령화시대에 대응하는 사회복지시스템의 구축이 필요하다. 도시은퇴자를 비롯한 고령층을 배려한 정책은 도시에 거주하고 있는 주민뿐만 아니라 다른 도시에 거주하는 고령자에게 도시매력으로 작용할 것이다. 고령화는 전 세계적인 문제라고 하지만 우리나라의 경우는 고령화속도와 진행정도에 있어 가장 심각한 수준이다. UN보고서에 따르면 2026년이 되면 우리나라 고령화비율이 20%이상이 되어 초고령화 시대에 돌입하게 된다고 하였다.

셋째, 지역사회의 연계방안을 개별 도시에 국한하지 않고 광역적 연계망을 구축하는 것이 필요하다. 인구가 감소되는 도시는 단독으로 운영하고 유지·성장시킬만한 기반이 충분하지 못하다. 그러한 제한된 환경에서 도시 간 공존과 도시의 지속가능성을 위해 서로 연계하고 관계망을 구축한다면 인구감소에 대응하는 현실적인 도시전략이 될 것이다. 제한된 자원 여건에 인구감소, 고령화와 인구 저밀도화 등으로 인해 행정비용의 증대와 각종 행정서비스의 질적 하락은 시민의 삶의 질을 하락시키고 정주환경을 저하시켜 인구 압출을 유도하는 요인으로 작용할 수도 있다.

행정과 생활서비스를 안정적, 지속적으로 제공하고 효율성을 기하기 위해서는 특정 도시의 행정과 생활서비스를 단일 도시에서만 제공해야 한다는 기존 생각에 대한 발상의 전환이 이루어져야 한다. 어떤 도시라도 다른 도시와 비교해 경쟁력을 확보하고 있는 특정 행정과 생활서비스 분야는 있기 마련이다. 이를 종합해 각 도시별 현실을 반영하고 각 지역의 자원을 유효하게 활용해야 하는 관점으로 접근하여 도시 내 지역 간 및 인접 도시 간의 협력을 통해 행정과 생활서비스제공에 대한 역할과 영역을 구분하고 또한 연계하는 것이 필요하다. 이는 최대한 신규 기반시설 투자를 자제하고 지금까지 구축된 인프라를 기반으로 유연하고 적극적으로 대응하는 방법이다. 또한 소비와 공급 측면에서라도 인구감소를 겪는 과정에서 특정 지역과 도시의 한정된 수요로 인한 공급의 축소 및 단절을 방지하기 위해 인접지역이나 인접도시의 잠재적 수요를 실수요화 할 수 있는 정책 전략에도 필요한 기준이 될 수 있다.

마지막으로 인구감소사회에서 지역에 일자리를 제공할 수 있는 최선의 방법은 도시만의 산업을 창출하는 것이다. 기존에 기업유치를 목적으로 소요되는 투자재원을 도시의 자원을 활용한 산업으로 전환하는 것이다. 즉 다른 도시와 차별성을 갖고 개별도시만이 갖는 문화·예술과 환경을 활용한 신산업을 창출하는 것이다. 관광을 비롯한 도시만의 경쟁우위를 점한 분야의 신산업창출에 투자하는 것이 낭비적 요소를 없애고 지역 발전을 위한 기회를 한 번 더 제공하는 것이 될 것이다.

3.3. 도시 자원을 활용한 도시 활성화

자원(資源)이라는 말은 인간을 둘러싸고 있는 모든 세계에서 어떤 목적을 위해 얻고 생산되는 물질이라는 사전적 의미를 갖는다. 그런 의미에서 도시 자원은 도시의 생존과 발전을 위해 도시가 본래부터 가지고 있던 모든 능력과 생성물들을 일컫는다. 모든 생명체가 나름의 개성과 잠재력이 있고 이를 생존과 성장의 자원으로 활용할 수 있다는 점에 비추어 볼 때 도시라는 유기체 또한 본질적으로 자원을 가지고 있다는 생각을 출발점으로 한다. 도시는 나름의 목적을 위해 자원을 활용하고 이를 생존과 경쟁의 무기로 이용가능하다는 인식에서 도시자원을 활용한 도시 방향성을 얘기해보려고 한다.

도시의 자원은 생성 배경, 발전의 정도, 시대적 여건 등에 따라 변화하고 접근방식과 이해의 스펙트럼에 따라 다르게 해석된다. 그 과정에서 지역별 격차와 자원가치에 대한 인식, 심지어는 도시 발전의 방향까지 결정할 수 있다. 기존에 산업화와 도시화가 진전되는 과정에서 발생하는 지역별 차이는 단순한 도시별 발전의 정도 차이로 볼 수 있다. 그렇지만, 산업사회에서 벗어나 패러다임의 변화가 이루어진 이후에도 여전히 과거 산업화시대 기준에 의해 발생한 격차가 여전히 현재를 지배하고 있다. 그보다 더 심각한 것은 산업화 시대 지역별 차이가 고착화 되어 가면서 극복하기 어려운 격차로 나타나 미래를 지배할 수 있다는 사실이다.

생산성과 효율성을 일차적 목표로 추구하던 산업화시대의 지역 간 격차를 극복하지 못한 상황과 급변하는 사회·경제체제의 변화 상황을 동시에 맞게 되면서 도시 경쟁무대에도 새로운 게임법칙이 등장하게 되었다. 즉 정보통신과 기술의 발전으로 생산한계비용이 감소하게 되면서 독창성과 창의성, 정보를 중시하는 도시 패러다임으로 바뀌게 된 것이다. 바뀐 도시 경쟁의 게임 룰(Rule)을 현실로 받아들여 적용한다면, 정보화 시대 도시가 경쟁우위를 확보할 수 있는 방법은 개별 도시만이 가지고 있는 자원을 활용하여 다른 도시와의 차별화를 추구하여 정보와 창의성으로 승부하는 방법이다. 이는 그 곳에 가야 볼 수 있고 그 곳에 가야 느낄 수 있으며 그 곳에서만 만들 수 있는 도시의 차별성, 장소성, 지역성 등을 도시의 자원으로 개발하는 것이다.

독창성과 다양성이 요구되는 시대적 배경이 현대에 이르러 갑자기 부상한 것은 아니다. 이미 18세기 후반 괴테가 '가장 민족적인 것이 세계적이다'라는 말로 자국문화의 차별성, 독창성과 함께 다양성을 주장하기도 했다. 여기에서 유래되어 '가장 한국적인 것이 가장 세계적'이라는 말이 다양한 영역에서 회자되면서 우리나라가 세계 경쟁시장에서 개성과 차별성을 생존과 경쟁의 도구로 인식하는 모토를 제공하기도 했다. 가장 세계적이라는 의미는 세계 경쟁에서 우위를 차지한다고 해석될 수도 있겠지만, 독창성과 특수성을 대표하는 것으로 이해해야 할 것이다. 그리고 이를 지역과 도시로 초점을 전환하면 가장 지역적인 것이 가장 세계적이고 독창적인 것이라고 할 수 있다.

전 세계가 인터넷이라는 공동의 가상공간을 통해 실시간 교류가 가능한 여건으로 변화되면서 차별성 있고 지역성 짙은 유·무형의 도시자원에 대한 요구는 더욱 증가하게 되었다. 그러한 요구들은 다양성을 내포한 세계화라는 프레임을 동원하여 아무것도 아닌 것 같은 자산들이 자원화 되는 현상들을 맞게 된다. 이러한 패러다임의 변화는 산업화의 과정에서 소외되었던 도시와 지역들이 추격 불가능할 만큼의 격차로 우위를 점하고 있는 도시들과는 다른 방식으로 도시자원 활용과 대책을 마련할 수 있는 기회를 제공하고 있다. 기존 시스템에 의해 소외된 지역일지라도 지역만의 경관, 지역만의 문화, 지역만의 음식 등 차별화된 자원으로 발굴하고 활용할 수 있는 도시 시스템이 갖추어진다면 도시의 방향성에 밝은 미래를 기약할 수 있을 것이다.

자원을 활용한 도시의 방향성과 관련하여 주목해야할 도시담론이 창조도시이다. 창조도시는 창의도시와 혼용해서 사용하고 있으며, 도시가 가지고 있는 인적, 물적, 유·무형의 자산에 창조성을 결합하여 차별화된 새로운 가치를 창출함으로서 도시문제를 해결하고 사람들의 삶의 질을 높이는 지속가능한 도시를 구축하는 도시를 말한다.[35]

제인 제이콥스(Jane Jacobs, 1984)는 그녀의 저서 "도시와 국가의 부: 경제적 삶의 원칙(Cities and The Wealth of Nations: Principles of Economic Life)"에서 창조도시에 대해 풍부한 문화적 다양성과 혁신적인 경제적 자기조정 능력을 갖춘 도시라고 했다. 대량생산과 대량소비로 표현되는 산업도시의 쇠퇴로 인한 도시문제를 해결하기 위해 등장한 창조도시 이론은 세계화의 높은 파고 속에서 취약성을 노출하고 있는 지방 도시들이 지속가능사회 구축과 삶의 질 향상을 추구하는 시대적 요구에 의해 채택된 도시생존전략이다. 창조도시는 도시경쟁에서 뒤쳐진 도시가 확실한 방향성을 잃어버리고, 심지어 도시의 정체성마저 상실해가는 과정 속에서 돌파구로 채택된 것이다.

처음에 창조도시는 제조업의 쇠퇴와 재정난으로 초래된 도시문제해결을 위한 새로운 도시발전 방향설정에 대한 문제의식에서 출발하였고, 도시의 고유한 색과 가치를 중시하는 사고와 도시발전을 위한 도구로서 출현하였다. 20세기 산업도시는 제조업위주의 양적 경제성장을 목표로 대량생산을 위한 대기업위주의 기업형태를 가지고 있었다. 대량생산된 제품은 다른 나라와의 교역을 통해 이익을 창출해야 했고, 이를 위해 국가별 경쟁구도가 형성되었으며 생산비를 최소화 할 수 있는 입지가 주요 경쟁력으로 작용하였다. 그러다가 다양성과 차별성, 개인중심주의 성향의 트렌드로 이전되면서 대량생산, 대량소비의 산업화 시대를 마감하게 되었다. 이후 다양하고 급변하는 요구와 변화에 신속한 대응이 가능한 중소기업과 소호위주의 경제형태가 등장하게 되었고, 지식과 창조성이 중시되는 경제구조로 전환되었다. 그러면서 지역의 경관과 문화예술이 경제콘텐츠로 부각되게 되었고, 급속한 변화에 대한 빠른 대응이 이루어질 수 있도록 국가 간 경쟁체제보다 도시 간 경쟁체제가 유리하게 되었다. 정보통신과 과학기술의 발전을 발판으로 포스트 모더니즘, 신자유주의 등을 표방하며 도시들 간 경쟁의 무대가 시작되었고, 상품 경쟁에서 문화·예술, 콘텐츠와 경험이라는 새로운 경쟁체제에 돌입하게 되었다.

또한 도시 자원을 활용한 대표적인 도시전략으로 문화도시가 있다. 문화도시와 창조도시는 문화라는 도시 자원을 핵심콘텐츠로 활용한다는 측면에서 동일한 부분이 있어 둘의 개념을 동일시하기도 한다. 그렇지만 문화도시는 콘텐츠를 활용하는 목적과 목적달성을 위한 전략적 측면에서 창조도시와 차별성을 갖는다. 다음 <표 3-1>에서 문화도시와 창조도시의 차이를 간략히 정리하였다. 초기의 문화도시

이론은 문화의 보존과 육성, 홍보가 목적이었으나, 1990년에 이르러 문화를 통해 도시발전을 꾀하고 더 나아가 쇠퇴해가는 공업도시들의 도시재생을 목적으로 하는 방향으로 전환되었다. 문화를 핵심자원으로 하여 도시 활성화, 도시의 성장을 추진하는 전략이란 점에서 창조도시의 한 부분이라고도 볼 수 있다. 창조도시는 도시의 문화, 예술, 경관을 비롯한 도시의 모든 자원들, 심지어 버려져 있던 공간도 가치를 불어넣어 창조성(Creativity)과 결합되어 도시의 자원으로 활용하는 것이고, 이를 통해 경쟁력 있는 도시로 재탄생할 수 있는 계기로 만드는 것이다.

▌표 3-1 ▌ 창조도시와 문화도시 비교

구분	창 조 도 시	문 화 도 시
시점	• 1990년대 후반	• 1980년대 초중반
배경	• 영상 등 콘텐츠 산업의 등장 • 새로운 성장 자원의 창출	• 제조업의 위기 • 문화적 도시 전략 • 문화를 통한 도시성장
목표	• 창조적인 도시발전	• 문화적인 정체성의 보전
개념	• 문화의 다양성과 잠재력인정 • 지원시설과 인재 육성 • 창조산업 및 지역경제활성화	• 지역문화·예술을 활용한 지속가능한 도시구현 • 지역경제 활성화를 통한 지역주민의 삶의 질 향상
주요 내용	• 창조산업의 유치 및 도시 매력 창출 • 문화의 다양성 인정 • 창조활동 기반시설 구축 • 인재육성, 네트워크 구축 • 창조산업 클러스터 양성	• 도시의 문화 환경정비 • 역사·문화적 유산 보존 • 도시 미관의 향상 • 문화예술 활동 활성화

이상과 같이 살펴본 창조도시(Creative City)는 급속한 세계화의 진행과 지식정보사회로의 이행과정에서 새로운 도시 패러다임으로 주목받고 있는 도시 성장전략 모델이다. 미래 도시전략으로 적용하기 위해서는 우선 창조도시가 작동되는 체계를 이해해야 한다. 창조도시가 작동하는 요소들을 종합해보면, 제이콥스(Jacobs, 1961)는 기업과 산업 그리고 창조계층의 다양성을 꼽았고, 플로리다(Florida, 2002)는 인재(Talents)와 기술(Technology) 그리고 관용(Tolerance)을 창조도시 요소로 꼽았다. 이와 함께 도시의 잠재력, 예술성, 다양성 등도 요구된다고 하였다.

그러면 이러한 요소들이 어떻게 작동할 때 비로소 기대하는 창조도시가 될 수 있을까? 이의 해답은 창조 메카니즘에서 찾을 수 있다. 창조 메카니즘은 5단계 순환 사이클로 형상화되며, 각 단계별 과정은 <그림 3-4>와 같다. 각 단계별 내용은 창조적 발상 즉 아이디어의 생성 즉 역량 강화(Enhancing the Idea-Generation Capacity of the Town)-아이디어의 현실화(Turning Ideas into Reality)-아이디어의 네트워킹과 순환(Networking & Circulation Ideas)-아이디어의 전달체계 구축과 확산 기반구축(Providing Platforms for Delivery)-시장과 고객을 창출하는 시장 형성(Building Audiences & Markets)단계로 이루어진다. 이러한 고리가 지속적으로 선순환하면서 도시성장을 이룰 때 비로소 창조도시가 된다. 창조성이 순환되는 시스템이 작동되었을 때 창조도시로 거듭날 수 있고, 순환의 사이클이 원활하게 작동될 때 도시는 성장하고 발전하게 된다.

┃그림 3-4┃ 창조 순환 사이클

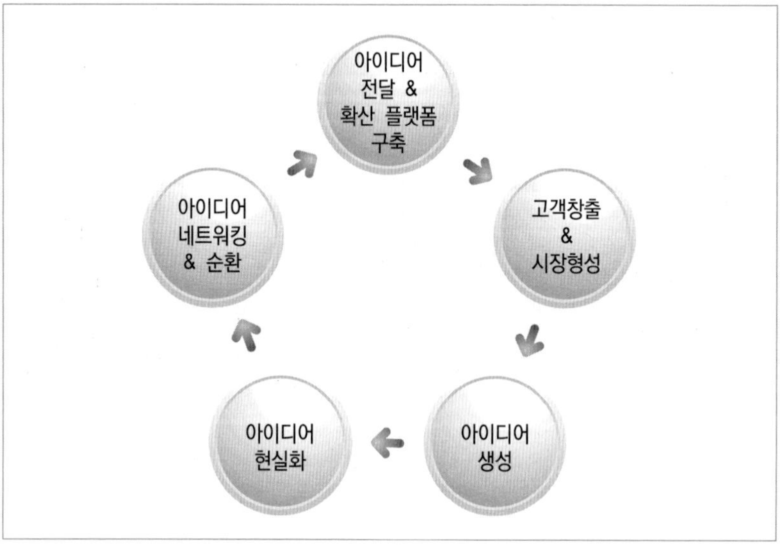

그렇다면 창조도시가 작동하기 위한 요소와 창조성 순환의 작동체계가 원활히 운영되기 위해서는 어떤 조건이 필요할까? 첫째, 창조계층의 성장과 창조계층이 사회의 전략적 위치에 놓일 수 있도록 리더십을 발휘하는 것이 필요하다. 둘째, 창조성의 순환 사이클이 원활하게 진행되도록 시스템을 구축하고, 다양한 형태의 경제 생태계를 구축하는 것이다. 기존 기술의 융·복합을 통한 기술혁신과 새로운 프런티어 기술을 통해 경제 생태계가 조성될 수 있도록 한다. 셋째, 창조계층과 창조경제가 성장할 수 있는 토양, 즉 기반시설과 법제도를 비롯해 다양성, 개방성, 관용성 등을 핵심으로 하는 사회문화적인 기반과 가치의 공유가 이루어져야 한다.

이상에서 언급된 바와 같이 창조도시가 조성되고 작동되기 위해서 창의적 인재, 경제 생태계, 인프라와 법·제도적 기반이 갖추어질 때 가능하다는 점에 비추어볼 때 지방도시나 인구감소를 겪고 있는 중소도시에 창조도시를 적용하는 것이 어려울 것으로 생각될 수 있다. 그렇지만 이상의 조건 충족이 이루어지지 않은 도시에도 적용할 수 있는 광범위하고 광의적인 창조도시의 조건이 있다. 가장 중요하고 기본적인 창조도시의 시작은 도시의 자원을 활용한 도시 살리기라는 점에 주목하는 것이다. 그리고 다음과 같은 창조도시 적용의 조건을 제시한다.

첫째, 사람을 끌어들일 수 있는 도시만의 문화와 환경이 필요하다. 획일화된 도시는 치열한 경쟁사회 전략으로 부족하므로 다른 도시가 갖지 못한 차별화된 그 도시만의 콘텐츠와 상품화는 최고의 경쟁 전략 도구가 된다.

둘째, 도시 문제를 도시에서 스스로 해결할 수 있는 능력이 필요하다. 현대는 국가 간 경쟁이 아닌 도시 간 무한경쟁의 시대에 접어들었다. 이러한 경쟁 속에서 생존하고 지속가능한 사회를 구축하기 위해서는 중앙정부의 지원에서 벗어나 스스로 도시의 문제를 해결할 수 있는 개별 도시의 역량이 있어야 한다.

셋째, 도시에 세계를 포용할 수 있는 유연성이 있어야 한다. 세계화의 흐름 속에서 다양성은 새로운 가치를 만드는 하나의 도구와 선택적 대안이 아니라 필수불가결의 조건이다. 다른 문화와 가치관을 가진 사람과 융합하고 서로를 인정, 소통하며 공존·공생하는 사회는 미래 도시가 나아갈 방향이다. 이를 바탕으로 예술성(Artistry), 정체성(Identity), 창조성(Creativity)의 3가지 조건이 충족될 때 비로소 창조도시가 될 수 있다. 도시의 문화적 전통에 바탕을 둔 예술성(Artistry)이 확보되고, 도시만의 고유한 문화와 환경이 조성되어 정체성(Identity)이 발휘되어야 한다. 또한 도시 곳곳에 창조의 장과 분위기가 형성되어 자유롭게 창조적 활동을 할 수 있는 창조성(Creativity)을 갖추었을 때 비로소 창조도시가 된다.

도시 자원을 활용한 창조도시 구현을 위한 세계적인 움직임으로 유엔에서 추진하는 창조도시 네트워크가 있다. 유엔 산하 유네스코(UNESCO)는 창조도시 네트워크(CCN)에 가입된 7가지 부문의 도시를 선정해 사례를 공유하기도 했다. 유네스코 창조도시 네트워크의 7가지 부문은 문학, 공예와 민속예술, 음악, 디자인, 미디어아트, 음식, 영화가 해당된다. 각 분야별 대표 사례를 통해 도시 자원을 어떻게 활용하는지 살펴보는 것은 창조도시의 이해와 구현에 도움이 될 것이다.

■ 콜롬비아 포파얀(Popayan) : 음식 창조도시

포파얀(Popayan)은 인구 22만의 콜롬비아 남서부 카우카주의 주도(州都)이다. 포파얀은 지난 2005년 음식을 주제로 유네스코 창조도시에 등록되었다. 포파얀은 울루코(감자의 일종), 옥수수, 호박, 고추 등 평범하지만 지역의 기후조건과 지형에 적합한 지역 특산물을 가지고 있는 곳이다. 지역특산물을 주재료로 하여 만든 전통음식을 바탕으로 도시경제와 축제, 문화 전반에 걸친 다양한 활동이 높게 평가받으면서 세계적인 음식문화도시로 유명해졌다. 이러한 배경에는 SENA라고 하는 요리관련 전문 서비스 양성기관, 포파얀 음식문화협회, 주정부에서 운영하는 전통음식문화유산연구회 등 다양한 인적 인프라가 원동력이 되었다.

또한, 전국음식박람회와 같이 음식을 주제로 하는 지역축제가 활성화되어 단순한 음식을 소개하는 것에 그치지 않고 인류학자, 역사가, 생물학자 등 다양한 직종의 전문가들이 함께 참여하여 음식문화 도시로서의 전문성을 더했다. 한편 도시 전역에 남아있는 재래시장, 전통음식점들도 지역의 음식문화를 유지·발전시키는 토대가 되고 있다. 포파얀은 음식을 주제로 추진되고 있는 국제화사업에서도 활발한 활동을 보여주고 있는데 대표적인 사업으로는 라틴아메리카 도시 간 네트워크를 들 수 있다. 이를 통해 회원국 간 전통요리의 과학적 연구 결과를 상호 교류할 뿐만 아니라, 인적자원의 교류도 상당히 활발하게 진행되고 있다.

■ 아르헨티나 부에노스아이레스(Buenos Aires) : 디자인 창조도시

인구 1,300만의 부에노스아이레스는 서로 다른 문화권에서 온 다양한 이민문화의 물결 속에 진화를 거듭하는 남미의 대표적 국제도시이다. 2005년 디자인 분야에서 창조도시 네트워크에 등록되었으며, 공공부문과 민간부문의 협력과 노력이 인정받은 결과라고 평가되고 있다. 부에노스아이레스는 박람회, 전시회, 세미나 등 패션과 디자인에 관련된 많은 디자인 관련 국제행사가 개최되면서 디자인도시의 역동성을 보여주고 있다. 이렇듯 디자인도시로 발전하는데 도시정부 차원에서의 지원이 중요한 역할을 하고 있는데 2000년 설립한 디자인중심도시센터는 디자인과 관련되어 연간 250만 달러 이상의 공공투자를 시행하고 있다.

■ 미국 산타페(Santa Fe) : 공예 및 민속예술 창조도시

산타페(Santa Fe)는 인디언 문화와 스페인 식민시대의 이국적 문화가 결합한 전통적 공예와 민속예술을 현대적 문화도시로 발전시킨

창조도시로 공예민속 문화산업이 지역발전의 중요한 자산으로 가치를 인정받은 사례이다. 독특한 미적 전통에 참여하기 위해 많은 예술가와 창조가들이 산타페를 찾아오고 있으며, 이로 인해 문화산업의 중심지 역할을 담당하고 있다.

산타페의 문화적 자산은 국제민속예술박물관과 민속예술시장을 통해서 활성화되고 있다. 국제 민속예술박물관은 세계에서 가장 큰 규모의 민속예술 컬렉션 박물관이며, 민속예술 시장은 민속예술작품의 판매와 다양한 예술 이벤트 등을 통해 성장하고 있다. 산타페의 공예문화산업의 규모는 11억 달러에 달하며, 도시 노동자 6명중 1명이 창조산업에 종사하는 것으로 보고되고 있다.

■ 스페인 세비야(Seville) : 음악 창조도시

세비야(Seville)는 창조성과 음악활동의 중심지로서 유명할 뿐 아니라, 수세기에 걸친 음악적 전통을 가지고 있는 국제적 음악도시의 하나이다. 세비야는 수많은 음악가들이 태어났거나 활동을 했던 곳이며, 플라멩코(flamenco)와 같은 음악장르의 발원지이기도 하다. 19세기에 이미 음악학교와 교향악단이 번성하였으며, 현재에도 30개의 오페라, 다수의 전문 아마추어 교향악단이 활동하고 있다. 세비야에서는 이러한 음악 단체들을 중심으로 거의 모든 분야의 음악축제와 행사를 개최해 오고 있다고 해도 과언이 아니다. 다양한 음악 장르로 저변이 확대된 데에는 도시 곳곳에 음악활동이 가능한 다양한 실내외 음악 공연시설이 구비되어 있는 환경을 꼽을 수 있다. 이를 활용해 상시적인 음악행사가 가능하고, 세비야 대학을 비롯한 음악교육 프로그램을 통해 음악교육이 진행되고 있어 가능한 일이다. 또한 음악 창조도시로 성장·발전하는데 요인 중 하나로 스페인 기타, 트럼펫, 플루트 등을 생산하는 16개의 악기 제조회사가 세비야의 음악과 관련된 중요한 경제적 기반이 되고 있다.

■ 영국 스코틀랜드 에딘버러(Edinburgh) : 문학 창조도시

에딘버러(Edinburgh)는 수많은 현대 작가들의 고향이며, 아서 코난 도일(Arthur Conan Doyle), 로버트 루이스 스티븐슨(Robert Louis Stevenson)과 같은 많은 문학적 전설들을 보유하고 있는 대표적 문학도시이다. 에딘버러에는 스코틀랜드 예술위원회, 출판협회, 국립도서관 등과 같은 중요한 유·무형의 인프라가 갖추어져 있는 곳이기도 하다. 그 외 국제서적 페스티벌 등 문학 도시로서의 정체성을 보여주는 국제적 행사도 개최하고 있다. 에딘버러에서 발간한 보고서에 따르면 2002년 한해 동안 69만 건 이상의 비즈니스와 국제회의 관련 방문이 추계된다고 하였다. 출판산업을 통해 거둬들이는 경제적 이득이 약 2,000명의 고용을 창출하는 규모로 알려져 있다. 또한 에딘버러 페스티벌을 통해 인구 50만 명도 안되는 도시에 연간 100만명 이상의 해외 관광객이 몰리는 있으며 도시전역으로 일 년 내내 다양한 문화 활동이 지속되고 있어 문화예술의 성과와 잠재력이 풍부한 곳이다.

■ 프랑스 리용(Lyon) : 미디어아트 창조도시

리용(lyon)은 유네스코 CCN 미디어아트 부문에서 최초로 지정된 도시로 세계적인 미디어아트의 시범 모델이 되고 있는 도시이다. 민간 부문의 경우 다양한 디지털 게임 산업이 발달해 있으며, 공공부문에서는 문화기금의 약 20% 정도의 예산이 미디어아트에 투자되고 있다. 민간의 활발한 활동과 공공의 지원에 의해 미디어 관련 전문가 그룹에서 일반 대중에 이르기까지 다양한 네트워크가 조직되어 있으며, 국제적인 교류협력을 점진적으로 확대해 나가고 있다. 리용의 빛 축제는 리용시와 리용 미디어산업 클러스터가 연대하여 조명산업과 관련된 다양한 행사를 개최하여 예술과 산업을 결합한 대표적 관광상품으로 자리했다. 리용을 대표하는 빛 축제가 단순한 기획으로 시작된 것이 아니라 오랜 역사를 자랑하는 리용답게 1852년 시민들이 촛불을 들고 노테르담 대성당의 마리아상을 축복하던 기록을 재해석해 기획한 것이다. 매년 12월 빛 축제기간동안 시민들은 집 창문에 조명을 설치해 미디어아트 도시 경관 만들기에 적극 동참하고 강변, 도로, 대중교통 시설 등에 경관조명을 설치하여 다양한 빛과 색으로 분위기를 만들어내고 있으며, 시내 곳곳에서 음악과 쇼 등의 행사가 이루어진다. 시민과 기업, 공공이 협력하여 50만도 채 되지 않는 리용에 연간 400만 명의 관광객이 모이는 행사로 성장시키고 있는 사례이다.

■ 국내 창조도시 사례

이상에서 살펴본 것처럼 창조도시는 일시적인 흐름이나 트렌드가 아니고, 정권이 바뀔 때마다 등장하는 공약이나 정책으로 한정된 것은 더욱 아니다. 사실 산업화시대 상품 제조와 교류를 통해 경제적 부를 창출하던 시대가 쇠퇴한 이후 세계 도시들의 도시경영 철학과 지역발전을 위한 담론으로 이전과는 다른 창조성을 부여해 도시에 적용하는 것들이 모두 창조도시를 지향하는 것이라고 할 수 있을 것이다. 국내 지자체에서도 도시의 자원을 활용하고 창의성을 발휘하여 창조도시를 계획하고 도시발전 패러다임으로서 정한 사례가 많다.

경기도 이천시는 공예와 민속예술이라는 도시자원을 활용해 도시활성화를 꾀한 사례이다. 수도권에 입지한 이천시는 사통팔달의 유리한 교통입지조건과 비옥한 토지 등을 갖진 지역이다. 하지만, 국내외 사회·경제적 변화에 따라 유리한 입지조건은 오히려 중앙정부의 국토 균형발전 논리와 수도권개발 억제정책에 발목이 잡히면서 수 십 년간 도시성장이 지체되는 이중고를 겪어야만 했다.

최근 개발위주의 단편적 성장주의를 지양하고 지역의 문화자산과 경쟁요소를 기반으로 하는 도시들이 세계 여러 곳에서 확대되고 있는 트렌드에 부응하기 위해 이천시 시민과 지역전문가들이 모여 문화라는 키워드를 도시성장전략의 핵심 소재로 선정하였다. 이천시는 도자기공예, 조각공예, 칠기공예, 붓, 벼루 등이 특화된 공예문화를 발전시키면서 도자기와 조각분야의 세계도자비엔날레 및 이천국제조각심포지엄 등 세계적인 활동과 명성을 자랑하고 있다. 특히 도자기는 전통과 현대, 첨단산업까지 영역이 확장된 이천의 대표적 공예활동으로 현재 지역경제와 시민생활에 깊숙이 자리하고 있는 분야다.

현재 이천시는 국내공예(도자)업체의 55%가 밀집한 이천·여주·광주지역을 포함한 경기지역을 대표하며 국내 최대, 최고의 공예산업 집산지로서 역할을 하고 있다. 국내 도자산업의 메카로 수많은 공예·예술인과 관련 산업체, 전문교육기관 및 연구원, 국내 유일의 도자산업특구 등 관련 물적, 인적 인프라가 조성되어 있다. 또한 중앙정부, 경기도 및 민·산·학·연 등과의 긴밀한 협조를 통한 제도와 정책적 지원이 어울러져 운영되고 있다. 이천시의 사례는 지역 전통자원인 도기와 공예문화를 지역의 특수성으로 발전시켜 활성화를 꾀한 사례로 문화적 다양성과 지역성을 융합한 전략을 선정했다는 점에서 시사점을 구할 수 있다.

문화를 통한 지역발전정책은 국내 도시들의 지속가능성 구현의 한 축으로 떠올랐다. 전국 곳곳에 미처 발굴되지 못한 이야기와 자원들이 상당수 존재하고 있음에도 아직까지 발굴 작업이 미진하다. 우리에게 잘 알려진 전주한옥마을도 1990년도 중반까지만 하더라도 원도심 내 전통한옥이 몇 채 있던 마을 수준에 불과했다. 2008년 이후 대대적인 정비사업을 통해 600여 채의 한옥이 들어서며 주거와 생활공간의 모습으로 탄생한 이후 2012년부터 유명세를 타게 되었다. 매년 500만명 이상의 관광객과 3,100억원 이상의 경제적 파급효과, 3,600여명의 고용유발효과를 나타내는 것으로 보도되고 있을 정도로 전주한옥마을의 경제적 성과와 상징성이 높은 것으로 평가받는다. 최근에는 지나친 상업화와 젠트리피케이션 등의 문제점이 제기되기도 한다. 하지만, 이러한 문제도 지역의 문화자원이 세계적 자원으로 한 단계 발전해나가는 과정에 겪게 되는 산고로 여겨 잘 견뎌내고 업그레이드 시키는 계기가 될 것으로 예상하고 있다.

한편 전주한옥마을과 같은 사례들은 창조도시를 구현하고자 하는 국내 도시들에게 시사하는 바가 있다. 어느 지역 어느 도시건 성공요인은 다른 지역과 도시의 벤치마킹의 대상이 되고, 새롭게 경쟁자로 부상될 수 있는 유사상품이 되는 것은 당연하다. 일례로 전주 한옥마을의 성공사례를 통해 송도, 경주, 세종시 등에서 이와 비슷한 한옥마을을 계획하고 있다고 한다. 이와 같은 사례를 통해 간과해서는 안되는 것은 도시재생과 지역 활성화의 일환으로 추진한 사례들이 지역의 고유성과 역사성을 포함하지 않고 단순 모방과 시설위주로 급조된다면 이는 또 다른 도시의 부담으로 자리할 수 있다는 것이다.

다음 사례로는 과학연구 인력과 기관을 집중화해 도시의 힘으로 육성하고자 한 사례를 살펴보도록 한다. 세계적인 과학도시의 메가로 성장하기 위한 대전시 대덕연구단지의 사례는 세계적인 경쟁무대에서 우리나라 과학의 힘을 경쟁력으로 보여줄 수 있도록 기획된 곳이다. 기획당시 기술과학이 미래 경쟁력을 좌우할 것으로 예측하여 한 곳에 집중하기로 한 것이다. 현재는 한국과학의 메카로 불리우는 대덕연구개발특구(INNOPOLIS Daedeok)에 국책연구기관 23곳, 연구·교육·공공기관 94곳, 민간기업 39곳, 외국 연구기관 3곳, 벤처기업 148곳이 입주하고 있다. 대전 대덕특구는 무궁한 잠재력과 세계 최고 수준의 과학 인프라를 갖춘 곳으로 2만 3,558명(박사급 5,000여 명)의 연구원과 연구보조원이 밤낮없이 연구하고 있으며 대덕특구에서 창출한 매출액은 6조 7,000억 원이다. 또 2014년 해외 특허가 6,586건이나 된다고 한다.[36]

세계적인 과학도시 비전을 갖고 있는 대전은 해외 유수기업 연구센터유치와 합작법인 설립 등의 결실을 맺고 있는 등 신성장 산업 발굴과 인프라 구축에 노력하고 있고 과학을 주제로 한 축제 개최, 과학 동호회 지원 등 다양한 과학기술 창조활동 육성사업을 추진하고 있다. 이와 관련된 부수적 효과로 R&D 관련 산업 즉 컨벤션산업, 문화 창조 산업 등이 대전의 경제에 활력을 불어넣고 있다. 도시의 지속가능성을 위해서는 산업적 측면뿐만 아니라 도시에 거주하는 지역민의 정주환경 개신과 문화 시설의 확충이 도모되어야 하는 점이 문제로 제시되고 있다.

04

창조적인 도시 만들기

4. 창조적인 도시 만들기

4.1. 도시 만들기의 의미

현대도시가 처한 상황은 거대한 변화의 폭풍우가 작은 생물을 덮치듯 변화무쌍한 내·외부 환경이 도시라는 생명체에 속속들이 침투하고 있는 상황과 같다. 현대 도시가 처한 위협은 기후변화, 자연재해, 테러 등 외부충격은 물론이고 인구감소, 고령화, 기반시설 노후화 등 내부적인 위협요인에 동시에 노출되어 있다. 도시는 어제의 옷을 입고 오롯이 견디고 살아남아야 하는 상황이다. 도시는 인류 역사과정에서 변화와 혁신의 역할을 담당했던 주역으로 인정받고 있지만, 21세기 들어 도시를 둘러싼 환경의 변화가 도시의 역할을 압도하고 있다. 거대한 역사적 흐름에 이미 변화의 급물살이 진행되고 있지만, 앞으로 다가올 변화도 현재의 도시시스템에서는 힘겹기만 하다. 어느덧 시계열자료를 통해 경제학과 통계학으로 예측이 가능했던 시대는 과거 이야기가 되었고, 현재는 추세와 예측으로만 해석되지 않는 지속적인 단절성(Continued Discontinuities)을 경험하는 세상이 되었다. 기술발전과 정보화, 세계화가 만든 질서에 수없이 많은 변인들이 투입되고 작용하면서 어느 순간 눈에 보이지 않고 예측할 수 없는 경쟁자와 변화요인이 엄습하고 있는 형국이다.

이러한 변화의 소용돌이 속에서 일부 대도시를 제외하고, 인구감소와 고령화로 급속히 쇠퇴도시(Urban Decline)로 이행되어가는 모습을 통해 변화에 대응하는 도시의 과정과 사례들을 생각해볼 수 있다. 쇠퇴도시에서는 삶의 질 저하, 인구감소, 생활편의서비스와 기반시설의 부족 등으로 도시경쟁력이 상실되고 지속가능성에 대한 의문이 제기되면서 도시소멸의 우려가 등장하기도 한다. 결국 도시를 둘러싼 소용돌이에 대응하지 못해 생존과 지속가능성 자체가 위협받는 상황에 이르게 된 것이고, 이러한 염려와 자각이 변화에 대응하는 도시 만들기를 생각하게 하는 이유가 된다.

또 다른 한편에서는 지역경제 침체와 인구구조 변화에 따라 새로운 수요가 발생하게 되는 구조적 문제가 일어나기도 한다. 도시에 거주하는 사람들은 갈수록 나은 환경을 원하고, 기업은 인구감소와 경기침체 등에 의한 수요 감소로 인해 기업 나름대로 어려움을 호소하고 있다. 행정은 도시 간 치열한 경쟁의 어려움 속에서 지역의 재정적 빈곤을 벗어날 수 있는 도시 구현을 위한 재원 확보가 큰 숙제로 안겨져 있다. 지역 전체적으로 보더라도 지역 신산업창출, 공동체 회복, 전통문화의 보존과 계승, 환경 보전, 고령화 대책, 복지의 확대 등 과제가 산적해 있는 상황이다. 이처럼 다양한 구성요소, 요구, 환경 등이 결합되어 도시를 위협하고 변화를 유도하며 적응과 생존을 위한 대응과 변화를 강요하기 까지 한다.

다윈은 "살아남는 종(種)은 강한 종이 아니고, 또 똑똑한 종도 아니다. 변화에 적응하는 종이다."라고 하였다. 도시가 사람이 만든 유기체라면 '변화하는 도시가 살아남는다.'라고 할 수 있을 것이다. 따라서 살아남기 위해서는 도시를 둘러싼 거친 소용돌이에 휩쓸리지 않고 대응할 수 있는 변화가 요구된다. 사실 변화를 결정할 수 있는 시간만 주어진다면 너무 늦은 때는 없다. 그리고 변화의 소용돌이 속에서 어제의 옷을 입고 살아남을 수 있는 가장 확실한 방법은 중심을 잡는 것이다. 중심은 변화의 방향을 파악할 수 있고 지속가능성을 위해

균형을 잡는 것이다.

그렇다면 중심은 무엇일까? 도시의 중심은 시민과 도시정체성이다. 이를 기본으로 하는 도시는 어떠한 변화와 충격에도 견디어낼 수 있는 리질리언스와 지속가능성을 갖게 된다. 변화의 시도는 주민과 지자체가 주체가 되어 도시의 정체성을 지키며 변화의 파도와 움직임을 같이 할 때 가장 효과적인 결과를 기대할 수 있다. 그리고 이러한 역할을 수행할 도시경영 전략이 필요한 시점이다. 도시가 중심이 되어 지역에 존재하는 자원을 발굴하고 유효하게 활용하여 가치를 창조해 내 효과적으로 분배하는 것이 도시 경영의 몫이다.

그리고 도시의 문제를 시민들 스스로 자신들의 문제로 받아들여 적극적으로 참여하는 자세가 필요하다. 그럼으로써 자신이 사는 지역과 도시에 대한 자부심과 애정이 고취되고 도시를 지탱하는 힘이 된다. 성장을 전제로 한 도시정책에서 지속가능한 도시정책으로 전환된 시대적 배경과 도시를 둘러싼 불투명성(Invisibility), 불확실성(Uncertainty), 불연속성(Discontinuity)의 환경을 헤쳐나가기 위해서는 전략적 도시경영이 필요하다. 전략은 전쟁에서 적을 속이는 술책(Strategia)이라는 그리스어에서 비롯된 말이다. 전쟁에서 승리하기 위한 계책이라는 뜻을 갖는 말을 인용할 만큼 전쟁을 방불케 할 정도의 환경지향적이고 미래지향적인 전략적인 도시경영이 요구된다.

전략적 도시경영은 급변하는 환경 속에서 도시의 장기적 목표와 목적을 설정하고 이를 달성하기 위한 효과적인 의사결정과 활동, 자원 분배의 역할을 하는 것이다. 전략적 도시경영에는 비전(Vision), 전략적인 계획(Strategic Planning), 통제(Control)가 동반되어야 하고, 도시경영자와 행동가의 협조가 선행되어야 가능하다. 21세기 도시의 시대로 접어들면서 도시경영자의 중요성과 역할이 중시된 것은 당연하지만, 도시경영의 역할이 강조되는 과정에서 지방분권이라는 본래 취지가 상실되고 자칫 권력으로 변질될 수도 있다. 따라서 시대적 변화에 대한 인식과 책임감, 사회적 합의와 공감으로 행동하는 도시경영자를 선택하고 책임지게 하는 것이 중요하며, 이는 전략적 도시경영을 위해 반드시 필요한 것이다.

일상에서 너무도 흔하게 전략이라는 용어를 사용하고 있어서 시급성과 절박함이 희석되고 있지만, 전략이라는 용어는 위급한 상황과 자원의 한계, 긴박함, 신속성 등과 유기적으로 연결된 생각들을 상기시켜주는 단어이다. 이러한 생각의 경로탐색을 통해 도시가 처한 시대적 상황과 전략적 도시경영의 필요성에 대해 보다 현실적으로 인식할 필요가 있다. 그리고 이러한 인식의 기반을 확장하여 도시 만들기의 의미를 생각해보고 이전과는 완전히 다르게 도시가 요구되는 시대적 변화를 수용해야 할 것이다.

4.2. 도시 만들기 목표

도시 만들기에 앞서 이보다 익숙한 용어로 마을 만들기라는 말이 있다. 마을 만들기는 일정한 단일 공간에 거주하는 사람들이 삶의 질과 행복을 추구하기 위해 공동 생활여건의 정비와 생활의 필요에 따라 지역 문제를 해결하고 더불어 살아가는 공동체를 만들기 위한 노력의 일환이다. 본래 마을은 여러 집이 한데 모인 곳이나 이웃에 놀러 다니는 일이라는 뜻을 갖고 있는 말로 공동체와 네트워크의 개념이 내포되어 있다. 따라서 마을 만들기에는 지역성(Locality), 사회적 상호작용(Social Interaction), 공동 연계(Common Tie)라는 공동체 3요소를 지향하고 있다. 이런 의미에서 마을 만들기는 마을이라는 공동체를 중심으로 이전부터 다양하게 진행되어 왔던 지역사회운동이나 생협, 소비자협동조합, 마을가꾸기 등을 정책으로 끌어들인 것이라고 할 수 있다. 최근에는 마을 만들기의 본래 취지가 희석되거나 다르게 이해되기도 하여 열악한 주거환경을 개선하거나 몇몇의 물리적 시설을 설치하는 과정에 주민이 참여하는 정도로 인식되기도 한다. 그렇지만 마을 만들기는 공동체 구현을 본래 취지로 한다. 사실 도시에 전통적인 마을 공동체를 재구현하는 것은 불가능하다. 도시의 익명성, 비위계성, 다양성 등은 의사결정과정의 민주적 시스템과 공동체의식이라는 프레임으로 도시형 마을공동체를 형성하고, 마을사람들을 마을 문제의 당사자와 해결자로서 역할을 부여하자는 취지가 마을 만들기로 발현되는 것이다.

이상에서 살펴본 마을 만들기와 도시 만들기는 차이가 있다. 간략하게 도시 만들기가 무엇인지 결론부터 말한다면, 도시 만들기는 도시의 기존 인프라를 기반으로 지속가능성을 구축하기 위한 노력이다. 도시 만들기는 성장을 위한 산업화와 도시화의 과정에서 도시 공간계획과 기반시설 확충 등을 포함하는 도시계획과 구분되는 개념이다. 도시 만들기는 추진하는 방식에 있어서도 하향식 마스터플랜에 의해 시설의 공급과 공간관리의 합리적 계획을 다루는 도시계획(Urban Planning)과는 접근방법에 있어 차별성을 갖는다. 여기에는 세계적으로 도시화율이 50%이상을 육박하고 있고 우리나라의 경우 도시화율이 90%에 달하며 도시형 사회로 변화된 것을 원인으로 꼽을 수 있다.

도시형 사회에서는 물리적 시설 공급과 개발위주의 계획보다는 삶의 질 향상과 문화가 연계되는 도시 관리를 요구하게 된다. 이렇듯 국내·외적으로 도시형사회로의 이전과 정보통신의 발달로 인해 각 도시마다 도시 경쟁의 도구로 특색과 매력을 가꾸는 도시 만들기에 돌입하게 되었다. 도시 만들기는 기존 도시계획과는 달리 행정과 일부 전문가의 주도로 이루어지는 것이 아니라 시민과 단체, 기업, 행정이 참여하는 상향식 방식을 채용한다. 도시 만들기의 대상은 크게 정주환경 개선과 신산업창출이다. 이는 시민의 삶의 질 향상과 도시 활성화 정책의 일환으로 도시에 거주하는 사람들뿐만 아니라 도시를 방문하는 사람들에게 도시를 찾게 하는 도시의 매력으로 작용한다.

■ 정주환경 개선

정주환경 개선은 거주자는 계속 살고 싶고, 외부인은 살아보고 싶은 도시를 만드는 첫걸음이다. 인구감소시대에 돌입하여 인구가 줄어가고 있는 현실을 전제로 한다면 기존에 거주하고 있는 인구의 유출을 최대한 억제하는 것이 인구감소시대 도시가 나아갈 우선적인 방안이 될 것이다. 전국적으로 인구가 줄어들고 있는 상황에 우리 도시로 인구 유입을 추진하는 것은 다른 도시의 인구를 빼앗아 오겠다는 것과 마찬가지다. 이는 제로섬 게임(Zero Sum Game)과 같은 것으로 이 게임에서 최상의 전략은 현재의 상태를 지키는 것이다. 이보다 더 좋은 방법은 플러스게임(Plus Game)으로 전환시켜 제로섬 게임에서 탈출하는 것이다. 일부 지자체에서 출산장려금 지급과 귀농귀촌 장려금 등 인구유입을 위한 정책을 펴는 것은 사실 제로섬게임에 가깝다고 볼 수 있다. 그리고 설령 수치상으로 충족될지라도 일시적인 효과에 그치고 있어 정주를 유도할 수 있는 정책이라고 평가하기 어렵다.

도시 만들기에서 정주환경을 개선하는 전략은 시민 일상생활의 편리와 안정 그리고 주민의 니즈를 수용하여 살기에 좋은 환경을 만드는 것이다. 시민이 일상의 삶에 만족한다면 인구유출현상이 줄어들고 외부로부터 인구가 유입되는 효과를 기대할 수 있을 것이다. 유입된 인구는 새로운 수요로 이어져 다시 새로운 일자리로 연결되는 선순환적 구조가 만들어지게 된다. 이러한 관점에서 접근한다면 우선적으로 인구유출현상을 완화하기 위해서는 정주환경개선을 위한 노력이 필요하다. 정주환경은 기존의 획일적이며 자동차 중심의 도시계획방식에서 탈피하여 인간의 활동과 삶의 질 중심으로 개선되어야 할 것이다. 이러한 기반 하에 정주환경개선을 위한 다음과 같은 내용을 제안한다.

첫째, 사람과 환경 친화적인 주거지 만들기로 시대적 변화와 사회의 요구에 맞는 지속가능한 도시 구축을 위한 사람중심의 환경 친화적 주거환경정비가 필요하다.

둘째, 시민의 안전을 지원하는 주거지 만들기로 지역이 주체가 된 방범·방재·감재 체제 강화가 필요하다.

셋째, 지역의 특성을 살린 매력 있는 주거지 만들기로 공공공간(Public Space)의 정비와 도시의 각개각소로 연결되는 교통인프라, 그리고 역사와 첨단기술이 공존하는 유연한 도시조성이 필요하다.

넷째, 다양한 생활방식을 지원하는 주거지 만들기로 육아세대나 고령자가구의 지원과 개호 및 여러 세대가 교류하고 교감할 수 있어 생애주기(Life Stage)에 따른 니즈를 수용할 수 있는 주거환경조성이 필요하다.

다섯째, 다름을 포용하는 주거지 만들기로 지역의 정체성은 유지하면서 서로 다름을 포용하고 배타적이지 않는 주거환경조성이 필요하다.

■ 신산업 창출

도시가 지속되기 위해서는 사람이 살아야 한다. 양호한 정주환경만 주어진다고 해서 사람이 정주할 수 있는 것은 아니다. 정주를 위해서는 경제활동이 보장되어야 하고, 이를 위해 도시는 유연한 산업구조를 가져야 한다. 도시의 유연한 산업구조에 대한 필요성은 과거 산업혁명과 경제체제의 변화에 따라 도시의 부침현상이 발생했던 사례에서 찾아볼 수 있다. 특정 분야로 전문화된 산업구조를 가졌던 도시들은 당시에는 엄청난 부를 구가할 수 있었지만, 대내외 환경과 변화에 취약해 위기의 순간을 경험하고 극복하는 과정에서 도시의 성패가 갈리는 운명에 처하게 되는 사례를 쉽지 않게 발견할 수 있다. 과거 산업경제에서 수량과 품질, 비용으로 경제적 효율성을 평가하는 경제체제가 주를 이루었다면, 현재는 거대한 세계시장과 디지털 시장을 중심으로 하는 특수성과 다양성, 문화를 포함하는 경제체제로 변화하였다.

앨빈 토플러가 『제3의 물결(1980)』에서 1950년대 후반 이후 세계는 산업화 시대에서 정보화 시대로 이전되어가고 있다고 한 지 50여 년이 흐른 지금까지도 여전히 산업체를 유치해 지역을 활성화하겠다는 정책이 공약으로 발표되고 있다. 기존의 산업화에서 빗겨나 있던 도시들이 이제 와서 새롭게 기업을 유치하고 일자리를 만들겠다는 것은 사실 현실성 측면에서 설득력이 많이 부족하다. 그리고 중앙정부 차원에서 국토의 균형발전, 산업균형과 같은 정책으로 지역별 신산업 유치 전략을 편다고 하더라도 개별도시의 입지여건, 산업여건, 인구와 경제적 여건 등을 고려해 결정된다는 점에 비추어 볼때 지역의 신산업 창출을 위해서는 기본적인 현황파악이 우선이다.

도시 만들기의 시작은 도시가 처한 현실을 자각하는 것에서부터 출발한다. 그 기반 위에서 방법을 찾아야 한다. 그러려면 지금 현재 도시가 가지고 있는 자산을 파악하고 최대한 활용할 수 있어야 한다. 즉 도시의 자원과 도시의 인재를 통해서 잠재력을 발산하고 신산업을 창출하는 것이야 말로 진정한 경쟁력을 가질 수 있다.

신산업 창출이라고 하면, 기존에 제대로 된 산업이 없는 도시들 대부분이 기업유치 다음으로 내세우는 산업이 관광산업이다. 관광산업은 도시화의 정도차이에 영향을 덜 받는 분야이기도 하고, 심지어 개발에서 소외되어 오랜 기간 자연그대로 보존되었다는 점이 높이 평가받아 관광지로 각광받기도 한다. 특히 디지털 세대의 여행이 활발하게 이루어지기 시작하면서 온라인을 통해 남과 다른 경험 공유에 가치를 두는 세대가 관광 산업의 소비자로 부상하게 되었다. 이에 개별 도시들은 저마다 도시를 홍보하며 사람들을 유인하기 위한 관광산업을 신산업으로 육성하는데 집중하고 있다. 그렇지만 성공한 관광 상품을 벤치마킹하고 관광객 수 증가라는 단기적 성과를 거두기 위해 노력하는 과정에서 문제점들이 속출하고 있다. 이중 대표적인 것이 아무 근거도 없이 무모하게 관광지를 개발하거나 모방하여 자연환경 훼손과 재정손실만 초래해 미래세대의 부담만 가중시키는 일이다. 또한 있지도 않은 지역음식을 관광 상품화 하여 처음부터 설득력을 갖지 못하며 재정손실과 정체성 혼란 등의 문젯거리만 추가하기도 한다.

산업화와 도시화에서 정보화와 세계화시대로 이전했다하더라도 현재라는 시간과 공간에 살고 있는 사람들은 여전히 예나 지금이나 같다. 그리고 세상의 규칙이 아무리 변한다고 하더라도 사람들의 기본적인 욕구는 동서고금을 막론하고 동일하다. 여기에 신산업 창출의 열쇠가 있지 않을까 생각해본다. 아무리 부존자원이 없는 도시라고 하여도 개별 도시 자체의 관점에 매몰된 시각으로만 보지 않고, 다른 도시들과의 관계와 전체 속에서 개별 도시를 보면 도시의 신산업은 창출될 수 있다. 왜냐하면 도시는 서로 경쟁하지만 분명 도시별 비교 우위를 가지고 있을 것이기 때문이다. 그리고 그 증거로 도시는 과거에도 존재했고 현재도 존재한다는 사실이다.

■ 공생과 상생

앞서 도시 만들기의 목표는 정주환경과 신산업 창출이라고 하였는데 한 가지 덧붙여야 할 것이 상생과 공존의 길이다. 도시 만들기에서 상생과 공존의 길을 찾아야 한다. 국내외 변화와 급변하는 환경에 국가차원의 접근보다 유동적이고 신속한 대응이 가능하고 변화에 민첩하다는 점에서 도시 간 경쟁체제로 들어섰다는 것은 이미 알고 있는 사실이다. 하지만, 개별 도시가 대처하기에 녹록치 않은 환경과 자원부족, 연계성 결여 등은 한계점으로 부각된다.

가장 먼저 개별 도시는 인접도시와 연계된 하나의 공동체 개념으로 접근하는 관점이 필요하다. 기존에 관할 행정구역 등에 의해 구분된 도시개념은 한낱 부서 구분과 역할 분담 정도에 불과하다. 우리나라 도시는 인구 5만 이상을 도시기준으로 하고 있지만, 미국 도시 중 인구 순위 100위권 도시인 워싱턴주에 있는 스포캔의 인구가 21만 명(2010년 기준)이다. 세계도시와의 경쟁무대에서 인구와 지형, 행정 등 단편적 기준에 의해 도시를 구분하고 개별 도시의 문제로 치부하는 방식은 자칫 경쟁력 상실을 가져오는 요인이 된다. 따라서 국토면적과 총인구, 사회경제적 여건 등에 따라 도시 기준에 차이가 있지만, 세계 도시경쟁에서 경쟁력을 확보하기 위해서는 도시 간 경계와 이기주의 등의 편가름 의식에서 벗어나는 통합적인 접근이 필요하다. 인구감소와 고령화, 기후변화 등의 불확실한 위협에 공동으로 대처하기 위해서는 도시들 간의 정치, 행정, 경제적으로 단절되고 배타적인 관계로는 미래가 불투명하다. 성장의 시대를 마감하고 저성장의 시대에 돌입하게 되면서 우리 도시의 가장 큰 폐해 중 하나가 중복 투자와 연속성 부재라는 사실은 이미 공론화된 현실이다. 성장의 시대에 자원의 효율적 이용으로 최대한의 효과를 창출하는 것이 목표였다면, 저성장시대 도시는 환경과 인간을 고려해 최소한의 자원 사용을 통한 효율성을 목표로 하는 것이다.

도시들이 한데 모여 공동체를 형성해 큰 그림을 그리고 서로 상생방안과 공생의 노력으로 연계한다면 신산업 창출은 물론이고 행정효율과 재정절감, 경제적 성과를 가져와 도시의 지속가능성 실현에 도움이 될 것이다.

4.3. 도시 만들기 프로세스

만들기의 기본은 재료 탐색과 기획이다. 도시 만들기에 있어서도 가장 먼저 해야 하는 것은 과거 혹은 미래도 아닌 현재 도시의 강점과 약점에 대한 탐색이다. 도시를 바로 이해하지 못하고 도시의 미래를 기획하는 것은 실패를 예약하는 것과 다름없다.

도시 만들기에서 가장 우선적으로 필요한 것은 현재 도시의 강점과 약점을 탐색한 후 경쟁우위를 파악하는 것이다. 19세기 영국 경제학자 데이비드 리카르도(D. Ricardo)는 『정치경제학 및 과세의 원칙 연구(On the Principles of Political Economy and Taxation, 1817)』를 통해 기업이나 국가가 상대방보다 경쟁력이 있더라도 생산의 기회비용을 고려해 상대적으로 비교우위가 없는 부분은 다른 기업이나 국가에 넘겨야 한다고 하였다. 이를 비교우위이론(Principle of Comparative Advantage)이라 하였다. 기업이나 국가가 모든 부분에서 더 효율적이더라도 전부 다 하기 보다는 높은 부가가치를 창출하는 부분에 집중하는 것이 더 효율적이라는 것이다. 비교우위이론은 세계화와 자유무역 옹호 또는 반대론자들 사이에서 가장 논쟁이 되고 있는 경제이론이지만, 결과적으로는 모두에게 이롭다고 증명된 논제이다.

비교우위론이 세계적인 경쟁무대와 자본 등의 이론이 자유로운 현대도시에 부적합하다고 하는 이의가 제기되기도 하겠지만, 저자는 어떤 경쟁의 상대로 하느냐에 따라 다르다고 생각한다. 세계적인 경쟁 무대에서 우위를 점하기 위해서는 절대우위의 강점이 필요하겠지만, 범위를 국가 내 혹은 인접 도시로 설정한다면 비교우위론을 적용해봄이 적합할 것이다.

물리적으로 사람과 자본이 국경이나 도시 경계를 넘어 이동한다고 해도 한정된 공간에서 모든 기능을 떠안는다는 것은 사실상 불가능하다. 따라서 스스로의 비교우위분야 즉 도시의 장점에 집중한 분야를 유치하고 이를 중점적으로 육성해 나가는 전략을 펴면서 이웃한 도시와의 네트워크를 통해 그 성과를 향유하는 것이 필요하다.

오늘날 도시문제들 중 하나로 꼽는 것이 도시 간 격차이다. 산업화 시대 발전에 동참한 도시와 소외된 도시의 격차는 말할 것도 없고, 세계 주요국들의 도시와 신생국가들의 도시 간 격차, 격차현상을 겪는 도시들 간의 격차 등 단순한 발전정도의 차이가 아니라 격차가 시스템화 되는 현상을 보이고 있다. 특히 현대도시의 경제성장을 견인해 온 정보통신과 금융, 연구개발 분야 등이 특정도시로 집중되면서 선택된 도시와 소외된 도시의 격차는 점점 더 벌이지고 있다. 특히 지방도시에서 이러한 현상은 더욱 두드러지고 있다는 점에 문제의 심각성은 가중되고 있다.

지금까지 지방도시의 성장을 견인해 온 것은 농림수산업과 제조업이 해당하는 1, 2차 산업이었다. 세계화의 흐름 속에 생산비 절감을 위해 제조업이 해외로 이전하게 되고, 그나마 유지되던 농림수산업은 인구감소와 고령화로 지속성과 경제성에 위협을 받고 있는 실정이다. 이러한 결과를 유도한 주요 원인은 국가 경쟁력 확보라는 미명하에 중앙정부에 의한 경제·산업 활동의 통제와 규제가 이루어졌고, 그 결과 수도권 중심으로 중추기능이 집적하게 된 것을 꼽는다. 국가 전체적으로는 수도권을 중심으로 인구와 산업의 집중되는 현상이 일어났고, 수도권이 중심이 되는 구조가 고착되게 되었다. 수도권 집중과 순환되는 현상이 구조화되면서 지방은 갈수록 쇠퇴하였고, 중앙정부로부터 인재와 산업의 유출 대가로 받은 교부금에 의존하는 구도를 형성하기에 이르렀다. 최근에는 지방 쇠퇴와 소멸이 논의되는 상황에 이르게 되면서 도시의 생멸을 결정하는 문제로 확산되고 있다.

어느 한곳에 집중되는 시스템은 집중도에 비례해 취약성과 위험을 증가시키기 마련이고 지속성을 담보하기 어렵다. 추격형(Catch-Up) 성장 과정을 거치며 그 과정에 편입되지 못한 도시들이 안고 있는 문제들 중 격차보다 더 심각한 것이 있다. 특히 지방도시가 잃은 것은 도시 간 격차문제보다 인재를 축적하고 산업을 일으켜 독자적인 경쟁력을 갖추는 능력 즉 자립의 능력이다. 자립능력은 일순간에 생성될 수 있는 것도 아니다. 자립능력을 갖추고 진정한 지방분권의 시대가 수립되기 전까지 당분간 경제 타당성을 평가하여 재정 지원하는 방식이 이루어질 것으로 예상할 때 앞으로도 수도권에 대한 의존도는 높아질 것으로 예상하고 있다. 그렇다고 하여 마냥 현실의 벽에 안주해 처분만 기다리고 있을 순 없다. 현존하는 도시와 지역 간의 격차를 기본으로 상정하더라도 인접 도시 혹은 비교우위 도시들과의 네트워크를 통해 경제, 문화, 사회 등 분야별 자립능력을 키우는 전략을 펴는 것이 도시 간 격차 극복과 경쟁우위 전략 수행 시 필요하다.

두 번째 중요한 요소는 변화를 계획하는 것이다. 경쟁우위를 점하기 위한 변화는 의지만으로 되는 것이 아니라 변화를 지원할 수 있는 모든 과정과 방법을 동원하여야 할 것이다. 도시 만들기에서 변화를 향한 첫걸음으로 도시의 장단점을 파악했다면, 다음은 변화를 계획하는 작업이 뒤따라야 한다.

즉 변화를 계획하고 실행하는데 있어 최대의 적은 자기 관대화(Leniency)라는 점에 입각한 면밀한 검토가 이루어져야 할 것이다. 이를 위해 계획수립을 위한 예산과 재정을 고려하고 도시 자원을 효과적으로 수집, 관리 및 소비하기 위한 모든 노력이 동시에 이루어져야 한다. 대개 높은 성과를 보이는 도시가 비용 평가와 관리에 철저하고, 사업적 측면에서도 비용대비 효율성이 높다. 자기 관대화를 피하고 변화 계획과 비용측면의 효율성을 기하기 위한 방법으로 도입된 것이 민관 파트너쉽이다. 민관 파트너쉽을 최대한 활용한다면 시민에게 낮은 비용과 높은 품질로 인프라와 서비스를 제공할 수 있고, 시민의견을 최대한 반영한 계획과 집행의 편의성을 도모할 수 있을 것이다.

세 번째 중요한 요소는 계획을 실행할 수 있는 도시 경영자이다. 도시 지도자들은 공정·신속하며, 긍정적이고 지속적이며 탄력적이어야 한다. 업무에 대한 소신과 사명감을 가지고 책임 있게 수행할 수 있는 도시 경영자의 중요성은 도시 만들기의 어떤 요소들보다 현실적인 접근방법이다. 정책을 수립하고 집행하는데 있어 직접 주민과 소통하며 상향적, 집합적인 의사결정 과정을 거친 후 투명하고 공정하게 한다면 지지와 협조를 받아 효율성과 책임성을 기할 수 있을 것이다. 이를 토대로 도시 경영자가 추구하는 도시 만들기의 목적은 시민의 삶의 질 향상이라는 점에 기초해 세부 목표를 설정해야 한다. 도시 만들기의 세부적 목표는 크게 4가지 정도로 간략하게 기술할 수 있다.

첫째, 거주환경의 개선 : 거주공간의 개선, 주거지 주변 환경 개선, 공동체 활성화, 생활과 행정서비스에 대한 접근성 개선, 이동성 개선, 다양한 교육 기회 제공 등이 해당된다.

둘째, 사회적 약자에 대한 배려와 포용 : 다양성에 대한 포섭, 이동과 접근의 장애 제거, 안심하고 안전하게 살 수 있는 환경 조성이 여기에 속한다.

셋째, 지역경제 활성화 : 지역 경쟁력 향상, 일자리 창출, 격차의 해소를 통해 지역경제 활성화를 촉진할 수 있다.

넷째, 친환경 도시 구현 : 환경오염최소화, 자연환경보호, 기후변화 영향 최소화를 통해 현재와 미래세대를 포용할 수 있는 도시 구현이 가능하다.

이상과 같이 기술한 내용을 토대로 도시 만들기의 프로세스를 정리한다면 4단계로 나누어 생각할 수 있다.

첫 번째 단계는 동기부여 과정이다. 개별 도시의 문제에 대한 인식과 도시의 장·단점을 파악하고 인식하는 단계이다. 도시 만들기를 수행하는 프로젝트의 시작은 문제를 제기하여 필요성을 점검하는 것에서부터 출발한다.

두 번째 단계는 계획과정이다. 문제를 인식했다면 도시의 자원과 비교우위에 대한 조사와 분석을 토대로 경제적, 행정적, 환경적 요인 등을 변수로 설정하여 계획을 수립하고 사전 타당성을 검토하는 단계이다.

세 번째 단계는 계획의 실행과 평가의 과정이다. 계획을 실행하고 사후 타당성 여부를 판단하는 과정이 여기에 속한다.

네 번째 단계는 변화를 계획하고 실행한 후 평가를 통해 문제점과 개선점 혹은 성과를 평가하였다면, 지속성을 확보하기 위한 플랫폼(Platform)을 구축하는 단계이다. 플랫폼 구축은 도시 만들기 사업 중에서 도시 만들기의 기본 취지를 살리는 실행중심의 플랫폼을 구축해 확산시키는 과정이다. 도시 만들기 전략들을 플랫폼에 불러들여 서로 연결하고 부가가치를 창출하는 전략을 플랫폼구축전략으로 한다.

▌그림 4-1▐ 도시 만들기 4단계

단 계	구 분	내 용
1	동기의 부여	문제 제기, 의견 청취
2	계획	문제 정의, 조사·분석, 계획, 사전 타당성 검토
3	실행과 평가	실행과 사후 타당성 여부 판단
4	플랫폼 구축	플랫폼 구축과 확산

05

도시 침술을 활용한 도시 만들기

5. 도시 침술을 활용한 도시 만들기

5.1. 도시 침술

현대도시는 삶의 질을 향상시킬 수 있는 공간 조성을 목적으로 다양한 수단과 방법을 동원한다. 삶의 질 향상을 추구하는 것은 산업도시에서 경제성과 생산효율성을 중시하던 가치관과 달리 환경과 쾌적성을 중시하는 가치관으로 변화되는 것을 의미하며, 이로 인해 기존의 도시 패러다임에 의해 조성되어진 기반시설들과 다소 대치되는 부분이 있다. 따라서 삶의 질 향상을 추구한다는 것은 한편으로는 시민과 지자체, 기업체를 포함한 도시 관계자들의 단기적인 경제적 이익을 희생할 수도 있다. 일례로 쾌적한 환경과 안전한 보행여건을 조성하기 위해 보행전용구역을 두어 기존 도로, 시설, 상권 침해 등을 유발하는 경우도 있다. 도시화율 90% 이상에 도달한 우리나라의 경우 도시 공간 내에 관계자들끼리의 이해관계가 뒤엉키고 혹은 고정화되기도 하여 최소의 변화로 최대의 효과를 낼 수 있는 전략이 필요하게 되었다.

이와 같은 사고를 확장하여 도시의 침술(Urban Acupuncture)을 도시문제 해결에 사용되는 철학으로 접목하는 방법을 제안한다. 침술이 몸 전체를 치료하는 것처럼 부분에 작용함으로써 광범위한 범위에 효과를 파급시키는 도시전략이다. 침술이 인간의 스트레스와 막힘을 풀어주는 것을 목표로 한 것과 같이 도시침술은 이미 건설된 도시에 스트레스를 완화해주고 순환을 도와 도시전체를 활성화시킨다는 의미에서 시작된 용어이다. 도시침술의 발상은 도시를 유기체로 간주하고 개선이 필요한 요소와 원인을 정확히 파악하는 것으로부터 시작된다.

지속가능한 프로젝트는 정확히 특정 부분을 치유하여 전체의 활성화를 도모하는 것으로 도시침술 전략에서는 바늘로서 기능을 한다.

도시 침술(Urban Acupuncture)이라는 용어는 스페인 바르셀로나의 건축가, 도시계획가, 교수로 활동했던 마뉴엘 드 솔라모랄레스(Manuel de Sola-Morales)에 의해 처음 언급되었다(Shieh, 2006). 핀란드의 건축가이자 사회이론가인 마르코 카사그란데(Marco Casagrande)는 대규모 도시개발과 도시재생보다 지역사회의 요구에 적극적으로 반응하고 개입할 수 있는 지방도시와 지역사회에서 저비용 자원으로 거주자에게 휴식을 제공하는 방식을 주장하였다. 복잡한 에너지 흐름이 이미 형성된 도시에서는 제한적인 예산과 자원을 사용하는 것이 바람직하고, 이러한 시대적 상황으로 국소적 및 사회적 접근 방식을 지지하고 있다. 이는 기존에 존재하는 유기체인 도시는 나름의 생존방식과 흐름을 유지하며 도시 자체의 메타볼리즘을 유지하고 있다는 점에 착안하여 최소한의 절제된 개입을 통해 도시문제를 해결하자는 방식이다.

제이미 러너(Jaime Lerner)는 브라질 꾸리찌바 전 시장을 역임했던 건축가이자 도시계획가이다. 그는 도시침술의 관점에서 도시구조를 인간 신체에 빗대어 설명하며, 도시 내 거리를 인간 몸의 동맥과 정맥으로 비유하고 거리의 자동차를 도시의 흐름을 방해하는 콜레스테롤로 비유하였다. 이러한 점에 비추어 도시의 순환을 원활하게 하기 위해서는 더 많은 사람들이 대중교통수단을 이용해야 한다고 하였다. 러너(J. Lerner)는 '도시는 본래 인간의 안락함을 위해 설계되어야 하는데 자동차 순환을 위해 설계되었고, 강과 거리, 광장 등의 공공공간을 개조하면서부터 도시의 인간성(Humanity)요소가 상실하기 시작했다'고 하였다. 그러면서 사람을 위한 도시를 만드는 것이 도시 침술의 주요 목적이라고 하였다(Lerner, 2003). 꾸리찌바 시는 도시와 관련된 연구는 물론이고 교통, 통신, IT기술, 환경 등 세계적으로 도시와 사람의 관계에 관한 다양한 연구와 정책의 벤치마킹 사례가 되고 있다.

1800년대 시작된 주요 선진국들의 마스터플랜에 의한 도시 확장과 도시개조 등은 도시화율 50%이상이 도달한 오늘날에는 더 이상 적용할 수 없는 과거 역사물 정도로 인식되고 있다. 그러한 변화를 거치며 도시침술과 같이 작은 변화를 통해 큰 변화를 유도하고자 하는 시도들 속에서 마스터플랜의 허망함을 아는 해외 선진도시들은 이미 다른 방법으로 진화하고 있었다. 이러한 방법 중의 하나로 전체를 한꺼번에 바꾸는 것이 아니라 주민과 함께 필요한 작은 부분부터 개선하고 기다리며 변화하여 다음 단계로 나아가는 형식, 시간이 걸리지만 시행착오를 최소화하는 지혜로운 방식을 침술적 방법이라고 명명하기에 이르렀다.

도시는 완성되는 게 아니라 생물체처럼 늘 변하고 진화한다는 점에 착안한 도시침술은 예산이 많이 들지 않지만 무엇보다 과정이 민주적이고 결과가 효과적이다. 그래서 개발의 시대에서 재생으로 변화하는 지금 시대의 가치와 부합되는 점이 많다. 급기야 우리도 도시개발에 대한 의식이 서서히 변화되면서 마스터플랜의 시대가 저물어 가는 것을 목격하고 있다.[37]

이상에서 살펴본 바와 같이 도시 침술은 도시를 인체에 비유해 도시의 간선 도로와 하천 같은 자연흐름의 결절점을 동양의학에서 행하는 침술처럼 경혈자극을 주어 도시의 활력과 경제적 파급효과를 창출하는 도시 만들기 방법이다. 도시침술과 같은 방법이 도시형 사회에 들어선 현대에 갑자기 등장한 것은 아니다. 과거에도 도시침술의 관점에서 이루어진 도시 공간 전략의 사례를 쉽게 찾을 수 있다. 도시의 중요 거점을 연결하는 방법을 이용한 계획으로 산재한 주요 도시 요소를 연결하는 도로를 신설한 로마 대개조 사업이나 바르셀로나에서 행해진 계획적인 건축물 철거와 보이드 공간을 창출한 다공질화 전략이 대표적인 사례이다.

한편 도시 이미지라는 개념에 도시침술 방법을 적용하는 사례도 있다. 미국의 건축가이자 도시계획가인 케빈 린치(Kevin Lynch)는 도시침술과 관련된 구체적인 내용을 언급하지 않았지만, 도시디자인과 설계부문에서 도시침술 방법을 적용하는데 많은 영향을 끼쳤다. 그는 도시의 정보와 이미지가 5가지 요소[38]로 설명된다고 하며 요소들 간 연계의 중요성을 강조했다.

▍그림 5-1▍ 캐빈 린치의 도시이미지 5요소

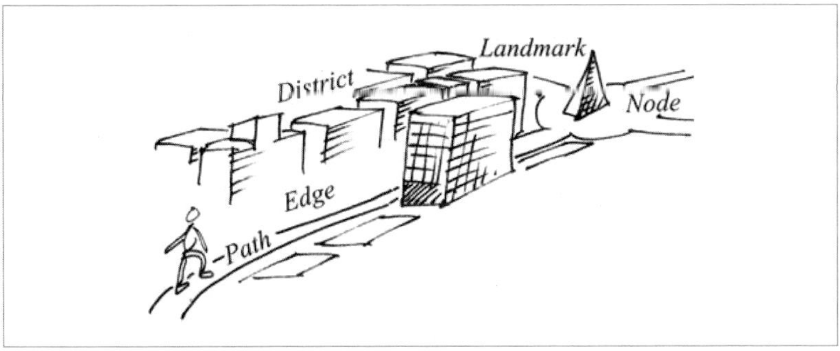

특히 도시 이미지는 시민이 만들어가고 공유하는 공공이미지(Public Image)로서 형태보다 중요하다고 하였다. 그러한 차원에서 도시이미지는 시민이 쉽게 이해할 수 있고 시민의 정서, 도시의 역사, 미래 전망이 내포되어 있어야 진정한 도시이미지로 남는다. 무릇 도시

이미지 5요소가 모두 들어가 있지만, 시민의 정서와 역사가 함유되지 않았다면 마치 신도시에서 느끼는 단조로움과 획일화의 느낌 뿐 아름답고 즐거운 도시환경이라고 할 수 없다. 따라서 도시의 이미지는 시민들의 삶과 생활양식, 경제활동 등이 간단한 메시지처럼 던져지지만, 도시를 평가하는 가장 간단하고 빠르면서 강력한 힘을 발휘한다. 도시 만들기에 이를 적용해본다면 도시 이미지를 구성하는 주요요소에 도시침술방법을 적용하여 도시 이미지를 상승시키고 이를 도시 활성화와 가치 상승으로 연계할 수 있게 하는 것이다.

간단히 말해 도시침술은 기존 도시 인프라에 최소한의 추가나 제거를 통해서 도시의 활력을 찾는 도시 만들기 방법이다. 대표적인 도시침술 사례로는 공공공간의 활성화, 중심시가지나 관광지의 보행자전용 도로화, 간선급행교통시스템을 도입한 교통침술, 거주와 생활편의서비스를 동시에 제공할 수 있도록 주요 도로와 철도 주변에 복합주거시설을 조성하는 방법 등이 있다. 위의 사례를 통해 알 수 있듯이 도시침술(Urban Acupuncture)은 토지소유권을 공공의 것으로 환원하여 도시 디자인에 작은 개입을 하고, 이를 통해 전체사회의 발전을 꾀하고 있다. 그러기 위해서는 몇 가지 조건이 필요하다. 침술로서의 작은 개입은 신속하게 도시 에너지를 방출하고 파급효과를 창출할 수 있는 것이어야 한다. 또한 도시 계획적으로는 치유와 개선의 연쇄반응을 만들어주는 장소에 개입하여 도시 자체를 반응시키게 하는 것이어야 한다. 구체적으로 어떤 방법과 장소에 개입하는지에 대해서는 도시침술의 방법에 대한 설명으로 대신한다.

도시 만들기 방법으로서 도시에 적용할 수 있는 도시침술(Urban Acupuncture)방법은 크게 충전기법(Filling Method), 소거기법(Erasing Method),

복합기법(Mixing method)의 3가지로 구분할 수 있다.

충전기법(Filling Method)은 기존 도시 인프라 위에 편익과 경관개선 등을 목적으로 새로운 시설이나 공간으로 채우는 기법이다. 상징성을 갖는 도시 내 조형물의 설치나 새로운 건축물을 통한 랜드마크 조성, 간선교통망 구축 등이 여기에 해당된다. 이는 도시디자인과 설계, 이미지, 교통 등의 분야에 영향을 미치고 있다.

소거기법(Erasing Method)은 도시공간의 지속에 장애를 초래하는 시설이나 기능을 제거하거나 축소하는 기법이다. 이러한 도시침술 방법으로 중심시가지나 관광지, 문화거리 등을 보행자 전용도로화하거나 기존 건물 철거, 광장 공간으로 전용하는 등의 방법을 예로 들 수 있다. 자동차의 통행을 제한함으로써 단순히 쇼핑이나 관람, 업무에 그쳤던 공간에 휴식과 버스킹(Busking) 같은 거리문화를 조성하는 등 다양한 기능을 부여하여 거리와 도시의 활력을 찾을 수 있는 방법도 있다. 또한 구도심 주거지의 빈집이나 폐가를 철거하여 공용주차공간이나 공원 등으로 제공하여 지역주민의 거주를 지원하는 정주환경개선사업 등이 여기에 속한다.

복합기법(Mixing Method)은 충전과 소거 기법을 혼용하여 도시를 만드는 도시침술 방법이다. 대표적인 사례로 도시 내 폐교 등 기능이 상실된 시설들의 공간을 개선하거나 새로운 기능부여를 통해 생활편익을 높일 수 있는 도시기능시설로 재구축하는 사례가 있다. 또한 도심 외곽지역과 농촌지역의 저밀도 주거지역에 생활편의서비스와 인프라를 집중화시킨 주거 클러스터 지구를 조성해 공간을 재구축하는 방법 등이 있을 수 있다. 특히 주거 클러스터 조성은 토지이용효율 증대와 주민 편익제공측면에서 효과적이고 행정서비스제공 비용측면에

서도 효과를 기대할 수 있다.[39]

성장위주시대의 상징적 도시재생 방법인 스크랩 앤드 빌트(Scrap & Built)방식과 대규모 개발방식은 인구감소와 마이너스 경제성장이 예견되는 역성장시대와 조화를 이루기 어렵다. 따라서 기존의 도시 인프라를 기본으로 하는 인간 친화적, 환경 친화적, 지속가능한 도시를 추구하는 공간재구축전략이 필요한 시대이다. 이러한 점에 비추어 볼 때 도시침술은 효과 측면에서 녹색 공간 개발과 저비용, 지속가능하고 에너지 효율적인 건물을 건설할 수 있는 등 많은 기회를 제공한다. 다음 도시침술방법 적용의 사례[40]를 통해 어떤 방식으로 도시 공간에 개입되고 효과를 보이는지 살펴보기로 한다.

■ 도심 속 자연생태환경이 숨 쉬는 청계천

청계천은 서울 시내를 동서로 가로질러 한강으로 흘러들어가는 총연장 10.92km의 도시 하천이다. 조선왕조시대 청계천은 자주 큰 홍수를 일으켜 치수사업의 과제가 되었던 곳이었고, 20세기 초 위생문제 등으로 복개화가 검토되어 1971년 서울시민의 시야에서 그 자취를 감추게 되었다. 그리고 청계천 위에 고가도로를 개통하여 한참 동안 서울시민의 기억 속에만 존재하는 하천이었다.

1990년대에 들어서면서 복개 구조물과 청계고가도로의 노후와 안전문제가 꾸준히 등장하였고, 30년의 시간 속으로 사라졌던 청계천은 2002년 서울시장 선거공약과 함께 복원문제가 이슈화된 후 2005년 복원되었다. 청계천이 복원된 후 첫해 이곳을 찾은 사람은 3000만 명에 달했다. 단지 도시를 가로지르는 천을 복원한 것뿐인데 왜 이만큼의 사람이 모인 것일까?

출처: 유엔환경계획한국위원회

복원된 청계천은 대도시에 새로운 공공공간과 도심 공간의 쉼터가 되었다. 서울 도심 한복판을 통과하고 있어 위치도 좋아 우선 청계천을 방문하고 그곳에서 명동, 경복궁, 동대문, 남대문, 덕수궁, 서울시청 등으로 바로 갈 수가 있는 장점이 있었다. 복원되기 전에는 고가도로 주변으로의 접근이 어렵고 소음과 매연, 고가도로 그늘로 음침했던 지역이 시냇물 소리, 흐르는 물과 식물이 내뱉는 산소, 노후하고 거대한 볼썽사나운 구조물 대신 자연스러운 개울의 경관이 조성되어 지역의 가치가 높아지는 효과를 가져왔다.

그리고 무엇보다 청계천은 서울이라는 도시의 랜드마크로 사람들을 사로잡았다. 청계천이 복원되자 런던의 하이드 파크, 뉴욕의 브루클린 다리, 시드니 오페라 하우스, 파리의 샹젤리제, 리우데자네이루의 코르 코바도 언덕, 샌프란시스코의 금문교, 바르셀로나의 사그라 다 파밀리아 등 세계 도시의 뛰어난 랜드마크와 어깨를 나란히 할 수 있는 위상을 갖춘 곳으로 평가받고 있다. 청계천복원사업은 유지비용, 사업의 절차 등에서 문제점이 제기되기도 하지만 역사성, 문화성, 생태성을 담고 있는 도심하천으로 탄생했다는 점이 높이 평가받고 있다. 이 뿐만 아니라 자연과 생태계 회복, 시민에게 공공 공간 제공, 도시열섬현상 완화와 바람길 조성 등 도시환경 조성 등 대체적으로 국내외에서 긍정적인 평가를 받고 있다. 이러한 외부적인 평가보다도 더 중요한 것이 서울의 묻혀 버린 기억을 되살린 것이다.

■ 먹거리와 볼거리 넘쳐나는 1913 송정역시장

광주광역시 광주송정역 건너편에 있는 1913송정역시장은 100여년의 전통을 자랑하고 있는 시장이다. 본래 이곳은 근처 마트와 5일시장에 상권을 빼앗겨 빈 점포와 냄새가 진동하는 동네 골목길의 오래된 시장정도로 취급되던 곳이었다. 열악한 환경과 침체된 상권으로 지역 주민들마저 찾지 않아 상인들은 환경개선은 고사하고 장사로 생계를 유지하기 어려울 정도였다. 그러던 이곳이 전통시장 활성화 프로젝트와 도시재생사업을 통한 시설개선과 함께 청년 상인들이 입점하여 기발한 아이디어와 상품을 선보이면서 세간의 화제가 되고 있다.

시장골목은 입구에 들어서면 시야에 끝이 보이는 단조로운 직선 골목으로 되어 있으며 유구한 역사에 비한다면 생각보다 짧은 거리이다. 길목 좌우로 저마다 색깔과 컨셉으로 빼곡하게 조그만 가게들이 즐비해 있고, 액세서리, 식당, 통닭집, 참기름가게, 생선가게 등 서로 어울릴 것 같지 않은 신구의 문화가 어우러져 예스러움과 젊음을 동시에 느낄 수 있는 곳으로 탈바꿈되었다. 이곳은 세월의 흔적이 그대로 묻어나는 오래된 외형의 건물에 아이디어가 톡톡 튀는 상품들과 젊은이들이 좋아할만한 먹거리들이 들어서 서로 대비되는 신선함을 준다는 평가를 받고 있다.

대도시 교통관문에 위치한 입지적 장점을 갖는 100년이 넘는 1913 송정역시장은 기차시간을 기다리면서 잠시 편안하게 들를 수 있고, 도시의 역사와 이미지를 전달할 수 있는 장소로 활용할 수 있다는데 의의가 있다. 특히 시장 입구 벽면에 시간을 상징하는 대형시계가 설치되어 있고, 각 점포 앞의 바닥에는 건물건립연도를 각인해 과거와 현재의 시간이 공존하고 있음을 보여주고 있다. 1913 송정역시장은 광주송정역이 광주 서북부관문으로서 역할을 하는 입지적 특성을 최대한 활용해 사람들의 발길을 잡고 있고, 청년창업과 전통시장 활성화 목표에서 확장된 지역 활성화와 광주이미지 홍보의 대표적인 장소로 성장하고 있다.

출처: 오마이뉴스

■ 벌링턴 처치 스트리트 마켓플레이스
(Burlington Church Street Marketplace)

역사문화와 연계한 지방중소도시 벌링턴은 버몬트 주에서 가장 큰 도시다. 벌링턴 메트로폴리탄 지역(Burlington Metropolitan Area)의 중심에 벌링턴이 있고 버몬트 주 인구의 1/3이 살고 있다. 벌링턴은 은퇴자들이 선호하는 도시 중 하나로 포브스지가 미국에서 아름답고 살기 좋은 곳으로 발표(2010년)했을 정도이다. 특히 벌링턴에서 가장 유명한 곳은 빨간 벽돌이 아름다운 처치 스트리트 마켓플레이스(Church Street Marketplace)이다.

출처: http://sourcethestation.com/

처치 스트리트 마켓플레이스는 남북으로 뻗은 벌링턴 중심도로를 보행자 전용도로로 정비하고, 이 곳에 지붕 없는 실외 쇼핑 & 레스토랑 몰 등이 Church Street 4개 블럭에 걸쳐 배치되었다. 이 몰은 뉴욕시의 카 & 린치(Carr & Lynch)에 의해 디자인되어 1981년에 완공되었다. 몰에는 미국 내 체인이 있는 5개의 대형 마켓을 비롯해 모두 86개의 상점이 있으며 연중 아트, 갤러리 등의 행사가 열린다.

이곳은 20년 전만해도 자동차가 달리는 일반 도로였던 곳이고, 보행자 전용도로로 정비한 것이지만, 아침 10시까지는 길가 점포에 배송하는 트럭 등의 자동차는 출입이 가능하다. 처치 스트리트 마켓 플레이스는 총 길이 500미터의 네 개 블록으로 구성되어 있고, 북단에는 유니타리안 교회가 있고 남쪽에는 시청이 있다. 길가는 대체로 3층에서 4층 건물들로 형성되어 있고, 1층은 대부분이 대중음식점 또는 소매업으로 사용되고 있다. 처음에는 실험적인 주말 이벤트로 보행자 전용도로를 시행했다가 차츰 시민의 호응에 힘입어 확대하게 되었다.

그러다가 1976년 후반에 벌링턴의 중심지에서 10km 정도 떨어진 윌리마을에 쇼핑몰의 계획이 발표되자, 중심시가지의 위기감이 고조되면서 처치스트리트 마켓 플레이스 사업이 추진되었다. 중심 시가지로서 경쟁력을 갖추기 위한 보행자전용도로와 상가 등으로 바꾸는 작업은 1981년에 이르러 완성되었다. 처음부터 시민들의 환영을 받으며 시작된 처치스트리트 마켓 플레이스 사업은 30년 이상이 흐른 지금에도 시민과 방문객을 끌어들이는 도시의 매력으로 자리하고 있다. 처치스트리트 마켓 플레이스 성공 이유는 인간 중심의 공공공간 제공과 지역의 정체성이 결합된 도시 디자인과 행정, 시민단체, 상인들의 협력에 있다.

■ 볼더 펄 스트리트(Boulder Pearl Street)의 보행자전용 도로화를 통한 도시 활력 창조

볼더(Boulder)는 미국 서부 콜로라도주 덴버시의 위성도시이다. 볼더의 중심 시가지에 있는 펄 스트리트(Pearl Street)는 네 개의 블록에 걸쳐 보행자 전용 쇼핑몰이 있어 항상 많은 사람들로 가득하며 활기 넘치는 곳이다. 볼더는 '살기 좋은 도시'로 여러 번 선정된 적이 있고, 지역 사람들도 독특한(Unique) 곳이라 표현하며 펄 스트리트를 자랑하고 있다. 펄 스트리트는 볼더의 침체된 중심시가지 문제를 해결하기 위한 다양한 대응책이 모색하던 중 제시되던 중 건축가 칼 워싱턴이 제안하여 만들어진 곳이다. 볼더 중심가 펄 스트리트의 4블록을 보행자 전용도로화하는 제안이 채택되어 조성하기 위해 시는 공공몰 법(Public Mall Act) 제정, 주차를 위한 CAGID(Central Area General Improvement District)지구 지정, 재정조치 등 적극적인 도움을 주었다. 여기에 시민들의 동참이 이루어지면서 매력적이고 역사성이 있는 쇼핑지구가 만들어지게 되었다.

1977년 조성되어 대략 40년이 흐른 지금까지도 펄 스트리트는 여전히 도시의 활력을 발휘할 수 있는 다양한 요소를 가지고 있다. 보행자가 안전하고 편안하게 걸어 다니며 사유할 수 있는 공간, 곳곳에 나무와 벤치 등 인간 친화적인 요소가 조성되어 매력적인 경관과 편리함을 동시에 제공하는 공간으로 구축되었다. 또한 다양한 장르의 음악과 문화가 공존하는 공간으로 조성되어 콜로라도의 다른 지역에서 이곳을 '볼더 인민공화국'이라고 부를 정도이다. 현재도 펄 스트리트에서는 매일 거리 공연과 행사들이 이루어지고 있고, 즐비한 가판

Silvia Pettem의 저서 Positively Pearl Street의 사진, 지역 역사를 위한 카네기 지부 도서관의 역사적인 사진. Casey A. Cass 님이 촬영한 오늘의 사진. https://www.boulderdowntown.com/visit/history-of-pearl-street

대에는 항상 사람들로 북적거리며 공유와 공감의 장소로 이용되고 있다.

펄 스트리트는 공공공간의 중요성과 영향력을 보여주고 있는 사례가 되고 있다. 펄 스트리트 도시침술의 적용은 공공이 이용할 수 있는 공간을 창출하는 형태로 적용된 것이다. 조성된 공간을 중심으로 사람들을 모으고 그들의 관계와 작용 속에서 다시 공공공간이 역할을 할 수 있는 순환구조가 이루어지게 된다. 이러한 과정을 통해 도시에 활력을 부여하고 활성화시키는 역할을 하게 된다.

5.2. 간선급행 교통체계 구축

인구 감소와 급격한 고령화, 장기화되는 경기침체 현상은 새로운 도시 패러다임으로의 전환과 변화를 요구하고 있다. 특히 인구감소 현상을 바라보는 관점의 전환은 중소도시는 물론이고 대도시를 중심으로 나타나기도 한다. 지금까지 외부에서 유입되는 인구로 유지되던 대도시에서도 인구감소에 대한 우려가 확산되고 있다. 일부 지방 중소도시는 지속적인 인구 감소로 인해 지자체에서 가장 총력을 기울이는 사업이 인구유인책이 될 정도로 심각한 상황이다.

하지만 대내외적인 환경을 고려해 볼 때 인구감소와 생산성 하락, 경기침체, 출산율 저하 등의 문제를 일시에 제어하거나 멈추게 할 수는 없다. 이미 도시는 움직이는 트레드 밀 위에서 균형을 잡고 달리거나 걷거나 해야 되는 상황에 비유될 정도로 급박한 상황이다. 만일 상황에 맞는 대응이 없다면 어느 순간 도시의 소멸을 보게 될 것은 명약관화한 일이다.

인구감소시대에 돌입하게 되면서 기존의 대도시는 과거 확장하던 도시의 흔적으로 스프롤현상이라는 흉터를 남기게 된다. 지방 중소도시에서는 성장하기도 전에 성장의 꿈을 꾸다가 멈춰 한산한 시가지와 공가 증가 현상 등 치우지 못해 남겨진 추억과 같은 모습을 보일 것이다. 이러한 모습들이 인구가 줄어드는 미래 도시의 모습이 될 것은 누구나 예상하고 있다. 하지만 머지않아 엄습해올 것 같은 불안함에도 확실한 대응방안을 제시하기는 어려운 상황이다.

사실 현재와 같은 인구가 유지되고 생산능력과 노동력이 인정받는 세상이 그대로 존재한다면, 새로운 도시 패러다임과 대안 등을 생각해볼 필요조차 없다. 하지만, 도시를 둘러싼 환경이 너무나도 급속히 그리고 광범위하게 바뀌고 있다. 특히 기회를 찾아 도시로 찾아오던 사람들의 일자리는 갈수록 줄어들고 있으며, 기술의 발전과 정보화로 생산의 한계비용이 제로에 가까울 정도가 되면서 생산성이 증가하더라도 고용이 일어나지 않는 상황으로 진전되고 있다. 게다가 최근 화두가 되고 있는 제4차산업혁명의 여파로 인공지능과 로봇이 대폭 도입된다면 기존의 일자리마저 빼앗기게 되면서 많은 사람들이 도시에 모여 살아야 할 근본적인 이유를 상실하게 될 것이다.

도시에 사는 사람들은 점점 줄어들 것이지만 그럼에도 불구하고 확장되었던 도시 외연은 쉽게 줄일 수 없다. 다만 최소한대로 유지하는 것이 최선의 방법이 된다. 그러면서 도시의 살림살이 사정은 거둬들일 수 있는 재원이 줄어들고, 이에 비해 복지비는 증가하게 되는 이중고에 시달리게 된다. 이로 인해 도시의 인구는 저밀도화 되고 충분한 생활편의서비스를 제공할 수 없게 되면서도 행정비용은 증가하지만 서비스 질은 하락하게 되는 형국이 된다. 이상에서 기술한 인구감소시대 미래 도시에 대한 예측은 미래 도시를 가정한 것일 수도 있고 현재 동일한 문제를 안고 더 악화되는 미래를 예견해야 되는 도시의 문제일 수도 있다. 여기에서는 미래 도시를 가정하여 설명하였지만, 이미 도시의 소멸까지 걱정해야 하는 쇠퇴도시 범주에 들어가는 도시들이 있다. 따라서 이러한 문제들은 시간의 문제일 뿐 메가시티급 도시가 아닌 이상 공통적으로 겪게 될 문제임에는 틀림없다.

이러한 문제들에 대한 인식과 대응은 본 책의 처음부터 마지막까지 일관되게 언급되고 있는 주제이다. 이번 장에서는 도시구조에 집중하여 도시침술을 활용할 방법을 제시하고자 한다. 현재 도시 구조는 대도시 주변에 이보다 작은 도시들이 대도시를 중심으로 엮어져 있는 구조이다. 이러한 구조의 범위를 좀 더 축소하여 설정해보면 지방도시 아래 또 다른 중소도시가 있는 것과 같은 구조이다. 사실 성장위주의 도시체계에서는 도시 간 위계체계로 연계된 구조가 성장과 경쟁에 유리하고, 그 체계에 맞춰 이미 도시가 구성된 상황이라면 구조에 맞는 해결책을 찾아보는 것이 가장 효과적일 것이다.

흔히 도시를 살아있는 유기체에 비유하여 표현한다. 이는 도시를 둘러싼 주변 환경과의 상호 연관성을 특징으로 갖는다는 것을 의미한다. 살아있는 유기체인 도시가 인구감소와 재정부족, 서비스 불편 등의 문제에 봉착하게 되었다는 상황을 상정한다면, 위계질서와 관계성을 갖는 도시 구조적 특징과 연관 짓는 해결책을 강구할 필요성이 제기된다. 이를 토대로 도시가 당면한 과제를 개별 도시만의 문제로만 한정하지 않고 주변 도시들과 공동으로 해결하는 방식을 제안하고자 한다. 이 해결책은 개별 도시를 하나의 개별 유기체로 한정하지 않고, 유기체의 범위를 확장해서 접근하자는 것이다. 개별도시를 행정구역, 지자체 관할 범위로 한정하지 않고 위계와 관계성을 기반으로 하는 공동의 문제로 접근하는 방식이다. 이처럼 개별 도시의 인구와 영향력을 확장시키고 난 후 각 도시별 주요 강점이 되는 서비스와 환경을 긴밀하고 신속하게 연결해주는 작업을 하면 된다.

이러한 관점에서 도시의 혈관이라 칭하는 교통영역에 적용할 수 있는 간선급행교통시스템의 적용을 제안하고자 한다. 도시 간 교류와 발전의 핵심이 될 것으로 예상되는 간선급행교통서비스의 필요성은 다음과 같이 설명할 수 있다.[41] 첫째, 이동패턴의 변화이다. 사람들의 이동패턴에 대해 분석한 결과에 따르면, 가까운 거리 이동이 감소하는 현상을 보였다. 이는 도시의 확산과 자가용 보급으로 활동 영역이 넓어진 점을 원인으로 설명할 수도 있고, 사람들의 이동패턴 상 가까운 거리도 자가용이나 택시를 이용하는 등 교통수단을 이용하는 생활 습관이 점점 더 증가하고 있다는 점도 한 몫하고 있다.

자가용의존도가 높아지고 있는 반면 고령사회로 이행되면서 자동차를 운전할 수없는 고령자가 늘어나는 것은 반대되는 현상이다. 특히 고령자의 외출활동은 생활서비스 이용기회와 건강·복지, 삶의 질과 관련된다.[42] 고령사회에 접어들면서 고령자는 또 다른 수요층으로 부상하게 되는데 이들의 활동이 줄어들 경우 경제 전반의 수요 감소로 이어질 우려가 높다. 특히 통근 목적을 제외하고 대중교통보다 자가용의 비중이 높아 이들의 이동수요를 충족시킬 수 있는 도시 간 급행교통서비스를 필요로 한다.

둘째, 물류의 변화에 있다. 물류는 지속적으로 증가하고 있는 상황이며, 주로 화물차를 교통수단으로 하여 이루어진다. 일반적으로 물류 발생빈도가 높은 지역은 산업단지와 상업·업무 시설이 집적된 도심, 물류배송시설이 모여 있는 도시 교외지역이다. 물류효율화를 위해 물류 시설을 집적화하고 차량을 대형화하기도 하지만 여전히 물류를 통해 발생하는 문제들은 여전하다. 대표적인 예로 대형 화물차가 운행할 수 있는 도로망이 정비되지 않기도 하고, 특히 대형 화물차로 인한 소음, 진동, 대기 오염 등의 환경 악화, 주차공간의 부족, 교통안전 등의 문제를 일으키기도 한다. 이와 같은 문제들을 최소화시키며 신속하고 안전한 물류를 위해 연계가 요구되는 도시 간 급행교통체계구축이 요구된다.

셋째, 대중교통 체계의 문제이다. 수도권에서는 도시 내 및 도시

간 대중교통네트워크가 잘 형성되어 있어 통근, 통학 등 일상생활활동을 지원하는 교통수단으로서 중요한 역할을 담당하고 있다. 하지만 지방도시에서는 완벽한 대중교통체계를 갖추고 있지 못해 여전히 자동차 위주로 운영되고 있는 경우가 많다. 특히 대중교통을 이용하는 계층이 주로 학생, 어린이, 고령층 등에 한정되고 있는 경우가 많다. 그래서 모든 시민들의 일상생활을 지원하는 대중교통으로서의 역할이 미흡하여 시민의 발이라는 제 기능을 못하고 있다는 지적을 받고 있다.

특히 지방의 도시들이 도시 활력을 찾기 위해서라도 대중교통서비스의 확충이 요구된다. 그럼에도 불구하고 교통망의 건설과 정비·운영에 막대한 비용이 소요되어 진행되기 어려운 상황이다. 대표적인 대량 교통수송수단으로 인정받는 지하철은 안전성과 정시성으로 도시에서 선호되고 있음에도 비용문제로 난항을 겪는 경우가 많다. 이러한 점에 비추어 생각해본다면 지하철과 비슷한 역할을 하면서 그것과 비교하여 더 낮은 비용이 소요되는 트램(Tram)은 인구감소 고령화 시대에 지방도시 구조와 수요를 통합한다는 차원에서 도입의 필요성을 검토할 시기이다.

트램(Tram)은 노면전차, Street Car라고도 불리며 유럽과 일본, 홍콩 등에서 주요한 교통수단으로 활용되고 있다. 트램은 지하철보다 속도가 느리고 기상여건에 영향을 받기도 하며 교통체증을 유발할 우려가 있다는 점이 단점으로 꼽히기도 한다. 하지만, 도시의 상징으로서 볼거리를 제공하고 주변 상권 활성화를 도모할 수 있으며 관광 상품으로서 활용할 수 있는 장점들도 많다. 여러 장단점이 논의되고 있음에도 트램은 관리비용이 저렴하고 변경이 쉬워 향후 미래 교통체계나 미래 세대의 부담 등을 고려하는 차원에서 여러 도시에서 적용하고 있다. 최근 우리나라에서는 대전과 수원에서 시도하고 있으며, 두 도시 모두 친환경도시, 지속가능한 도시, 첨단도시를 표방하고 있다.

이동패턴과 물류, 대중교통체계 중심으로 간선급행교통체계 구축의 필요가 논의될 수 있을 뿐만 아니라 생활·행정서비스와 관련한 필요성도 있다. 도시에서 생활과 행정관련 서비스를 제공하고 유지하려면, 일정한 거리 내 일정한 인구가 존재할 필요가 있다. 일정거리 내에 수요가 존재하고 이들을 연계하여 생활·행정서비스를 제공할 때 효율적인 공공서비스가 이루어진다. 그리고 수요와 공간의 갭을 채우고 연계하는 역할을 하는 것은 교통체계와 네트워크가 제공할 수 있다. 이를 위해 거리와 수요가 충족되지 않는 지역에서의 생활·행정서비스는 집중화를 시도하거나 혹은 연계시키는 방안을 모색해야 할 것이다. 이러한 움직임의 일환으로 도시 간 네트워킹을 위해 간선급행교통체계의 필요성을 제안한다.

지금까지의 도시정책은 성장위주의 도시 확장사업이나 토지이용 규제 등을 통해 진행되었고, 이러한 정책을 뒷받침하기 위한 주택과 교통정책은 수요에 대응하기에 급급했던 것이 현실이다. 하지만 이제는 인구감소와 고령사회의 도래로 주택정책이나 교통정책이 도시 만들기와 개별적으로 진행시킬 것이 아니라 통합적인 시각으로의 접근이 필요하다. 즉 주택과 교통정책을 둘러싼 문제는 주택이나 교통 분야만의 문제가 아니라, 도시 구조, 사회적 약자의 복지 분야, 지구 온난화 문제로 대표되는 환경 분야 등 다양한 분야와 상호 연결되어 있다는 점을 인식해야 할 것이다.

이미 도시의 여러 요인들 간 상호관계가 구조화되고 고착화된 기존 도시에서 내외의 환경변화로 인해 발생하는 생활·행정서비스 등의 문제를 개선하기 위해서는 신규 시설 설치나 건설보다는 기존 스톡의 활용이 우선되어야 한다. 그리고 이를 위해 도시의 혈류로서의 교통을 활용한다면 도시를 변화시키며 활성화시킬 수 있는 가장 효과적인 수단이 될 것이다. 이는 행정과 사업자의 노력만으로는 한계가 있어 서비스의 수요자인 시민과 함께 다차원적 거버넌스(Multi-Level Governance)를 형성하는 노력이 동반되어야 할 것이다.

현재에도 이미 도시의 규모에 상관없이 중심 시가지의 공동화에 의한 도시 쇠퇴수준이 심각하다는 것은 익히 알려진 사실이다. 도시 쇠퇴현상은 시간이 거듭되고 도시 기능이 광역적으로 확산되면서 중심시가지의 추가 하락을 가중할 뿐만 아니라 이외 다양한 문제들을 발생시키는 원인으로 작용한다. 중심시가지 공동화로 인해 도시의 중심성이 변하고 인구가 유출되는 것은 도시에 내포된 정치·경제·사회·문화적 요소들이 변화되는 과정을 가시적으로 보여주고 있다. 그러한 가시적인 결과들을 통해 쇠퇴와 침체의 길로 가고 있는 도시의 모습을 보게 된다면, 이를 살릴 수 있는 가장 쉬운 방법은 길을 열어주어 사람을 모이게 하는 방법일 것이다.

이러한 관점으로 접근하여 도시에 새로운 이동성을 부여하고 활력을 도모할 방법을 모색할 필요가 있다. 연계되는 도시 들 간 통합교통체계를 만들어 국지적인 유동성의 제약을 극복하고, 공공시설과 인프라의 활용도를 높여 비용을 경감시킬 수 있는 방법이 바로 간선급행교통체계이다. 이는 자동차의 이용을 억제하여 환경부하 경감효과를 가져오기 때문에 지속가능한 사회와 인구감소에 대응하는 도시를 구축할 수 있는 수단이 된다. 간선급행교통체계는 전용차로와 도로, 환승시설 등을 설치하여 정시성과 수송능력 등을 제고하는 교통시스템이다. 특히 대도시와 주변 도시들 간 간선급행교통체계의 도입은 위계적인 도시 구조의 기능과 역할 분리, 교류의 활성화를 통해 적정한 인구배분 효과를 기대할 수 있다.

그렇다면 최근 도시전략으로 언급되고 있는 압축도시(Compact City)와는 어떻게 다른 개념인가? 컴팩트시티는 자동차 이용의 증가, 전원도시 등 도시의 확장으로 인한 폐해에 대한 문제의식으로 등장한 것으로 1973년 조지 단치(George Dantzig)와 토마스 사티(Thomas L. Saaty)가 최초로 사용한 말이다. 컴팩트시티는 기존 도시확장형 도시개발 모델이 자동차 위주로 이루어졌다면, 축소 고밀화를 지향하여 대중교통과 도보로 활성화되는 도시를 구현하자는 움직임이다. 20세기 중반이후 지속가능성, 환경문제 등이 논의되기 시작하면서 도시전략에 있어 나타난 변화의 일종이다. 최근에는 집약형 도시 구조로 전환하자는 의도에서 중심시가지에 주거·상업·업무 영역을 집중화시켜 높은 주거 밀도와 토지의 혼합 이용을 유도하자는 도시전략으로 활용되고 있다.

스마트성장(Smart Growth)과 고밀도 도시개발이라는 이름으로 도심 쇠퇴 방지와 친환경도시, 대중교통도시 등을 표방하고 컴팩트시티(Compact City)를 지향하고 있지만, 문제점 또한 간과할 수 없다. 컴팩트시티에 대한 문제점으로 지적할 수 있는 것은 다음과 같다. 첫째, 실제로 도시를 살아있는 유기체로 보는 관점에서 보면, 인위적인 고밀도 집중화를 추구하는 것은 유연하지 못한 편향적 정책이라는 측면이 있다. 도시의 지속가능을 구현하기 위해 채택되었다 할지라도 공간에 대한 인간적 스케일을 반영하지 않는다면 도시 내 다양한 활동들로부터 소외당할 수 있다. 따라서 컴팩트시티 정책 또한 기존의 전통적인 도심과 건물, 이동패턴 등을 반영한 디자인이 접목되어야 할 것이다.

둘째, 대도시 중심시가지로의 집중은 도시 내 생산성을 집약시킬 수 있는 긍정적 측면이 될 수 있으나, 지방도시나 중소도시의 경우 집약화된 구조에 입점할 업체 구하기에 급급해야 할 경우가 발생할 수 있다. 이러한 사례는 중소도시에서 종합판매센터와 회센터 등을 밀집시켜 지역 활성화를 추구하고자 하였으나 지역 내 수요는 한계가 있어 외부에서 유입되는 관광객 등에 수익이 결정되는 구조를 보더라도 짐작할 수 있을 것이다.

셋째, 고밀도와 환경의 양립이 가능한지에 대한 의문이 제기된다. 컴팩트시티 자체가 작은 면적의 토지 위에 집약적인 공간이 창출되기 때문에 오픈스페이스, 도시열섬현상, 프라이버시 침해 등의 생활환경에 악영향을 줄 수 있다.

넷째, 중심지 고밀도를 지향하여 지속가능성을 추구하고자 하는 본래 취지를 벗어나 개발업자의 개발이익 실현에 기여할 수 있는 우려가 있다. 고밀도와 기능의 복합화를 추구하면서 지가상승, 교통 혼잡 등의 외부효과가 발생할 수 있어 이에 대한 사전적인 조치가 요구된다.

이외에도 컴팩트시티에 대한 긍정적, 부정적인 의견들이 논의되고 있지만, 여전히 인구감소 시대를 대비한 도시성장관리전략으로 주목받고 있다. 도시는 하루 이틀 만에 형성되는 것이 아니기 때문에 정책에 의한 급격한 변화를 수용하기 어려운 경우가 많다. 특히 시민의 호응 없이 어떠한 정책도 성공할 수 없다. 따라서 성숙한 도시형사회에서의 도시 만들기 기본전략은 기존 도시구조를 존중해 부분적인 개선을 누적하고 이를 거듭하여 점차적으로 새로운 도시 모습으로 만들어 가는 전략이 필요할 것이다. 이러한 시도 중 하나로 도시침술형 방법을 적용한 간선급행교통체계의 도입을 제안한다. 이상에서 설명한 내용을 토대로 교통을 도시침술에 적용한 사례를 살펴보기로 한다. 교통을 도시침술로서 활용한 사례들은 도시 접근성을 높여 유동성을 높이고, 이용자의 편의를 추구함으로서 삶의 질을 향상시켜 도시의 매력으로 작용하게 하는 역할을 한다.

● 브라질 꾸리찌바, BRT도입한 도시 만들기

세계적으로 교통과 환경측면에서 그 우수성이 익히 알려진 꾸리찌바시는 원래 소도시여서 막대한 예산이 소요되는 지하철을 건설할 수 없었기 때문에 그 대안으로 BRT(Bus Rapid Transit)를 채택했다. 우리나라에서도 세종시, 하남시 등 일부도시가 도입한 BRT는 쿠리치바를 롤 모델로 하여 도입된 간선급행버스체계이다.

▌그림 5-2▌ 꾸리찌바 BRT

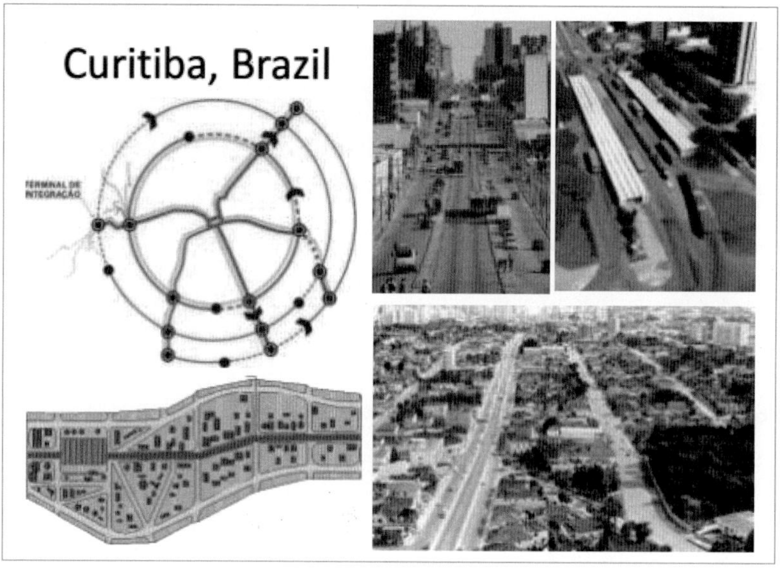

꾸리찌바시의 BRT는 저상굴절버스를 사용하여 승하차 시간을 줄이고 승객을 최대 270여명까지 수용할 수 있을 뿐 아니라 색깔별로 급행·지역·직통버스를 구별하였다. 단일 요금 체계로 한 번 요금을 내면 시내 어디든 버스 간 환승이 가능하게 계획했다. 꾸리찌바 BRT의 우수성은 일반버스보다 차별화된 정시성과 신속성, 운행속도 및 배차간격이다. 특히 교통약자들의 안전과 이동 편의성을 위해 설계된 원통형 정거장은 버스 승강대와 같은 높이로 설계되어 안정성을 더했고, 뚜바라고 원통형 버스정류장은 꾸리찌바의 대표적인 랜드마크로 유명하다.

● 멕시코시티, BRT를 도입한 도시 만들기

멕시코시티 메트로 버스는 2013년까지 5개 노선을 구축하여 도시발전의 걸림돌이었던 교통문제를 크게 개선하였다. 지하철이 있음에도 출퇴근 시간에 도시정체는 계속되었고 불편한 버스운송체계를 원인으로 많은 사람들이 자가용을 이용하고 있어 교통 혼란과 체증은 계속되었다. 게다가 노후 차량이 많아 안전과 환경측면에서 심각한 문제를 안고 있었다.

이러한 상황을 개선하기 위해 멕시코시티는 대중교통시스템을 대폭 개선하는 것을 정책 목표로 도시 대중교통부분에서 두 가지 사업을 전개하였다. 하나는 지하철을 연장하는 것, 또 다른 한 가지는 전용 차선을 달리는 간선급행버스체계시스템을 도입하는 것이었다. 특히 간선급행버스체계도입은 이용자 편의, 이동에 필요한 소요시간 단축, 주행시간 단축과 대중교통 이용활성화 효과는 물론이고 도시 환경오염을 최소화하는데 기여하였다.

| 그림 5-3 | 멕시코시티의 메트로 버스

출처: http://www.metrobus.cdmx.gob.mx/docs/General_MB-ok.pdf

메트로 버스는 지하철 인근에 설치하여 교통연계성을 높이고, 지상으로 운행되어 이동하는 동안 도시에 대한 정보 제공과 도시를 알 수 있는 기회를 제공했다. 특히 도시를 방문한 사람들에겐 쉽게 보고 느끼면서 도시와 친근해질 수 있는 도구가 되기도 한다. 또한 간선급행버스체계 구축은 도로 정비와 함께 도로 주변 환경도 개선되는 부수적인 효과를 가져와 도시 이미지 제고에도 도움을 주었다.

● 도야마시(富山市), 새로운 이동수단 공급으로 도시에 유동성 부여

일본의 도야마시(富山市, とやまし)는 도야마 현의 시이자 현청 소재지이다. 1889년에 일본에서 처음으로 시로 승격된 도시들 중의 하나로, 이후 도야마 현의 행정, 경제, 문화의 중심 도시로 발전했고 1996년에는 중핵시로 지정되었다.

도야마시는 인구감소와 초고령화시대에 접어들면서 중심시가지가 쇠퇴되고, 대중교통이용이 감소하면서 교외지역으로 인구 확산이 이루어지면서 자동차 의존도가 높은 통행특성을 갖는 도시로 변했다. 인구 40만의 중소도시에서 자가용 이용률이 72%이상을 차지해 가구당 승용차 보유 대수가 전국 최고 수준에 이를 정도였다. 하지만 자동차를 사용할 수 없는 고령층이 증가하는데도 대중교통체계가 취약하여 시민들의 활동성이 저하되어 침체된 도시로 변했다. 이에 극단적으로 자동차 의존형 도시가 지속된다면 변화된 여건에 적응할 수 없을 것이라는 위기감이 조성되었고, 도보로 이용할 수 있는 생활권(만두형태)을 대중교통(꼬치형태)으로 연결시키는 계획을 폈다.

┃그림 5-4┃ 도야마시 LRT 개요

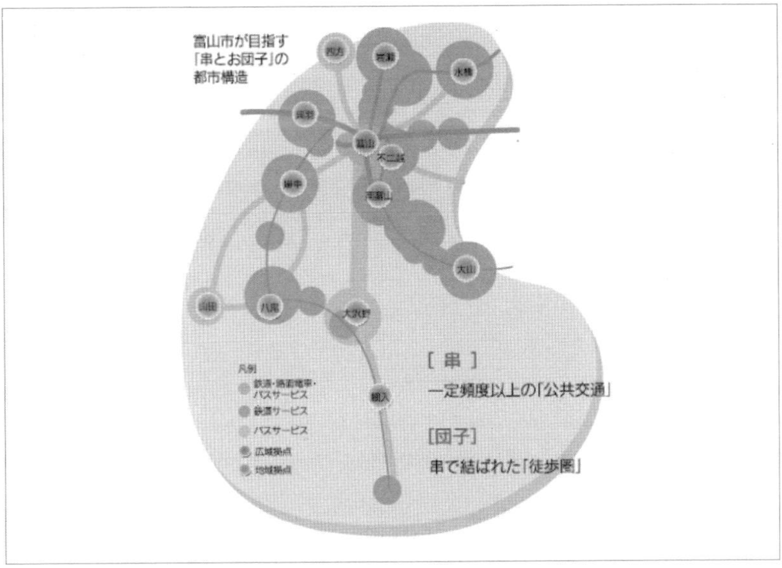

출처: 富山市, 富山港線 LRT化の事業概要

그리고 대중교통을 일상적 이동수단으로 사용할 수 있는 수준까지 올리는 방안으로 도입된 것이 폐선인 JR선을 사용한 LRT(노면 전차)이다. 자동차를 사용할 수 없는 세대도 편리한 대중교통을 사용할 수 있게 되었고, JR시대보다 이용자가 늘어나면서 예상을 웃도는 성과를 거두었다. 이러한 노력으로 CO^2 배출이 줄어들면서 환경도시 모델로 지정되기도 하고, 중소도시에서 LRT를 도입해 도시 활성화라는 성과를 거둔 사례로 소개되어 해외에 알려지게 되었다.

이상의 사례를 통해 교통을 이용한 침술형 도시계획에 대해 살펴보았다. 대표적인 예로 BRT(Bus Rapid Transit), LRT(Light Rail, Light Rail Transit)와 같은 도시간선급행교통체계를 도입하는 것이다. 대표적인 간선급행교통시스템인 BRT는 정차장, 차량, 계획과 지능형교통체계(Intelligent Transport System, ITS)를 통합하고 있는 고객지향형 대중교통시스템(Customer-Oriented Transit System)으로 지하철과 경전철에 비하여 건설비용이 저렴하면서도 유사한 수준의 수송용량을 가지고 있는 시스템이다.

BRT는 남아메리카의 보고타(Bogota)와 꾸리찌바(Curitiba)의 교통시스템이 유명하며, 아시아에서는 현재 타이페이, 방갈로르(Bangalore), 델리, 자카르타, 베이징 등의 대도시에서 운영되거나 혹은 계획되어 건설이 추진되고 있다. 최근에는 BRT가 건설기간과 비용편익분석 등에서 경제적으로 효율적이라는 장점을 강조하면서 미국뿐만 아니라 아시아 대도시들에서 버스가 주축이 되는 대중교통체계 구축의 필요성이 제기되고 있다.

특히 아시아 도시들의 경험을 통해 BRT가 도시철도와 비교해 비용, 수송능력, 속도, 건설소요기간, 노선변화의 가능성, 환경성, 민간기업의 참여가능성 등에서 우월하다고 주장하고 있다.[43] 또한 위에 열거한 가시적인 BRT의 장점뿐만 아니라 수송능력과 같은 측면에서도 경전철에 비해 비교우위를 가지고 있다는 것이다.[44]

이러한 점에서 착안하여 지방도시의 도시침술 방법으로 교통체계를 활용하여 도시 만들기에 적용하는 것이다. 지금까지 쇠퇴해가는 지방 도시들은 개별적 도시자립에만 치중하여 왔으나, 인구감소의 문제가 모든 도시의 문제로 다가오면 개별도시만의 독자적 생존이 불가능하다. 이제는 도시 간 경쟁에서 벗어나 상생과 공존의 방향으로 인식을 전환해야 한다. 개별 도시의 지속가능성과 삶의 질 향상을 추구하는 도시에서 한걸음 더 나아가 인접도시와의 연계와 광역화를 통해 동일생활권을 구축함으로서 상생할 수 있게 된다.

5.3. 주거 클러스터[45]

인구감소에 대응하는 정주환경을 만들고 사람들의 생활편의를 도모해 살기 좋은 도시 만들기의 한 측면에서 주거환경에 관심을 갖고 접근하는 시도가 필요하다. 주거환경에 관심을 갖고 정주환경을 개선하고자 하는 것은 도시의 인구감소를 완화시키고 유지할 수 있는 최소한의 노력이다.

이러한 관점에서 접근하여 도시 침술형 전략의 하나로 정주환경의 개선을 도모할 수 있는 주거 클러스터(Residential Cluster)를 설명한다. 주거 클러스터라는 말을 단순하게 생각해보면 몇몇의 주거가 모인 단지정도로 이해될 수 있을지 모른다. 저자는 이런 생각을 주거 클러스터에 관한 기초적인 이해 정도라 인식하고, 개념과 목적, 효과 등에 대한 이야기하려고 한다.

주거는 생활환경을 제공하는 물리적인 주택을 포함하며 인간이 주체가 되어 생활을 수용하고 영위하는 장소로서 심리적, 사회·문화적, 정서적 측면을 포함하는 것이다. 주거와 연계하여 사용하는 클러스터라는 개념은 단순히 모이는 것을 의미하는 것이 아니라, 동종 혹은 성격이 비슷한 것들이 모여 서로 공유하고 가치를 창출하는 것을 의미하는 용어이다. 따라서 주거 클러스터(Residential Cluster)란 공통된 생각과 가치를 같이하는 사람들이 모여 정보와 지식, 생활환경을 공유할 수 있는 일단의 집합 주거를 의미하는 것이라고 정의할 수 있다.

일단의 집합주거라는 점에서 기존에 우리에게 익숙한 신도시, 주거단지 등을 말하는 것과는 다른 개념이다. 신도시와 주택 단지 등은 교육·산업의 복합형 시설이나 주택 공급과 같은 목적으로 조성된 신도시와 택지단지를 대표하는 것이다. 반면, 주거 클러스터는 이들의 개념과 달리 기존 도시 구조와 체계를 그대로 유지하는 것을 조건으로 하는 일단의 집합 주거 형태이다.

이는 기존 도시가 가지고 있는 블록과 가로 등의 공간변화를 요구하지 않고, 물리적 환경과 도시구조를 최대한 유지하고자 하는 의도에서 시작된 것이다. 급격한 변화를 요구하지 않고 도시의 지속가능성을 추구하는 방법으로 도시 맥락에 순응하는 점진적, 순차적 개발로 정주환경을 개선해보자는 것이 기본 취지이다. 따라서 대규모 개발에 의한 주거 공급을 추구하는 것이 아니라, 도시 침술형 개입으로 기존 지역의 부분적인 재편과 조정을 통한 정주환경개선과 도시 활성화를 추구하는 것이다.

특히 주거 클러스터 개념은 쇠퇴지역에 거주하는 거주민의 생활편의서비스와 물리적 환경개선, 사회적 네트워크 형성, 커뮤니티 복원 등을 추구하기 위한 집합 주거로 적합하다. 다음 <그림 5-5>는 쇠퇴과정을 겪는 가상의 지역을 설정하여 쇠퇴 전·후의 변화와 주거 클러스터 형성의 과정을 간단히 도식화한 것이다.

쇠퇴 전 지역은 주택과 생활편의시설이 고르게 분포되어 주민의 일상생활을 유지하는데 지장이 없고 인구감소, 공가와 공지의 출현, 커뮤니티 붕괴 등 쇠퇴지역의 문제가 보이지 않는 지역이다.

쇠퇴 후 지역에는 일부 공가가 형성되고 일부 생활편의시설이 폐쇄되어 소수의 주택들이 산재된 모습을 보이고 있다. 하지만, 쇠퇴 후 모습에서 동일한 쇠퇴지역이라도 중심기능을 수행하는 일부 지역에서는 생활편의시설과 주택들이 유지되고 있음을 확인할 수 있다.

| 그림 5-5 | 지역의 변화와 주거 클러스터

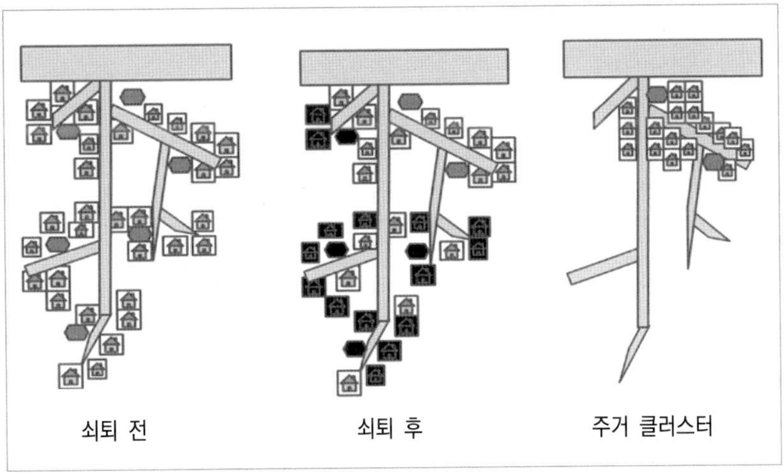

주: 생활편의시설, 거주주택, 폐쇄된 생활편의시설, 공가

반면 쇠퇴 후 지역에서 생활편의시설이 폐쇄된 곳에 거주하는 주민들의 경우 생활편의서비스를 이용하기 위해서는 중심기능이 수행되는 지역까지 비용과 시간을 들여 물리적인 거리를 극복하기 위해 이동해야 한다.

이는 쇠퇴 전과 비교해 추가적인 시간과 비용 등이 발생하게 되면서 거주민의 삶의 질에 부정적인 영향을 미친다. 이를 주거입지효과(Residential Location Effect, 이하 RLE)측면에서 살펴보면, 주거입지효과(RLE)가 낮은 지역에 거주하게 되어 삶의 질이 낮아졌다고 말할 수 있다.

주거지의 효용을 극대화하기 위해서는 다양한 시설의 이용과 서비스 편익이 유리하거나, 이용권역과의 연계를 위해 교통여건이 갖추어진 곳에 주거입지가 형성되어야 할 것이며 그러한 입지일수록 주거

입지효과를 발휘할 수 있다. 주거입지에 따라 주거지에서 누릴 수 있는 기회는 공간적 격차(거리)에 의해 영향을 받고 이는 전반적인 삶의 질에 영향을 주게 된다. 이로써 쇠퇴지역의 주민은 생활편의서비스의 접근성과 기회의 관점에서 불리하게 되고, 노후화된 기반시설과 커뮤니티 붕괴 등으로 주거지 효용과 정주여건이 불리해지면서 삶의 질이 하락하게 된다.

주거 클러스터는 정주환경에 대한 주거효용과 삶의 질 차원에서 제시하는 것이며, 가로의 변화나 도시계획적인 변경 없이 생활편의시설 접근성이 좋고 주거효용이 높은 곳을 주거 클러스터로 추진하자는 것이다. 물론 주거 클러스터 구성의 토대는 사회적 합의가 기초가 되어야 하는 것이고, 주민의 공통된 생각과 가치가 모여 주거환경을 공유하고 커뮤니티를 형성하는 과정이 필수적이다.

이상에서 기술한 주거 클러스터는 다음과 같은 장점과 효과를 갖는다. 첫째, 기존 면적과 규모를 유지하면서 생활편의서비스와 주거의 집약을 추구한다는 점에서 자원과 비용의 절약은 물론 주민의 삶의 질을 향상시킬 수 있는 장점이 있다.

둘째, 공통된 주거욕구와 생활편의서비스 수요를 파악하고 대응할 수 있다는 점에서 행정 효율성과 지방재정 운영에 긍정적인 영향을 미친다. 셋째, 인구감소와 고령화로 시달리고 있는 지방 도시 등에 주거 클러스터를 적용할 경우, 해당지역은 인구구성이 다양하지 않아 특정 계층을 위한 서비스가 가능하여 자본유치와 고용 효과를 창출할 수 있다. 특히 지방의 쇠퇴지역은 고령층 비율이 높아 이들을 위한 집중적인 관리와 보살핌 등이 요구되며 이들을 수요층으로 하는 민간자본과 인력을 지역으로 유인할 수 있는 동인으로 전환시킬 수 있다.

다음으로 인구감소지역을 대상으로 하는 주거 클러스터 적용을 위한 구체적인 방안은 다음과 같다.

첫째, 문제제기를 통해 인식을 제고한다. 인구감소가 유발하는 도시와 지역의 문제에 대한 인식을 확산시키고, 도시를 둘러싼 주변 환경 변화에 대응하는 방법과 정주환경의 중요성에 대해 환기시킨다.

둘째, 정주환경개선이 필요한 지역 또는 쇠퇴지역 중 주거 클러스터를 적용할 지역을 설정한다. 지역 설정은 민감한 사안이지만 주민의 호응정도와 쇠퇴지역 지표 등을 통해 주거 클러스터가 요구되거나 성공확률이 높은 지역으로 선정한다. 성공확률이 높은 지역은 주민의 호응도가 높거나 입지효과가 높은 지역에서 성공확률이 높을 것이다.

특히 고비용·저효율 행정이 수행되고 있는 지역을 대상으로 선정할 수도 있다. 인구감소와 지역쇠퇴현상이 꾸준히 일어나고 있는 군 지역의 경우 인구는 줄어들지만, 공무원 수는 늘어나는 현상이 보도되고 있어 행정력 낭비와 지역 쇠퇴현상을 가중시키고 있다. 특히 그러한 지역을 선정해야 되는 이유는 쇠퇴지역의 인구사회영역과 물리적 환경의 쇠퇴가 지리적으로 밀집되어 있어 주변 지역에까지 영향을 미치며 확장되는 경향을 보이기 때문이다. 하지만 쇠퇴현상이 연쇄적으로 연관된다는 것을 역으로 해석하여 생각해보면, 그 지역에 주거 클러스터를 조성하여 활성화시킨다면 역시 주변 지역으로까지 확산되어 전체로 퍼질 것이고 도시침술방법을 적용하는 주요 사례가 될 것이다.

한편 주거 클러스터사업 선정 대상 지역이 지자체 행정구역 혹은 일부지역으로 한정되는 것은 아니며, 마을단위 혹은 일부 지역단위 설정이 가능하다. 지역이 선정되면 주거 클러스터를 적용할 위치를 선정해야하는 데, 이는 지자체, 주민, 이해관계자 등의 조정과 협력에 따라 결정될 사안이다. 단 주거효용과 생활편의서비스가 제공될 수 있고 대중교통과 연계성을 갖춘 위치가 적정할 것이다.

셋째, 사업제안 지역으로 선정된 주민의 주거 니즈(Needs)를 파악한다. 인구감소지역에서 시민이 겪는 어려운 문제들 중에서 주거와 관련된 정주환경에 대한 니즈(Needs)를 파악하는 것이다. 특히 고령자는 다른 세대에 비해 주거환경의 영향을 많이 받는다고 기존 연구에서 밝혀진 바와 같이 고령자가 원하는 주거 니즈는 주거환경과 연관된 경우가 많다. 인구감소를 겪고 있는 도시와 지역에서 주거와 관련된 문제점들로는 주택의 물리적인 노후와 관리의 어려움, 병원과 시장 등의 생활편의서비스 이용의 불편함, 일상 생활유지의 어려움, 복지혜택과 서비스에 대한 접근의 문제, 기존 커뮤니티와 공동체 유지 문제 등이 있다. 주거와 연관된 다양한 요구와 필요에 대한 파악과 이해를 토대로 주거 클러스터 조성의 근거와 기반을 갖출 수 있다.

넷째, 기존 자산 활용문제와 주거 클러스터 설치·유지·관리비용의 문제와 관련된 법적, 재정적 방안을 검토한다. 기존에 시민들이 거주하는 지역과 주택 활용 방안과 주거 클러스터 조성에 필요한 법·제도적인 측면과 경제적인 측면에 대해 검토해야 할 것이다. 법·제도적 측면에서는 주거 클러스터 지구를 선정하는데 필요한 행정적 지원이 필요한 부분으로 특별법, 조례로 정해 원활한 사업이 수행될 수 있는 기반을 조성하는 것이다.

경제적 측면은 기존 자산 활용과 신규자금 관련 내용으로 구분할 수 있을 것이다. 해당 지역에 산재한 기존 주택과 농경지, 공지 등의 유휴자원(Unused Resources)을 활용하는 방안으로 지자체, 주민과 민간투자자본 투입방식이 있다. 구체적인 실행 주체와 목적을 규정하는 방식으로는 지자체 직접 매입방식, 지자체와 소유자가 공동 참여한 조합출자 및 수익배당 방식, 민간자본 유입의 방법 등을 적용해볼 수 있다. 쇠퇴지역의 유휴자원(Unused Resources)을 활용할 수 있는 방법의 예로는 귀농귀촌 체험장 혹은 교육 공간, 임대 공간, 대형 농장을 운영하는 방법 등이 있다.

또 따른 재원마련 방법으로는 현재 쇠퇴지역에 지원되고 있는 농촌개량사업 등의 시설보완사업이나 주거복지 관련 정책자금 등으로 공공재원을 마련할 수 있다. 민간 투자와 외부 자금을 유인하기 위한 저리자금 대출과 법적·행정적 지원을 통해 주거 클러스터를 구축하고, 임대료 수입을 통한 운영관리, 임대료는 지자체에서 소득에 따른 주거 복지 바우처를 통해 차등 지원하는 방법 등을 적용해 볼 수 있다.

다섯째, 구체적인 실행 방안을 제안하고 실행한다. 구체적인 실행방안에는 사업의 주체, 사업기간, 운영방안 등 상세한 실행매뉴얼이 포함되어야 한다. 이후 시뮬레이션을 통해 사전에 문제 발생의 여지를 줄이고, 선정된 도시 혹은 지역에 실행한다.

| 그림 5-6 | 주거 클러스터 실행 단계

Step	과 정	내 용
1 Step	문제의식	• 살기 좋은 도시 • 정주환경에 대한 도시와 지역의 변화
2 Step	지역선정	• 쇠퇴지역 대상 • 도시 활성화 필요 지역 • 고비용저효율 지자체 등을 대상으로 지역 선정
3 Step	주민 니즈 파악	• 물리적 노후 개선 • 생활편의서비스 불편, • 문화·여가·복지여건 등 주민의 욕구사항
4 Step	자산 활용과 실행 방안 모색	• 기존 자산 처분 혹은 활용 • 주거클러스터 조성·관리·운영 비용과 방안에 관한 검토 • 민간투자와 외부자금유인
5 Step	실행	• 실행 주체 결정 • 구체적인 실행방안 • 시뮬레이션 평가 후 실행

이상과 같은 주거 클러스터 조성은 지역개발 측면에서는 토지이용의 효율화와 쇠퇴지역에 대한 투자활성화를 유도해 활력 있는 지역으로 거듭나게 하는데 기여할 것이다. 정책 측면에서는 정주환경 만

들기에 주민과 민간영역의 참여를 유도해 행정 효율화와 관리 비용절감, 사회적 네트워크를 형성하게 된다. 수거 클러스터는 거주자 개인의 주거 효용과 삶의 질 측면에서 생활편의서비스의 접근성 향상과 기회 증가를 가져올 수 있다. 또한 인구감소와 쇠퇴지역의 가장 큰 문제로 제기되는 커뮤니티 붕괴, 소외감 등의 문제를 극복하여 커뮤니티(Community)를 형성하고 더 나아가 지역의 사회적 자본(Social Capital)을 고취시킬 수 있는 계기가 될 것으로 예상한다.

이번 장에서는 자원의 한계와 환경을 고려해 기존 도시구조와 체계의 변화 없이 도시의 순환과 활력을 위한 도시침술(Urban Acupuncture)을 이야기 했다. 도시침술을 적용하는 구체적인 방안으로 교통과 주거 부분에서 각각 간선급행교통체계와 주거클러스터에 관해 살펴보았다.

불확실성과 불연속성, 급변한 환경이 도시가 당면한 현재와 미래라면 이에 대처하기 위해서는 내부의 견고함과 외부의 유연성을 동시에 갖추어야 할 것이다. 내부의 견고함은 도시와 지역의 체계와 정체성이 강고해야 함을 말하는 것이고, 외부의 유연성은 도시와 지역을 둘러싼 환경의 변화에 민감하고 다른 도시와의 연계와 융합의 능력을 말하는 것이다. 본 책을 처음 시작할 때 도시가 처한 환경은 트레드밀위의 주자로 비유했던 것처럼 변화의 환경에 움직이지 않으면 넘어지거나 바닥으로 팽개쳐질 수 있다. 게다가 미래의 속도는 지금보다 훨씬 빠르고 변화의 폭도 예측불가능하다. 이러한 환경과 변화를 인식하였다면, 변하지 않으려고 애쓰는 것보다 변화를 이해하고 포용하는 통찰력이 필요할 것이다. 그리고 통찰력을 갖는 도시의 비전은 사람이 살기 좋은 도시 만들기를 기본으로 하는 것이다.

Chapter 02

도시를 위한 공유경제

6. 공유경제의 이해 7. 공유경제로 불리는 공유경제들 8. 공유경제의 영향과 효과
9. 공유경제 사례와 각 국의 대응 10. 공유경제의 미래

06

공유경제의 이해

6. 공유경제의 이해

6.1. 공유경제란 무엇인가?

공유와 공유경제, 가치 공유, 공감 등 나눔과 공동의 의미를 내포하는 용어들이 일상에서 너무도 익숙하게 사용되고 있다. 공유경제란 무엇일까? 공유경제가 무엇인가라는 질문을 이야기의 꼭지로 삼아 시작해보려고 한다. 용어의 조합으로만 쉽게 접근해 보면 공유와 경제는 서로 상충되거나 조합이 어울리지 않는 개념이라는 생각이 들 수 있다.

공유(共有)는 일정한 지분(持分)에 의하여 물건을 수인이 소유하는 형태를 지칭하는 사전적인 의미를 갖는 말이다. 경제(經濟)는 인간 공동생활을 위한 물적 기초가 되는 재화와 용역을 생산, 분배, 소비하는 활동과 그것을 통하여 형성되는 사회관계의 총체(한국민족문화대백과)라 정의하고 있다. 두 단어의 사전적 정의를 통해 언어의 본질적 함의에 따라 공유경제의 개념을 유추해보면 하나의 물건이나 지식, 경험과 같은 유·무형의 자산을 두 사람 이상이 활용하는 것을 일컫는 것 정도라고 짐작할 수 있다.

한편으로는 공유(共有)가 공동소유를 의미한다고 생각하여 자칫 사회주의 경제의 소유형태로 생각하거나, Sharing Economy라는 용어를 번역하는 과정에서 오해가 발생할 수 있는 여지가 있다. 따라서 공유경제가 포함하고 있는 포괄성과 적용의 다양성 등이 있다고 하여도 이에 대한 충분한 검토와 개념정의가 필요하다는 점에는 합의할 수 있다. 공유경제를 이해하기 위해서는 공유경제가 무엇인지 명확한 개념정의가 필요하다. 하지만 아직까지 학자와 일반인들 사이에서 "공유경제(Sharing Economy)"라는 용어에 대한 모호함과 혼란이 퍼져있다. 심지어 공유경제전도사로 불리는 레이첼 보츠만(Rachel Botsman)마저 "공유경제는 공유된 정의가 없다[46]"고 한 것처럼 전문가에 따라 서로 다른 견해를 보이고 있다.

현재까지는 정확하게 또는 합의된 견해로 공유경제를 정의한 바가 없지만 그럼에도 불구하고 다양한 영역과 관점에서 공유경제에 접근하고 사용하며 확장되고 있다. 우리나라에서도 일부 지자체와 기업들에서 복지와 재분배 정책, 사회적 약자 보호, 환경보호 정책 등에 공유경제라는 용어를 인용하여 목적에 맞춰 홍보하기도 한다. 또한 구체적인 정의가 내려지지 않은 상태에서 정체성이 불분명한 공유도시를 표방하는 사례를 쉽게 찾을 수 있다. 이와 같은 한계를 포함하고 있음에도 공유경제에 대한 긍정적인 효과로 많은 사람들이 재화와 서비스에 접근할 수 있도록 한다거나 유휴자원의 소비를 가능하게 하여 경제의 효율성을 높여준다는 점 등이 강조되고 있다. 최근에는 신규 일자리 창출이 제한적인 현재의 경제 상황을 극복할 수 있는 방법으로 스마트기술에 익숙한 청년들을 대상으로 공유경제모델에 혁신창업을 할 수도 있도록 지원하기도 한다.

공유경제라는 용어가 2010년 이후 대중적으로 널리 사용되고 있지만 미국의 리서치 회사 Pew 설문조사에 따르면, 미국인의 27%만이 공유경제라는 용어에 대해 들어봤다[47]고 하였다. 일상생활에서 공유경제라는 네이밍을 인식하지 못하지만 생활 속에서 Sharing Economy 관련 서비스를 친근하게 생각하는 사람이 44%에 달한다고 하였다. 이의 사례에서 보더라도 공유경제라는 시스템은 이미 우리들의 일상이 되었고, 새로운 경제 패러다임으로 부상하고 있다는 점은 확실하다.

공유경제(Share Economy)라는 용어가 출현하게 된 최초 계기는 1984년 하버드대학교의 마틴 와이츠먼(Martin Weitzman)교수가 '공유경제 : 스태그플레이션 정복'이라는 논문을 펴내면서 처음 등장하였다. 그리고 1985년 당시 미국의 스태그플레이션(Stagflation)에 저항할 대책으로 공유경제를 내세우며, 『공유경제 The Share Economy』라는 책을 출간하였다. 당시 공유경제의 의미는 기업과 노동자의 성과공유와 복지 등을 다루는 수익공유의 개념에 가까워 최근에 통용되는 공유경제(Sharing Economy)의 개념과는 다소 다른 의미를 갖는 것이었다.

이후 2002년 몬트리얼대학교 명예교수 에잔 맥카이(Ejan Mackaay)의 '지적재산과 인터넷: 공유의 공유'라는 글에서 GNU/리눅스 사례를 들며 본격적으로 디지털 시대에 접어든 공유경제 개념을 논의하기 시작하였다.

> "GNU/리눅스는 OS시장에서 급속하게 일반 기업들의 시장점유율을 잠식하고 있다. 표면상으로는 공유경제(The Share Economy)가 작동하고 있고 심지어 윈도 개발자보다 더 창의적이라고 표현할 수 있다. 반공유지 아이디어를 지닌 학자들도 이러한 현상을 고려하고 있다."(맥카이. 2002, 134쪽)

와이츠먼(Martin Weitzman) 교수와 맥카이(Ejan Mackaay) 교수가 논하는 공유경제의 개념에는 차이가 있지만, Share Economy와 Sharing Economy를 구체적으로 구분하지 않고 사용했고, 활동을 강조하는 의미에서 Sharing Economy를 사용하거나 혼용하여 사용하는 정도였다는 점에서는 공통점이 있다. 한편 맥카이 교수는 공유경제 개념과 유사한 개념으로 사용될 수 있는 교환경제를 언급하며 품질이나 창의성, 비용 면에서 공유경제와 차이가 있다고 하였다.

제레미 리프킨은 2000년 'The Age of Access'에서 인터넷 사용이 많아지면서 물리적인 공간인 지구가 실시간 정보공유와 연결이 가능한 가상공간으로 변하면서 시장은 네트워크에 자리를 내어주게 되고, 소유는 접속으로 교환가치는 공유가치로 변하게 되는 새로운 시대에 접어들게 된다고 하였다.

지식기반 디지털 시대의 공유경제라는 개념을 구체화 시킨 사람은 미국 하버드대 법대 로렌스 레식(L. Lessig) 교수이다. 공유경제(Sharing Economy)라는 용어는 2008년 레식 교수의 저서 'Remix : Making Art and Commerce Thrive in the Hybrid Economy'에서 상업경제(Commercial Economy)에 대치되는 개념으로 처음 사용되었다. 그는 공유경제를 가격이 아닌 다양한 사회관계(Social Relations)에 의해 조율되는 경제로 보고, 한 번 생산된 제품을 여럿이 공유해 쓰는 협업소비(Collaborative Consumption)를 기본으로 한 경제방식이라고 정의했다.[48] 사회적 관계에 의한 경제라는 관점에서 본다면 공유는 경제 위기를 극복하는 새로운 대안으로 등장한 것이라는 개념적 축소보다 인간이 이제까지 공유를 유지해왔고 과거 지역공동체 등의 상호의존적 관계에서 쉽게 찾아 볼 수 있는 개념으로 접근해야 할 것이다. 하지만 과거의 공유가 가족이나 친구 이웃 등 신뢰할 수 있는 범위에서 이루어졌다면, 오늘날의 공유는 낯선 사람과의 공유라는 차원에서 새롭고 광범위해졌다고 할 수 있다.

6.2. 불평등과 네트워크, 그리고 공유경제

왜 공유경제가 2000년대 후반 부상하고 있는 것일까? 2000년대 후반 공유경제가 논의되기 시작한 시대적 배경부터 살펴보기로 한다. 다음 <그림 6-1>은 1980년대 이후 세계화가 가속된 이후 세계적인 소득분포를 설명해주고 있다. 1988년부터 2008년까지의 소득계층별 소득 증가율을 요약한 것이다. 그래프 모양을 본떠 코끼리 그래프(Elephant Graph)라고도 불리는 그래프를 통해 알 수 있듯이 선진국에서 일부 부유층의 소득 증가가 전체의 GDP를 끌어올리고 있기 때문에 경제가 나아진다고 생각하기 쉽지만, 오히려 선진국 중산층 가정의 소득은 줄어들고 있는 것을 발견할 수 있다. 반면 세계화로 인한 이득이 선진국의 부유한 사람들과 중국, 인도, 아프리카 등의 이머징 경제 국가들의 중산층 소득 증가를 가져왔다고 하였다.

❙그림 6-1❙ Global income growth from 1988 to 2008

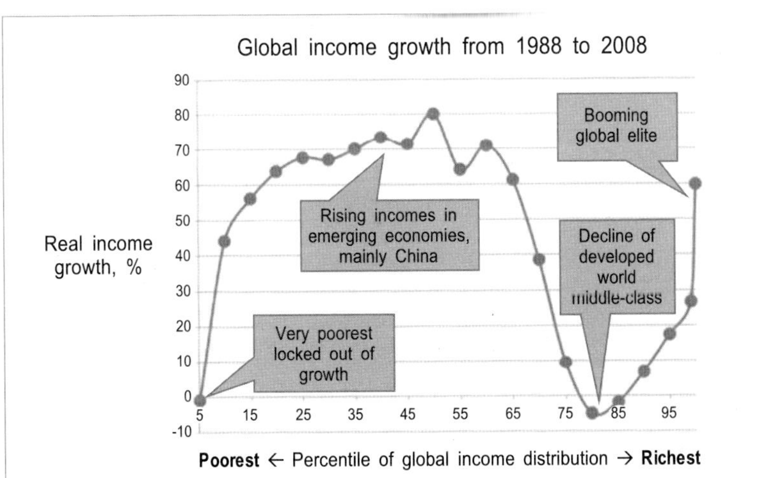

출처: Business Insider. James Plunkett, Branko Milanovic

앞의 그래프는 경제학자 브랑코 밀라노비치(Branko Milanovic)의 도표를 기반으로 James Plunkett이 주석을 달아 설명한 것으로 실질 소득 증가가 거의 보이지 않은 선진국 중산층과 노동자계층의 불평등에 대한 현재의 많은 불안감을 설명하는 것으로 알려져 있다. 특히 중국의 소득분포 상위 50% 집단에 해당되는 중산층의 소득이 크게 증가한 반면, 선진국 상위 20% 집단에 해당되는 중하위층 노동자의 소득은 심각하게 정체되어 국가 간 소득의 차이가 아니라 계층 간 차이로 변하고 있다고 하였다. 코끼리 그래프에서 다루는 시간적 배경이 2008년 리먼 쇼크 이후의 상황이 포함되지 않았다는 점을 감안한다면 이후 상황은 더욱 악화되었을 것이라고 한다.

또한 밀라노비치 교수는 <그림 6-2>와 같이 과거와 미래의 세계적인 불평등현상의 변화를 설명하였다. 1850년 산업혁명을 전후로 하는 시대에는 기술력을 보유했는지 아닌지에 따라 국가 간 불평등이 발생하는 위치기반의 불평등(Location-Based Inequality)현상과 부자와 빈자의 계층을 기반으로 하는 불평등(Class-Based Inequality)현상이 존재했다. 이후 신자유주의와 세계화로 인해 교류가 활발해지면서 국가 간 불평등은 심화되는 반면 전 세계 시민 계층 간 불평등 현상은 이전보다 더욱 완화되었다. 그러한 과정이 진행되면서 시대별로 발전의 동인에 따라 점점 국가 간 불평등의 격차가 좁혀지게 될 것이라고 하였다. 하지만 국가 간의 격차가 점점 더 좁아질수록, 한 국가 내의 부자와 가난한 자 간의 계층기반 불평등 현상은 더욱 두드러지게 될 것이라고 했다. 특히 세계적으로 불평등 현상은 역사적인 추세를 보았을 때 파동을 그리듯 상하로 순환을 되풀이하는 특성이 있다고 하였다. 덧붙여 향후 기술혁신과 세계화, 정책 변화로 불평등 현상이 증가할 것이라고 전망하였다.

▌그림 6-2▐ Global Inequality from Karl Marx to Frantz Fanon and Back to Marx?

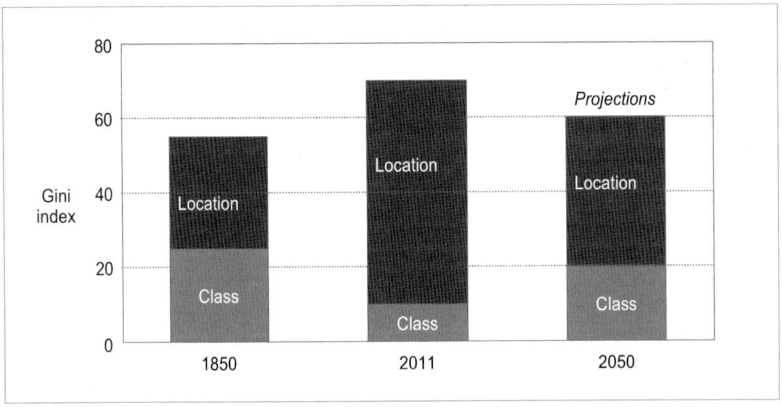

출처: Branko Milanovic, 2016, Global Inequality: A New Approach for the Age of Globalization, A book talk.

불평등에 대한 다수의 연구자들이 과학기술을 요인으로 지적하는 데 비해 밀라노비치 교수는 기술혁신과 함께 세계화, 정책(TOP-Technology, Openness, Policy)을 불평등 요인으로 주장했다. 기술진보와 세계화는 기계화와 공장이전 등으로 노동자의 힘을 약화시켰고, 친부유층정책으로 인해 불평등을 심화시키는 현상을 가중시켰다. 거기에 정보혁명과 세계화로 자유로운 자본이동이 가능해지면서 국적 없는 자본이 되고 세계적 불평등의 문제는 국가 간의 불평등이 아니라 계층 간 불평등으로 고착화되면서 국가 내 불평등문제는 더욱 고조되어가고 있다. 게다가 제4차산업혁명이 거론되고 있는 현 시대적 상황은 인간의 편의성 증진이라는 기대와 함께 노동 감소와 소득격차

심화라는 우려스러운 미래가 예상되고 있다. 그렇다면 소득격차가 가져오는 불평등 확대 현상을 해결할 수 있는 대안은 없는 것일까?

불평등 해소를 위한 다양한 대안들에 관한 접근 방법은 크게 세 가지로 구분된다. 첫째, 성장을 통한 해결이다. 인류성장과 자본주의 성장의 원동력은 일부의 불평등이었고 그러한 불평등을 극복하고 성장을 가속화하기 위한 원동력으로 삼아 불평등 문제를 해결할 수 있다고 한다. 이는 성장을 위해 불평등을 원동력으로 삼고 이를 다시 불평등 해소로 활용한다는 것이다. 대표적인 예로 낙수효과를 들어 설명하는데, 불평등으로 만들어진 경제성장의 과실이 사회전체로 파급된다는 것이다. 하지만, 현재의 불평등 심화현상을 결과물로 보더라도 실제 믿는 사람이 거의 없는 현실에서 수인하기 어려운 관점이다.

둘째, 경제민주화론을 불평등의 해결책으로 제시하고 있다. 생산된 부가가치를 기업가, 노동자, 주주, 협력업체 등 다양한 객체에 제대로 분배하자는 것이다. 분배를 우선시하는 불평등 해소방법은 파급력도 크고 현실적인 성과도 크게 발휘될 수 있겠지만 공공과 기업, 정치력 등이 동참하여 이끌어 내야 된다는 한계점이 있다.

셋째, 재분배와 복지정책을 제시한다. 재분배는 증세와 직접 연관되어 실효성이 떨어지지만 경쟁에서 밀린 사람들을 위한 사회적 안전망을 마련하거나 평생학습과 교육 등의 복지정책으로의 전환이 필요하다.

넷째, 사회적 목적과 경제적 목적을 융합하는 새로운 경제 패러다임을 제시하며 불평등을 해소하고자 한다. 사회적 경제와 공유경제 등은 불평등 해소를 위한 대표적인 성장 모델이라 할 수 있다.

이상에서 설명한 불평등 해소를 위한 접근들 중 이 책에서 주목하고 있는 방법이 넷째로 언급된 공유경제이다. 지난 10년간 표준화된 정의도 정립되지 않은 상태에서 폭발적으로 성장하고 있는 분야가 바로 공유경제(Sharing Economy)이다. 이제까지의 경제는 정보의 비대칭을 전제로 하여 중개인을 '매개체'로 작동시켜왔고 이는 그들만의 권력과 부로 연결되었던 것이 사실이다. 거기에 과학기술의 발달은 소수의 '부의 독점' 현상을 심화시켰고, 하이퍼커넥티비티(Hyper Connectivity)[49]사회로 진화하는데 기여하고 있다.

초연결 혹은 하이퍼커넥티비티 사회는 사람과 사람, 사람과 물건, 물건과 물건이 인터넷을 통해 끊임없이 연결되어있는 상태를 말하는 것으로 중개인을 통하지 않고 개별적으로 상시 연결되어 있는 경제체계와 사회가 가능하게 된 것을 말한다. 이는 노동이 감소해도 일정한 수준의 생활을 유지할 수 있는 대안이 가능한 사회를 말한다. 또한 로봇과 인공지능이 가져오는 제4차산업혁명의 소용돌이 속에서 인간이 만드는 안전망의 역할을 할 수 있는 공유경제가 등장하게 된 배경이 되기도 한다.

인류 역사는 경제발전과 궤를 같이한다고 해도 과언이 아닐 만큼 경제와 밀접하게 연관되어 발전해오고 있다. 이에 생산수단의 변화와 발전의 원동력에 따라 경제 패러다임도 변화되어 오고 있다. 인류역사와 경제 체제가 동일한 궤를 만들며 농업경제에서 디지털경제[50]의 시대를 지나 지금은 초연결 경제로 나아가고 있는 중이다. 수렵과 채집의 경제에서 노동집약적인 농업경제로 이전하였고, 기계와 공장으로 대표되는 18세기 산업혁명으로 시작된 산업경제가 1990년대 정보경제에 이르기까지 200년 동안 이어졌다. 지금은 1990년대 이후 인터넷과 스마트 기기를 기반으로 시작된 정보경제에서 초연결

경제로 이전해가고 있는 중이다. 경제 패러다임이 변하면서 인간과 사물, 물건과 물건, 소비자와 생산자 등 모든 참여자가 연결되는 사회로 변화하게 된 것이다.

▌표 6-1▐ 경제 체계의 변화와 공유경제의 도래

구분	농업경제	산업경제	디지털경제	초연결경제
동기	농업혁명 (1차산업혁명)	산업혁명 (2차산업혁명)	정보혁명 (3차산업혁명)	초연결혁명 (4차산업혁명)
시기	18세기 이전	18세기	20세기후반	21세기이후
생산 도구	철기, 농기구	기계	컴퓨터	인터넷기반 커넥터
가치	공동화 ▶	표준화 ▶	시스템화 ▶	신뢰와 경험
사회 척도	수확량	칼로리	비트	연결강도(품질, 속도, 접근성)
불평등 원인	물질적 격차	물질적 격차	디지털 정보 격차	연결, 정보 격차
국력 척도	군사력	정치력	경제력	접근성

새로운 경제 패러다임으로 변화되는 과정에서 세계적인 불평등 심화 문제를 해결할 수 있는 방안을 찾을 수 있을까? 역사적으로 볼 때 경제 패러다임의 변화 혹은 산업혁명이라 일컫는 획기적인 기술의 변화에 따라 정치·사회·경제 체제의 변화를 겪게 되고, 혁신의 과정에서 새로운 불평등 현상이 등장하게 된다. 이러한 현상들은 역사적인 사실들만 보더라도 쉽게 알 수 있다. 기계화의 과정에서 산업자본

을 갖는 국가와 계층에 부가 집중되는 현상이 있었고, 정보화 사회에 접어들면서 정보포털기업에 부가 집중되는 현상은 이미 알려져 있는 사례이다. 이렇듯 혁신의 과정에서 집중화와 불평등의 문제가 발생하기도 하고 또한 발전의 동력이 되기도 한다. 이는 창조적 파괴라고 일컫는 새로운 혁신의 역할을 하는 것이며, 인류 역사와 함께하는 과정으로 새로운 질서와 불평등이 탄생하게 되는 과정이다.

그렇다면 공유경제를 통해 불평등을 완화하고 해결할 수 있을 것인가? 불평등을 논의할 때 종종 함께 등장하는 개념으로 빈곤이 있다. 빈곤은 특정 계층에서 일어나는 것이고 불평등은 다른 계층 간 또는 개인 간 차이를 말한다. 빈곤에 대해 특정 시대와 사회에 따라 다른 정의를 내릴 수 있지만, 기본적인 욕구를 충족할 만큼 생활수단이 부족한 상태를 일컬으며 절대적, 상대적, 주관적으로 불충분한 상태를 말한다. 빈곤에 대한 개념정의에 이미 불평등의 요소를 포함하고 있어 불평등과 빈곤의 문제가 깊은 연관이 있음을 시사하고 있다. 부자에게 더 많이 주면 불평등이 커지지만 빈곤한 자에게는 아무런 영향을 주지 않는다. 이렇듯 빈곤과 불평등은 서로 관련이 있으면서도 같은 개념은 아니다.[51]

빈곤과 불평등의 문제는 전 세계적인 문제로 대중의 불만이 표출되기 시작하는 비등점에 달했다고 할 정도로 뜨거운 논점으로 부상하고 있다. 점점 파급력이 커지면서 이를 완화하고 극복하기 위한 다양한 방법들이 제시되고 있다. 사실 급속한 경제 패러다임의 변화 속에서 이에 맞는 정치·사회·경제 시스템을 정비하지 못해 서로 부딪히며 새로운 시스템을 구축해가고 있는 중에 발생하는 과정의 문제로 치부될 수도 있다. 그러는 사이 불평등은 자기 강화적(self-enforcing)특성을 발휘해 더욱 심화되는 현상을 보인다. 즉 부유층이 정치적 영향력을 행사해 친기업적 정책을 유도하고 줄어든 국가 재정수입으로 인해 인프라, 복지, 교육, 기술 투자 등의 지출을 감소하게 되면서 불평등이 심화되는 현상을 보인다.

이러한 빈곤과 불평등의 재생산 구조를 완화, 타개하기 위한 방편으로 공유경제가 부상하게 되었다. 특히 정부와 사회입장에서 공유경제에 주목하는 이유는 기업의 수익이 사회적 기여로 연결되기 때문이라는 설명이 더욱 설득력 있다. 대여자는 유휴자원을 수입원으로 하고 이용자는 비용절약을 도모할 수 있으며, 사회 전체적으로는 자원의 절약과 환경문제 해소를 가져오는 착한 경제라는 관점으로 접근하고 있다.

하지만 이상에서 기술한 것과 같이 공유경제 주창자들의 상징적인 미사어구로만 표현되는 긍정적인 의견만 있는 것은 아니다. 한편에서는 공유경제에 대해 신랄한 비판과 함께 새롭게 얼굴을 바꾼 자본주의 체제라고 매도하기도 한다. Eckhardt & Bardhi(2012)는 공유경제라는 용어가 적합하지 않다고 하며 단순히 접근을 기반으로 거래되는 '접근 경제(Access Economy)' 비즈니스 모델이라고 하였다. 공유가 시장을 매개로 운영될 때 즉 회사가 서로를 모르는 소비자 사이의 중개자역할을 할 때, 이미 더 이상 공유가 아니라고 하였다. 이것은 오히려 소비자가 다른 사람의 상품이나 서비스에 액세스하기 위해 돈을 지불하고 있는 것이다.[52] 그리고 일부에서는 공유경제가 공동체조차도 착취당하는 자본주의의 한 형태라고 주장하기도 한다.[53]

다른 비판으로 공유경제는 현실에서 우정과 연대의 공동체를 만드는 것이 아니라 금전적 이득을 획득하고 긍정적인 평판을 얻는 것에 불과하다고 한다. 따라서 친절과 환대와 같은 장점은 자신의 브랜드와 마케팅 목적을 위해 이용될 뿐이라고 하였다.

또한 실제 공유경제 활용 상황이 발생하는 현황을 두고 비판하는 경우도 있다. 실제 거의 모든 공유경제의 경우에서 낯선 사람들과 거래하기 위해 사람들이 집과 차를 공유하도록 강요하는 것은 신뢰 또는 선의가 아니라 이를 담보할 수 있는 돈이라는 것이다. 그렇기 때문에 더 많은 돈을 벌기 위해 공유하는 것은 공유가 아니라고[54]하는 비판도 있다.

이상에서 살펴본 바와 같이 공유경제에 대해 대안 경제라는 긍정적 평가와 더불어 비판과 우려가 상존하고 있다. 우리나라에서 대표적으로 공유도시를 표방하고 있는 서울시의 경우에도 공유경제 개념에서 영리목적의 사업은 배제하고 있다. 서울시에서 정의하는 공유경제는 개인이 가진 여분의 유·무형의 자원을 온라인을 통해 다른 사람과 공유하는 새로운 경제활동 방식이라고 하며, 공유경제에 대한 부정적인 요소를 배제하고자 하는 노력을 기울이고 있다.

공유경제를 아메리칸 헤리티지 영어사전(The American Heritage Dictionary of the English Language)에서는 자산의 부분적인 소유권, 이용권 또는 향유권을 주거나 받는 경제 또는 구성원들이 공동으로 소유, 사용 또는 향유하는 경제라고 정의하고 있다.

이와 같은 개념들을 포괄적으로 수용해 정이해보면 공유는 '같은 목적을 가진 사람들이 모여 잉여자원을 빌려주고 나누고 함께 활용하여서 새로운 가치를 창출하는 것'이라고 말할 수 있다. 인류 역사 속에 잠들어 있던 공유가 현대에 새롭게 재탄생할 수 있었던 것은 초연결(HyperConnectivity) 사회로의 발달에 기인한다고 할 수 있다. 초연결

(HyperConnectivity) 사회에서는 사용가능한 잉여 자원과 수요를 정확하게 실시간으로 파악할 수 있고, 그 기능을 필요로 하는 사람에게 능동적으로 연결할 수 있다. 메트칼프 법칙(Metcalfe's Law)에 따르면 네트워크의 가치는 이를 사용하는 사람 수의 제곱에 비례한다고 한다. 현재와 같은 초연결 사회에서의 공유는 예상할 수 없을 만큼의 가치창출과 잠재력을 내포한 네트워크 효과를 발휘할 수 있다.

예전 마을공동체 단위의 소규모 집단에서는 자원 부족과 공동체 의식, 근접성 등으로 언제든지 공유가 요구되었고 가능했었다. 20세기 후반까지 공유는 과학기술의 발달과 도시화, 산업화와 활동범위의 확대, 다원성과 익명성으로 공동체 형성과 수요의 충족이라는 목적을 달성하기에 불필요한 과거의 역사 유물 정도로 여겨졌다. 이후 환경문제와 지속가능성의 위기, 생산성의 한계와 세계적인 불평등 현상의 심화, 경제침체의 장기화 등에 이어 제4차산업혁명의 부상과 자연재해의 증가 등 다양하고 광범위한 위협요인이 등장하게 되는 시대적 전환기를 맞게 되었다. 인간의 생존 자체가 우려되는 상황이 겹치면서 경제 분야에서 다시 공유경제라는 패러다임을 끌어들이기에 이르렀고, 다양한 방식으로 적용을 점검하고 있는 중이다.

6.3. 공유경제 플랫폼

IT기술발전과 산업이 연계되면서 인터넷 속 가상공간으로 시장이 확장되어 경제영역에서 등장하게 된 것이 플랫폼이다. 플랫폼이라는 용어는 다양하게 사용되고 있으며 영역에 따라 정의하는 내용도 다양하다. 플랫폼이라는 말은 1923년 GE에서 여러 모델을 만들 때 공통으로 적용하는 플랫폼을 만들어 개발과 생산에 소요되는 비용을 줄일 수 있다고 하는 목적으로 처음 등장했다. 그로부터 시작된 플랫폼이란 용이는 '다양한 상품을 생산하고 소비하는 활동에서 반복적이고 공통되게 사용할 수 있는 토대'를 의미하는 단어이다. 공유경제에 플랫폼이라는 용어를 적용하면 공급자와 수요자 등 복수의 참여자들이 얻고자 하는 가치를 공정한 거래를 통해 교환할 수 있도록 구축된 환경[55]이라 하고 이를 공유경제 플랫폼(Sharing Economy Platform)이라고 한다. Simon은 플랫폼은 완전히 새로운 비즈니스 모델로 21세기의 가장 중요한 비즈니스 모델이라고 하였다. 이와 같은 이유에서 공유경제를 이해하기 위해서는 플랫폼에 대한 이해가 전제되어야 한다.

오늘날 성공한 플랫폼의 근본적인 특징은 네트워크 효과(Network Effects)를 가지고 있다는 점이다. 플랫폼은 더 많은 사용자가 플랫폼을 사용하면 할수록 더욱 가치가 높아지는 특성이 있어 메트칼프 법칙이 플랫폼 비즈니스의 출발점이고 성장의 동력이 되고 있다. 그리고 많은 사용자가 플랫폼을 사용함으로 인해 새로운 잠재적 사용자에게는 더욱 매력적으로 작용하게 된다. 이로써 플랫폼 사용자가 늘어나면 늘어날수록 사용자들 사이의 네트워크가 증대되고 이를 기반으로 이전 보다 플랫폼에서 제공하는 서비스의 범위와 깊이가 확장되면서 네트워크 효과를 발휘하게 된다.

이러한 네트워크 효과에는 두 가지 종류가 있다. 첫째, 많은 사용자가 더 많은 사용자를 낳을 수 있는 직접적인 네트워크 효과가 있다. 일례로 페이스북(Facebook) 사용자가 늘어날수록 더 많은 페이스북 사용자를 얻게 된다. 둘째, 플랫폼의 한 쪽에서 더 많은 사용자가 플랫폼 다른 쪽의 더 많은 사용자를 끌어들이는 간접적 네트워크 효과가 있다. 예를 들어 비디오 게임 사용자가 많은 플랫폼은 게임사용자 들이 존재하는 플랫폼이 아닌 비디오게임 개발자들이 있는 플랫폼에서 의도치 않게 여러 이유로 게임 사용자 플랫폼으로 들어오는 것과 같은 현상이다.

플랫폼의 경우 초기 성공의 결과와 향후 성장을 위한 엔진의 양면 모두를 이해해야한다. 네트워크 효과는 온라인 플랫폼 이전에도 전화 네트워크 등을 통해 존재했다. 그러나 오늘날 개인이 인터넷을 통해 광범위한 연결성에 액세스할 수 있고 70억 개의 휴대 전화가 사용자의 손에 들려있어 매순간 시간과 공간을 초월하는 연결의 용이성은 네트워크 효과를 증가시키고 있다.

플랫폼을 사용하면 규모가 창출되고 이로 인해 연쇄적으로 추가 사용자를 유치할 수 있다. 이러한 플랫폼의 자체 특성은 성장을 위한 자립적인 추진력을 창출하는 동력으로 작용한다. 플랫폼은 효율적이고 생산적이며, 혁신의 속도와 범위를 향상시키는 역할이 탁월하여 기존 비즈니스 모델과 차별되는 가치를 창출한다.

플랫폼이 가치를 창출하는 방법은 크게 두 가지로 정리할 수 있다. 첫 번째 방법은 트랜잭션 플랫폼(Transaction Platform)이라고 부르는 것이다. 다른 유형의 개인과 조직 간에 트랜잭션 즉 서로를 찾는 어려움을 해소해 주어 연결해주고 이로써 거래를 용이하게 한다. 예로는 Uber, Google, Amazon, Marketplace 및 eBay 등이 있다. 이들은 다수의 수요자와 공급자를 연결시켜주는 다면 플랫폼(Multi-Sided Platforms)[56]으로 서로 다른 요구를 갖는 객체들을 연결해 거래를 결과로 하는 과정에서 일정 수준의 금전적인 대가를 받게 된다.

두 번째는 보완적인 서비스나 제품 개발에 사용되는 기술기반을 구축하여 혁신적인 플랫폼을 구성하는 것이다. 혁신 플랫폼은 단일하게 정해진 것이 아니라 혁신가들이 서로 상호보완의 역할을 수행하며 플랫폼 중심으로 블록을 구성하고 혁신 생태계를 형성하게 하는 것이다. 혁신 플랫폼에서 혁신가는 전 세계 어디든 누구나 될 수 있으며 함께 플랫폼을 구성하고 변화시키며 서로 영향을 주면서 혁신 플랫폼 자체를 살아있게 하는 역할을 한다.

대표적인 예로 혁신 플랫폼을 통해 개발되는 아이폰의 애플리케이션이 있다. 아이폰에서 사용되는 애플리케이션은 API(Application Programming Interfaces) 또는 소프트웨어 개발자 키트(Software Developer Kits)라고 불리는 애플 기술이 누적된 혁신 플랫폼을 개발자들이 사용하여 만든다. 애플의 플랫폼에 참여하는 회사, 플랫폼제공자, 고객들은 플랫폼에서 혁신과 성장의 사이클을 지속시키는 역할을 하고 있다.

플랫폼의 유형은 다음 4가지로 분류할 수 있다. 플랫폼이 공통적으로 가지고 있는 주요 특징은 시장에서 구매자와 판매자를 효율적으로 매칭시키는 능력이다. 물론 플랫폼의 효율적인 매칭 과정에도 거래와 관련된 마찰은 항상 존재한다. 그리고 마찰을 최대한 줄이기 위해 새로운 소프트웨어를 구축하고, 인터넷의 속도와 규모의 경제를 활용함으로써 그러한 마찰을 줄이는 데 도움을 주고 있다. 플랫폼은 기존 비즈니스 모델과 비교해 보면 효율적이고 생산적인 상호 작용, 혁신의 속도와 규모를 육성하는 방법의 측면에서 월등하다고 평가받는다. 세계적인 대표 플랫폼으로 알려져 있는 아마존, 알리바바 등에서도 매일 수억 또는 수십억 건의 상호 작용이 촉진되고 효율적인 매칭을 운영하고 있다.

▌표 6-2▐ 플랫폼 유형

유 형	내 용
트랜잭션 플랫폼 (Transaction Platforms)	트랜잭션(거래) 플랫폼은 다른 사용자, 구매자 또는 공급 업체 간의 교환이나 거래를 용이하게 하는 통로(또는 중개자) 역할을 하는 기술, 제품 또는 서비스이다.
혁신 플랫폼 (Innovation Platforms)	혁신 플랫폼은 다른 회사(느슨하고 혁신적인 생태계로 조직 된)가 보완 기술, 제품 또는 서비스를 개발하는 기초가 되는 기술, 제품 또는 서비스이다.
통합 플랫폼 (Integrated Platforms)	통합 플랫폼은 트랜잭션 플랫폼과 혁신 플랫폼 양쪽의 기술, 제품 또는 서비스이다. 이 범주에는 App Store와 같은 일치하는 플랫폼과 플랫폼에서 콘텐츠 생성을 지원하는 대규모 타사 개발자 환경을 모두 갖춘 Apple과 같은 회사가 포함된다.
투자 플랫폼 (Investment Platforms)	투자 플랫폼은 플랫폼 포트폴리오 전략을 개발하고 지주 회사, 적극적인 플랫폼 투자자 또는 둘 모두로 활동하는 회사로 구성된다.

▌그림 6-3▐ 상위 25개 상장 플랫폼(Publicly Traded Platforms)

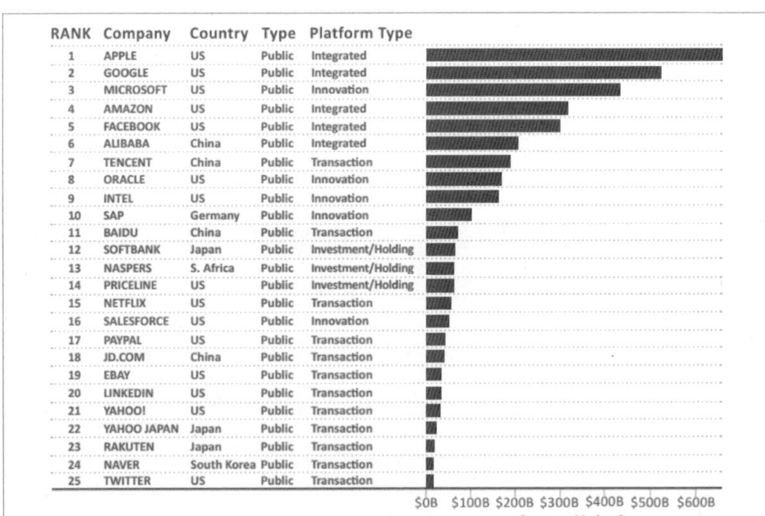

출처: Global Platform Survey, The Center for Global Enterprise

| 그림 6-4 | TOP 25 Privately Owned Platforms

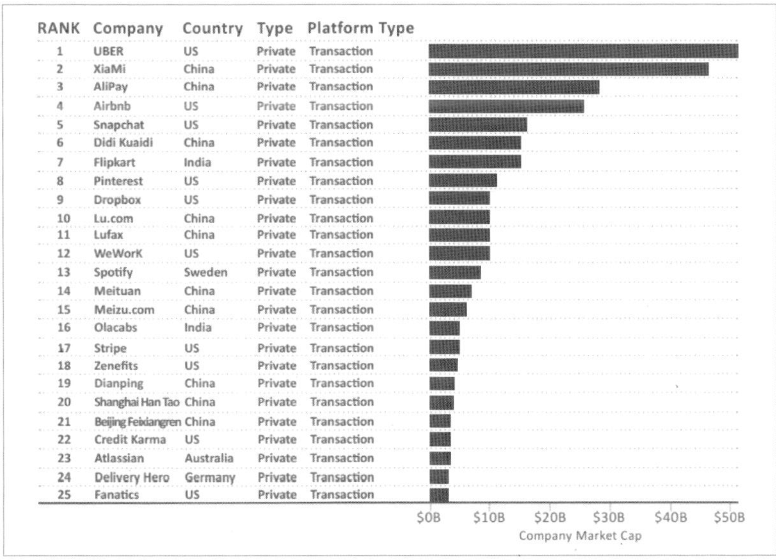

출처: Global Platform Survey, The Center for Global Enterprise

공유경제(Sharing Economy)는 P2P경제(Peer Economy), 협력 경제(Collaborative Economy), 온 디맨드 경제(On-Demand Economy) 등과 유사한 용어로 불리고 있으나 이들 용어 사이에는 약간의 개념적 차이가 존재한다.

Peer Economy라 불리는 P2P(Peer-To-Peer)경제는 분산된 모델로서 두 명의 개인이 상호작용하여 제3자에 의한 중개 또는 비즈니스 회사를 통하지 않고 직접 서로 상품 및 서비스를 거래하는 것을 말한다. 협력경제(Collaborative Economy)는 기존의 중앙집중식 기업과 조직에서 일방적으로 공급하고 통제하던 방식과 달리 온라인 플랫폼을 통해 참여자들 간 제품과 서비스의 제공 및 사용이 이루어지는 경제모델이다. 온 디맨드 경제(On-Demand Economy)는 온라인 플랫폼을 통해 제품과 서비스 등의 수요에 대해 표준화된 서비스와 가격 투명성에 의존하여 목표를 달성하는 경제 모델이다.

이상의 공유경제 플랫폼은 소비자와 공급자 간 연결성을 지원하는 것들이지만 이외에도 혁신적인 아이디어를 가진 개인이나 전문가들이 지식과 아이디어를 상호교환하고 공유하면서 문제를 해결하는 Innocentive와 같은 혁신 플랫폼도 있다. 또한 공유경제를 구성하는 중요 축으로 정부의 각종 데이터정보를 기업이나 개인과 공유하도록 하는 G2B(Government To Business), G2C(Government To Citizen) 플랫폼도 있다. 공유 플랫폼은 전통경제와 달리 융합과 변화가 용이하며, 확장성과 적응력에 있어서도 탁월한 장점을 갖고 있다. 공유경제를 기존의 전통경제 체계와 비교해 보면 다음 <표 6-3>과 같다.

❙표 6-3❙ 전통경제와 공유경제의 비교

구 분	전통경제	공유경제
사업 유형	B2C (Business To Customer)	P2P (Peer To Peer)
권리	소유	공유
참여 주체	공급자와 소비자 구별	누구든 공급자, 소비자 가능
자원 접근방식	자원의 소비	자원의 절약
거래 대상	경제적 가치가 있는 상품과 서비스	유휴 자원, 시공간·서비스·상품 등 거래 대상이 무제한
사업 영역과 확장	계획과 실행, 평가의 과정을 거쳐서 결정	공유의 과정을 통해 새로운 수요 창출과 확장이 용이
목적	이윤 추구	가치 추구
사업 방식	시장 참여자간 경쟁	시장 참여자간 신뢰

구 분	전통경제	공유경제
운영	집중석, 단일성	산발적, 다양성
기본 철학	과잉 소비	협력적 소비
시장 진입 정도	신규진입장벽 높음	진입장벽 낮음
소비자 유인책	제품 품질과 서비스	사용자 경험, 낮은 가격, 접근의 편이성
신뢰기반	소비자 후기, 기업브랜드	인터넷 기반 고객 평판
신뢰확보 수단	기업의 보증, 법과 제도	소셜그래피티(Social Graph-iti), 디지털 신분 인증

공유경제를 활용도가 낮거나 공유된 자산(제품, 시간 또는 기술) 등을 해당 자원을 필요로 하거나 이용에 관심이 있는 사람들에게 연결하는 서비스로만 이해한다면, 중고 경제와 혼동될 수 있다. 중고경제(Second-Hand Economy)는 영구적인 소유를 허용하는 것이라는 점에서 공급자가 소비자에게 상품이나 서비스의 일시적 이용을 허락하는 공유경제와 개념적 차이가 있어 공유경제의 영역이라 보기 어렵다. 이는 상품과 서비스의 이용권 차원의 공유를 의미하는 공유경제라고 하기보다 상품에 대한 대가를 제공받고 판매하는 중고경제(Second-Hand Economy)라고 볼 수 있기 때문이다.

다음 <그림 6-5>는 현재 일반적인 비즈니스 측면에서 공유경제라고 일컬어지는 상업적 공유경제 메카니즘을 설명해주고 있다. 상업적 공유경제로 칭한 것은 진정한 공유를 실현하기 위해 공유경제에 접근하는 방식과 차이가 있어 구분하기 위한 표현이다. 공유경제의 종류에 대해서는 공유경제의 유형부분에서 자세히 설명하도록 하고, 본 장에서는 비즈니스 측면에서 공유경제를 살펴보는 것으로 한다.

❙그림 6-5❙ 상업적 공유경제 메카니즘

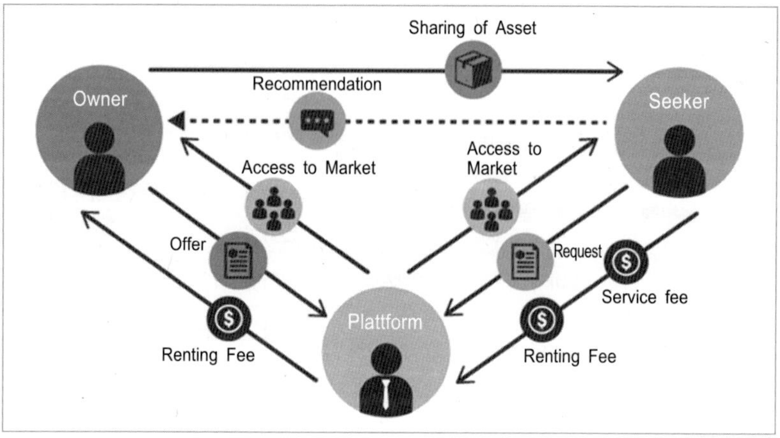

출처: http://bmtoolbox.net

공유경제에서 핵심적 요소는 공유생태계에 참여하는 개인, 공동체, 회사, 조직, 협회 등과 같은 사람과 공유대상이 되는 제품이나 서비스 같은 생산품 그리고 가치 및 교환시스템이라고 할 수 있다. 공유경제의 대상을 유형화하면 다음 <그림 6-6>과 같다.

❙그림 6-6❙ 공유경제의 유형

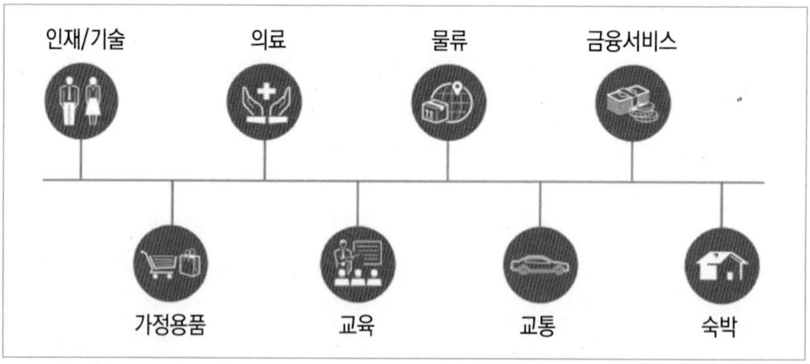

출처: The Rise of the Sharing Economy The Indian Landscape

한편 공유의 대상은 유형자산과 무형자산으로 구분할 수도 있다. 유형자산으로는 자동차, 숙박, 토지 등을 공유하는 유형을 말하며, 무형자산은 자본, 시간, 정보와 환경, 재능 등을 공유하는 유형을 말한다.

▎표 6-4 ▎ 자산별 공유경제 분류

구 분	내 용
유형자산 (Tangible Assets)	• Sharing Cars • Sharing Rooms and Land
무형자산 (Intangible Assets)	• Sharing Money • Sharing Time • Information and Influence • Talent

이상에서 살펴본 것처럼 공유의 대상은 유형 혹은 무형자산, 물건과 서비스, 신규와 중고, 심지어 시간과 공간을 초월하는 그 어떤 대상까지 공유의 대상으로 접근할 수 있다. 이는 공유경제의 무한한 확장성을 짐작할 수 있는 특징이기도 하다.

이러한 이유로 초고령 사회로의 이행과 아웃소싱 추세, 고용시장의 유연화 등 시대적 변화를 수용할 대응책으로 공유경제가 대안으로서 제시되고 있다. 이러한 시대적 변화를 반영한다면 향후 공유경제에서 가장 큰 시장이 형성할 것으로 보이는 대상은 고령층과 노동의 변화를 겪게 되는 사람들 일 것이다.

Mckinsey Global Institute에 따르면 2025년까지 제조업, 건설업, 농업 등을 망라한 여러 산업 분야에서 사람이 하던 일의 25%이상을 로봇과 인공지능(AI)이 대체할 것으로 전망했다. 그런 관점에서 보면 2020년까지 미국 경제에서 인력의 40%가 프리랜서화 될 것이라는 예측이 나오는 것도 전혀 생소한 일은 아니다. 공유경제가 현재 시작 단계이긴 하지만 성장과 변화의 라이프 사이클이 있을 것이라고 하여 <그림 6-7>과 같은 성장 단계를 제시한다.[57]

기존의 렌탈 방식으로 운영되던 공유경제는 새로운 공유경제 확장의 기반이 되면서 성장과 변화의 라이프 사이클 구성의 요소가 되었다. 기존의 렌탈 방식인 자동차, DVD, 도서, 장비 렌탈 등은 성숙과 포화기를 거쳐 점차 사업이 쇠퇴하거나 다른 방향으로 전환되어야 하는 변화를 겪게 될 것이다. 이와는 대조적으로 크라우드 펀딩, 온라인 인력, P2P숙박, 문화콘텐츠 등의 공유경제 영역은 기존 경제체제의 공백을 메꾸며 성장할 것으로 예상하고 있다. 실제로 미국과 유럽 등의 스타트업 기업들 중 절반이상이 공유경제와 관련된 기업들이 차지하고 있을 정도로 공유경제 시장이 확대되고 있다. 특히 단순하게 제품을 나눠쓰는 자원 공유와 재활용의 차원을 초월해 공간, 재능, 일자리 등을 공유하는 신사업이 새롭게 공유경제 영역으로 들어오면서 확장 가능성이 무제한에 가까울 정도로 넓어지고 있다.

❙그림 6-7❙ 공유경제 라이프 사이클

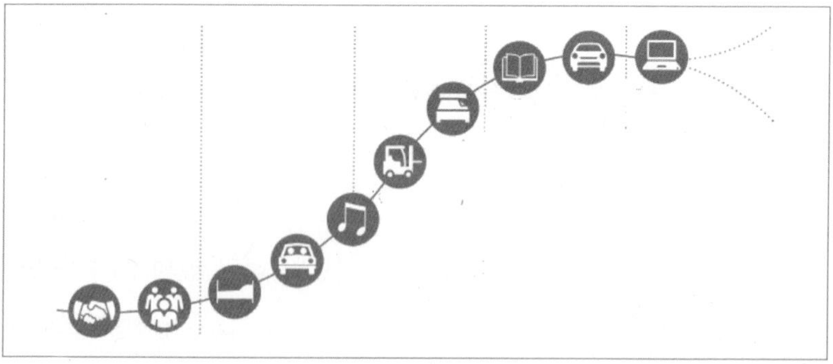

출처: PwC UK Website, The sharing Economy - Sizing The Revenue Opportunity

정보통신기술의 발전은 공유경제 플랫폼 형성에 주역을 담당하는 존재이다. 초기 유형자산을 공유하는 형태에서 무형자산에 이르기까지 플랫폼에 올려놓을 수 있기까지 IT기술은 최고로 기여하였다. 산업경제에서 수익창출이 시장을 통해 이루어졌다면 정보경제에서는 웹스토어라는 모델을 시작으로 플랫폼이라는 가상시장을 만들었다. 플랫폼은 네트워크 효과를 발휘해 지역과 공간, 국가를 초월한 시장 영역으로 확장 혹은 점령하는 수준에 이르게 되었다. 플랫폼에서 거래할 수 있는 자원의 영역에 있어서도 유형자산에서 무형자산에 이르기까지 분야와 영역을 구분하지 않고 플랫폼에 진열할 수 있는 창조적 파괴가 이루어지게 되었다.

사실 공유경제 플랫폼으로 대중에게 알려져 있는 공유경제 비즈니스 플랫폼은 대부분 상업적인 공유경제 플랫폼의 유형이다. 이는 결국 플랫폼을 제공하는 중재자의 역할과 이들에게 일정 수익이 연결되어야 하는 구조를 갖는다. 그러는 사이 플랫폼 참여자가 늘어날수록 플랫폼 제공자는 중재자의 역할에서 플랫폼을 총괄하고 지배할 수 있는 역할로 변해가게 되었다. 네트워크 사용자 수의 제곱에 비례한다는 메트칼프의 법칙에 따른 연산이 무의미해질 정도로 플랫폼 제공자의 영향력이 커지게 되었다. 급속한 성장으로 막대한 부를 축적하는 성공사례를 보며 수많은 사람들이 플랫폼 신화의 꿈을 좇게 되었다. 하지만, 기존 경제체제의 비효율성을 제거하고 잠재되어 표현되지 않는 수요를 자원과 가치로 이끌어내면서 중재자의 과도한 이익을 방지할 수 있는 공유경제 플랫폼이 요구되는 이유도 여기에 있다.

07

공유경제라 불리는 공유경제들

7. 공유경제라 불리는 공유경제들

7.1. 온 디맨드 경제(On-Demand Economy)와 공유경제

메디캐스트(Medicast)앱을 클릭하면 2시간 이내에 집으로 의사가 왕진을 오고, 인스타카트(Instacart)는 냉장고에 넣는 재료를 구입해 준다. 에어비앤비(Airbnb)에 접속하면 전 세계에서 공유할 수 있는 나만의 공간을 찾을 수 있고, 핸디(Handy)에 접속하면 원하는 시간에 청소할 사람을 보내준다. 한때 소수 특권층의 전유물로만 여겨졌던 일상생활의 편의서비스를 이제는 필요에 따라 예약하고, 이용 또는 서비스를 제공하는 온 디맨드 경제(On-Demand Economy)가 확산되었다.

21세기에 들어 사회·경제 분야의 변화들 중 두드러진 것은 인터넷 기술의 발달과 함께 소유에서 이용으로 또는 재능이나 기술을 나누는 공유경제의 출현이다. 공유경제의 일부분인 온 디맨드 경제는 주문형 경제로 번역되기도 하여 이미 익숙한 용어이지만 아직은 초기 단계로 빠르게 성장하고 있다.

온 디맨드 경제(On-Demand Economy)란 무엇일까?

온 디맨드 경제(On-Demand Economy)는 공유경제(Sharing Economy), 긱 경제(Gig-Economy) 심지어 우버 경제(Uber-Economy)라는 용어로까지 표현되어 복잡하고 이해하기가 쉽지 않다. 온 디맨드 경제는 공유경제의 성공모델로 제시되고 있는 차량, 생활 서비스 등 일상의 반복적 혹은 일반화할 수 있는 서비스 중심의 비즈니스 모델로 제시되는 경우가 많다. 또한 온 디맨드 경제는 소비자 수요에 제품 및 서비스를 즉시 처리하여 수요를 충족시키는 경제활동이라는 의미를 갖는다. 온 디맨드 경제는 세계적으로도 상업 활동에 대 변혁을 가져오고 있다고 평가되고 있어 사업체와 범위가 점점 더 증가하고 있는 추세이다.

Frenken et al.(2015)는 공유경제의 틀에서 온 디맨드 경제를 설명하고 있다. 다음 <그림 7-1>과 같이 공유경제 플랫폼은 소비자(Consumer)와 다른 소비자(Consumer)를 연결시키고 활용도가 낮은 자산에 대한 접근(Access) 권한을 갖는 관계 속에 온 디맨드 경제를 놓고 설명하였다. 공유경제를 구성하는 C2C, Access, Goods의 3가지 구성요소 중에서 어느 요소를 중심으로 구성할 것인지에 따라 각 경제적 특성이 구분되고, 플랫폼을 구성하는 주요 요소에 따라 다른 유형의 서비스와 개념으로 구분될 수 있다.[58]

예를 들어 임시 이용(Access)에 관한 항목을 삭제하고, 활용도가 낮은 자산(Goods)을 직접 소비자들끼리(C2C)연결된다면, 이는 소비자들 간 소유권이 이전되는 간접경제 또는 중고경제(Second-Hand Economy)의 영역이 된다. 간접경제(Second-Hand Economy)는 소비자가 상품을 판매하는 경제가 포함될 수 있는데 대표적인 플랫폼의 사례가 이베이(Ebay)이다. 활용도가 낮은 자산(Goods)은 경매 등을 통해 소비자로부터 다른 소비자로(C2C)로 영구적 접근이 허락되는 것으로 서비스가 확장된다.

또 다른 공유경제의 하나는 다른 사람들에게 비용을 부담시키지 않고 자신의 플랫폼을 나누어주는 제품서비스 경제(Product-Service Economy)가 있다. 여기에는 페이스북(Facebook)처럼 자신의 플랫폼에 영구적인 접근권(Access)을 부여하는 경우가 해당된다. 제품서비스 경제(Product-Service Economy)에서 소비자는 다른 소비자가 아닌 회사로부터 플랫폼을 임대하여 사용한다.

| 그림 7-1 | The Sharing Economy and Other Related Economic Forms

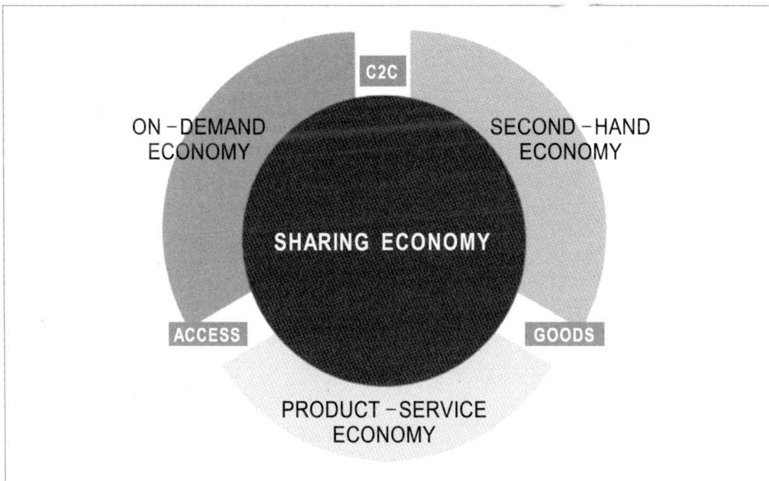

온 디맨드 경제(On-Demand Economy)는 1990년대 후반 인터넷 출현이 경제 패러다임을 바꾼 것과 비유해서 설명하기도 한다. 온 디맨드 경제(On-Demand Economy)의 근본 속성은 편의성(Convenience)과 신속성(Rapidity)을 특징으로 한다. 즉시 수요에 대응할 수 있는 프레임은 인터넷을 기반으로 하는 플랫폼이 제공됨으로써 가능하다. 수요를 충족시키기 위해서는 인터넷망을 통한 플랫폼을 통해 요구할 수 있어 편리하고, 적시적소에 신속하게 대응해준다. 온 디맨드 경제 비즈니스 모델로는 집안 청소나 제품 배달을 도와 줄 사람을 찾아주는 Task Rabbit, Uber, Airbnb 등이 있다.

공유경제 모델 내에 온 디맨드 경제가 속해있다고 Frenken et al.(2015)이 제안한 것과 달리 Llaria et al.(2016)는 온 디맨드 경제(On-Demand Economy)를 주축으로 하는 경제모델을 제시하였다. <그림 7-2>와 같이 온 디맨드 경제를 3개의 하위그룹으로 구분하는 경제

| 그림 7-2 | 온 디맨드 경제의 구분

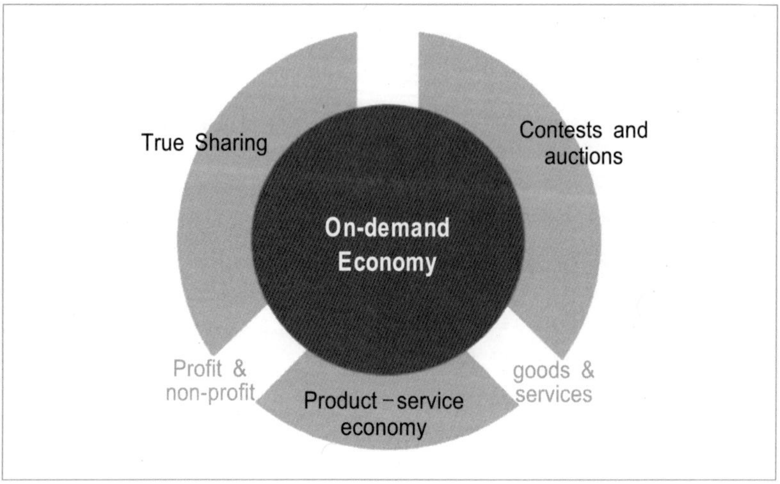

모델을 제시하였다.[59] 그룹을 구분하는 기준은 공유경제 운영의 영리 혹은 비영리, 상품 혹은 서비스 여부에 따라 나뉜다. 첫 번째는 소비자 대 소비자 플랫폼(Peer To Peer Platforms)으로 진정한 공유경제(True Sharing)라고 하였고, 두 번째는 서비스를 받기 위해 콘테스트와 경매(Contest & Auction)를 실시하는 플랫폼들이 모인 형태라고 하였다. 세 번째는 기업과 소비자를 연결시키는 B2C(Business-To-Consumer)영역의 제품 서비스까지 포함하여 온 디맨드 경제라고 하였다. 세 번째 온 디맨드 경제 유형은 공급자와 생산자의 관계를 말하는 상업경제 비즈니스 유형에서도 찾아 볼 수 있는 온 디맨드 경제로 Frenken은 이 영역은 공유경제 영역에서 제외된다고 하였다. 하지만 실제 공유경제라 일컫는 일각에서는 자동차 렌트와 같은 서비스를 구성하는 제품·서비스 경제를 공유경제로 편입시켜 논의되고 있다.

온 디맨드 경제를 정의하고 분류함에 있어 접근하는 관점에 따라 접근권(Access)을 중시하는지 혹은 참여하는 그룹의 특성을 중시하는지에 따라 다소 차이가 있다. 그럼에도 공통적으로 상품과 서비스의 수요에 대해 즉각적인 접근과 편리한 공급을 통해 소비자 수요를 충족시킨다는 큰 틀은 동일하다.

온 디맨드 경제의 확산과 문제점

온 디맨드(On-Demand) 경제가 추구하는 최종 목표는 편의성(Convenience)이다. 편의성을 최대 장점으로 하는 공유경제는 인터넷을 활용한 가상공간의 플랫폼을 통해 구현하게 된다. 소비자는 인터넷을 통해 니즈 해결에 대한 속도감(Speed)과 인지적 편리성(Cognitive Ease)을 제공받는다. 더욱이 제품 및 서비스에 대한 요구와 수용을 위해 감정적 혹은 인지적 노력을 기울이지 않아도 되고 신속하면서 또한 쉽게 생각하고 결정할 수 있어 지극히 편리하다.

일상생활에 온 디맨드 경제를 적용한 예를 살펴보면 온 디맨드 경제가 가져오는 편의성에 대해 더욱 실감할 수 있을 것이다. 예전에 전화로 피자를 주문하거나 개인들끼리 중고물품 교환을 하는 경우 부득이한 사정으로 약속을 이행하지 못하거나 일정이 변동되어 거래를 이행하지 못했을 경우 손해배상, 신뢰감 혹은 배신감 등의 감정과 물적 손해 등의 문제가 발생하였고 이는 이차적인 문제로 비화되기도 했다. 하지만, 온 디맨드 경제 체제하에서는 내가 아니더라도 또 다른 공급자가 있어서 이행하지 못하는 상황에도 즉각적인 대응이 가능하다. 또한 인간과 인간의 거래관계임에도 불구하고 감정적인 기류의 변화 등을 포함시켜 에너지를 소모할 필요가 없다. 단지 필요한 건 수요에 대해 즉각적인 속도로 대응하는 것이 중요할 뿐이다.

온 디맨드 경제 비즈니스 모델의 예로는 고용되거나 공유된 차량의 운전기사와 승객을 모바일 앱을 통해 중계하는 서비스를 제공하는 우버(Uber), 레스토랑의 요리를 집으로 보내주는 스푼로켓(SpoonRocket), 뿐만 아니라 프리랜서 닷컴(Freelancer.com), 이랜스 · 오데스크(Elance-oDesk) 등이 있다. 이들은 엄청나게 많은 수요자와 공급자를 보유한 온 디맨드 경제 모델로 얼마나 많은지 다양한지 등에 비즈니스 모델의 성패가 결정된다고 해도 과언이 아닐 것이다.

온 디맨드 경제(On-Demand Economy)는 물품과 서비스, 노동 분야 뿐만 아니라 자본주의 사회 계약의 본질에 이르기까지 중요한 의미를 가지며 또한 영향을 끼친다. 대표적인 온 디맨드 경제의 영향으로 논의되고 있는 것은 노동시장의 프리랜서의 증가 현상을 들 수 있다. 노동시장의 프리랜서화는 기술의 발달과 사람들의 트렌드 변화를 주요 원인으로 꼽는다. 과학기술의 발달은 시·공간의 제약을 넘어 아웃소싱을 가능하게 하고, 충분히 사용되지 않은 자원이나 사장된 자원을 활용할 수 있게 한다. 온 디맨드 경제의 대표적 사례로 회자되는 우버(Uber)가 잘 쓰지 않는 자동차를 공유하는 데에서 출발했다면, 이제는 사람의 두뇌가 가지고 있는 잉여능력까지 대여할 수 있는 플랫폼을 구축한 이노센티브(InnoCentive : 미국)라는 플랫폼이 운영 중에 있다.

작금의 현실을 보면 재화와 서비스를 둘러싼 경제 운용의 실체와 변화를 목격하게 된다. 칼 마르크스는 자본주의를 비판하면서 세계는 생산 수단을 가진 유한계급과 이들을 위해 일하는 노동자계급으로 양분된다고 하였다. 하지만, 현실 세계는 토지, 노동, 자본이라는 전통적 생산요소로 설명할 수 있었던 시대에서 돈, 시간, 권력 등 사회발전의 영역(scope) 만큼 다양한 기준으로 구분되어지는 시대가 되었다. 다양한 기준들 중 하나로 점점 돈은 있지만 시간이 없는 사람과 시간은 있지만 돈이 없는 사람으로 양분되어지는 현상이 발생하게 되었다. 그리고 이 양자가 서로 거래하는 수단을 제공하는 프레임이 온 디맨드(On-Demand) 경제이다.

온 디맨드 경제(On-Demand Economy) 비즈니스 모델은 중재자로서, 정해진 인력을 관리하는 것이 아니라 다양한 근로자와 수요자를 연결하고 품질을 감독하는 역할을 한다. 사실 품질을 감독하는 역할을 하는 것도 플랫폼 제공자가 직접적으로 개입하는 것이 아니라 사용자 경험(User Experience)에 따른 개입에 의한 감독 방식이다. 플랫폼 제공자는 중재자의 역할을 수행할 뿐 자기 책임과 비용으로 참여자들을 통제하거나 직접적으로 관리하지 않고, 플랫폼 참여자에게 귀착시킨다. 일례로 우버의 운전사는 플랫폼 제공자에게서 일한 만큼 보수를 받지만 연금과 의료 보험은 자기 책임으로 한다. 분명 플랫폼 제공기업은 막대한 이윤을 획득하고 있음에도 불구하고 전통적으로 기업이 담당해오던 부담이 다시 개인에게 전가되는 현상이 발생하고 있으며, 이러한 사업 방식은 다양한 분야에 영향을 미치고 있다.

또한 온 디맨드(On-Demand) 경제는 기존 제도와의 갈등과 정치적 논란의 중심에 있다. 2014년 유럽에서 우버에 대항한 택시파업이 일어났고, 에어비앤비 호스트로 등록된 집에 화재발생, 소음 등으로 주변사람들의 민원이 발생하는 등 많은 문제점들이 보고되고 있다. 하지만 미디어에서 문제점을 보도하면 반대로 홍보효과를 발휘해 가입자가 폭증하는 아이러니컬한 현상이 발생하기도 한다. 결과적으로 보면 여럿이 제기되는 문제점에도 불구하고 가입자가 증가한다는 것은 호기심도 있겠지만, 그만큼 서비스에 대한 잠재된 수요와 장점이 문제로 제시되는 것들을 압도할 만큼 크다는 것을 의미하기도 한다.

온 디맨드 경제(On-Demand Economy)의 긍정적인 효과로는 고객에게 선택의 폭을 넓히고, 근로자는 원하는 시간에 일할 수 있게 해 주는 이점이 있다. 기업의 입장에서는 언제든 필요한 서비스를 아웃소싱할 수 있어 경영부담을 줄여 핵심 역량에 집중할 수 있다는 장점이 있다. 또한 국가적으로는 일자리 제공과 고용정보 부재로 인한 마찰적 실업 해소에 도움을 주어 공공서비스 제공의 효율성과 세수 확보에도 도움이 된다.

지금까지 온 디맨드 경제에 대한 문제점과 이점 등을 살펴보았지만 결국 가장 중요한 문제는 노동의 유연성이나 다른 혜택보다 수요자와 공급자 모두의 안정성 확보와 법. 제도적 정비를 통한 신뢰 기반의 조성이 급선무라고 할 수 있다. 현재 온 디맨드 경제는 시작 단계이면서도 급성장하고 있다. 그런 만큼 시장참여자에게는 기회와 위협을 가름하는 틈이 크다는 것이고, 현실의 변화에 대응할 시스템을 정비하는 사이 점점 더 불공평 현상을 양산하고 있다는 것은 틀림없는 사실이다. 세상의 급속한 변화를 추격하기에도 급급해하고 있는 사이 세상은 다양한 방식으로 빠르게 변하고 있다. 이러는 사이 불평등 심화와 사회적 문제들이 양산되고 있어 정부가 나서서 변화한 사회현상을 반영하는 고용과 임금체계, 경제 시스템의 정비를 앞당겨야 할 필요가 있다.

7.2. 공유경제와 방문자 경제(Visitor Economy)

인류가 만든 디지털 기반의 생활양식과 기술발전으로 인해 삶의 방식도 이에 적응하는 양상으로 변화되고 있다. 소유에서 이용으로 삶의 방식이 변화되고 세계화, 정보화 등을 통해 사람들의 활동 범위가 확대되고 있다. 그리고 이러한 트렌드에 가장 많은 영향을 받고 있는 분야가 관광이라고 말할 수 있다. 관광의 역사는 고대시대로 까지 이어지는데 초기엔 휴양, 요양, 종교, 교육 등 특정 목적을 위해 이루어지는 일부 계층의 전유물로 인식되었다. 그러다가 제2차세계대전 이후 교통, 통신의 발달로 인해 매스 투어리즘(Mass Tourism)이라는 이름으로 대중에게 개방되면서 점차 산업으로 자리잡는 계기가 되었다.

1990년대 이후 현재까지 관광은 삶의 질을 판단하는 척도로 평가받기도 하고, 국가전략산업으로 육성될 만큼 잠재력과 확장력을 갖는 분야이다. 경제적 가치 창출의 관점에서 관광에 접근한다면 상품거래를 통해 경제적 가치를 창출하던 경제체계에서 정보와 경험으로 이전하는 과정을 겪는 것으로 해석할 수 있다. 그러한 과정에서 관광이 상품과 경험으로 전환되는 상황이 전개되고, 국가·지역 경제 활성화에 기여하는 상호순환 고리를 형성하게 된다. 여기에서 말하는 상품은 일시적, 수불적인 거래로 이루어지는 제품이 아니라 경제적 관점에서 접근하여 방문자 경제라고 명명하는 대상물로 지칭하는 표현이다. 최근 부상하고 있는 공유경제의 패러다임과 함께 방문자 경제(Visitor Economy)란 용어가 관광산업분야에서 사용되고 있다. 하지만 아직까지 일반인의 관점에서 보면 관광객과 방문자의 차이도 이해하기기 쉽지 않은 상황이다.

유엔 세계 관광기구(UN World Tourism Organization)는 "관광은 여가, 사업 또는 기타 목적으로 1년 미만 기간 동안 일상적 환경을 떠나 여행하거나 거주하는 사람의 행위를 모두 포함한다."고 정의하고 있다. 방문자는 관광이나 관광객보다 포괄적인 용어로 단순히 관광을 목적으로 하는 방문자와 업무상 혹은 의료목적 등에 의한 방문 등을 모두 포함한다. 즉 모든 관광객은 방문자이지만 모든 방문자가 관광객은 아니며, 방문자의 소비로 나타나는 광범위한 편익이 방문자 경제(Visitor Economy)이다.

전통적인 방문자 경제는 휴가, 관광 등 목적으로 일정기간동안 체류나 여행을 할 경우 관광객의 소비활동에 중심을 두었다. 이와 달리 현대적인 방문자 경제의 개념은 목적을 별도로 구분하지 않고 외부에서 방문한 사람이 소비할 수 있는 상품과 서비스 생산에 중심을 두고 있다는 데 개념적인 차이가 있다. 방문객이 소비하는 상품과 서비스의 생산이란 호텔, 교통, 여행사, 관광지 방문 등 직접적으로 지원하는 산업과 상품구매, 식품생산, 중개인 등 간접적으로 발생시키는 생산까지 포함하고 있다.

방문자 경제(Visitor Economy)가 중요한 이유는 관광경제처럼 하나의 영역에만 머무르지 않고 다수의 산업과 연관되어 각각의 성장을 지원할 수 있는 경제 동력으로 작용할 수 있다는 점이다. 세계화와 인터넷의 보급으로 국경을 넘나들어 이동하는 교류인구의 증가에 따라 그들이 새로운 경제 주체로 부상하고 있다. 이에 발맞추어 기존 내국인 중심의 경제구조에서 탈피해 외국인까지 포함된 방문자 경제구조로 빠르게 패러다임이 전환되고 있다.

일반적으로 경제라고 하면 상품과 자본으로부터 발생하는 유형의 부가가치로 한정하는 것이 전통적인 경제적 관점이었다. 하지만 생산기술의 발전으로 상품과 자본의 영향력보다 교류와 정보가 중요해지기 시작되면서 경제적 가치와 수단에 대한 다양한 논의가 이루어졌다. IT기술의 발전과 인터넷이 확산되면서 Pine & Gilmore (1998)

등이 경험경제(Experience Economy)라는 개념을 제시하기도 했다. 보이지 않는 무형의 가치를 갖는 재화나 서비스가 사용자에게 경험을 제공하여 시장을 지배할 수 있는 동력으로 작용할 것이라는 측면에서 방문자 경제(Visitor Economy)는 단순한 관광경제를 초월하여 방문자에게 경험을 제공하고 확산시켜 경제적 파급효과를 가져오게 된다.

1970년대 이래 관광산업은 자유주의 경제체제와 더불어 세계적인 산업화의 물결을 벗어난 지역의 빈곤 극복과 경제 개발의 수단으로 활용되어왔다. 그러다가 1990년대 이후 세계적인 경기 침체와 성장의 한계, 지속가능성 등의 대두로 기존에 관광영역이라고 분류되던 문화와 유산, 예술 등이 새롭게 지역과 도시를 활성화시키는 요소로 수용되기에 이르렀다. 이러한 변화를 수용하며 도시이론 분야에서는 다양성과 관용성, 지역의 인재가 중시되는 창조도시이론이 등장하였다. 미래 도시를 위한 전략으로 도시가 가진 문화, 유산, 자원, 예술 등을 통한 개별 도시의 창의성을 발현시켜야 한다고 하는 것이다. 경제적인 측면에서는 세계적인 경제위기 극복을 위해 제조업 중심의 산업구조를 탈피하여 문화, 예술, 관광 등의 영역으로 확장시킨 산업 구조의 개편과 함께 시장의 범위를 국내로 한정하지 않고 전 세계로 확장시키는 전략으로 변경되었다.

기존 관광경제와 달리 방문자경제와 관련된 산업 파급효과는 전 산업 분야에 영향을 미쳐 경제 활성화와 일자리를 늘리는 역할을 한다. 다음 <그림 7-3>은 방문자가 발생시키는 유발효과를 이미지화한 것으로 방문자 경제가 미치는 영향과 산업 파급효과에 대해 나타낸 것이다. 방문객은 방문지에 이르는 과정에서 교통시설 요금부터 레저, 오락, 컨퍼런스, 식사, 숙박 등의 비용, 쇼핑, 은행, 교육, 종교,

극장 등에 지불하는 비용 등을 발생시키게 된다. 이로 인해 국내·외의 방문객은 해당 지역에 새로운 수요와 공급을 창출하게 되어 경제 활성화와 분야별 일자리 창출을 유발시키고 인구 유입과 지역 발전을 도모할 수 있는 동력이 된다.

❙그림 7-3❙ 방문자 경제의 파급효과

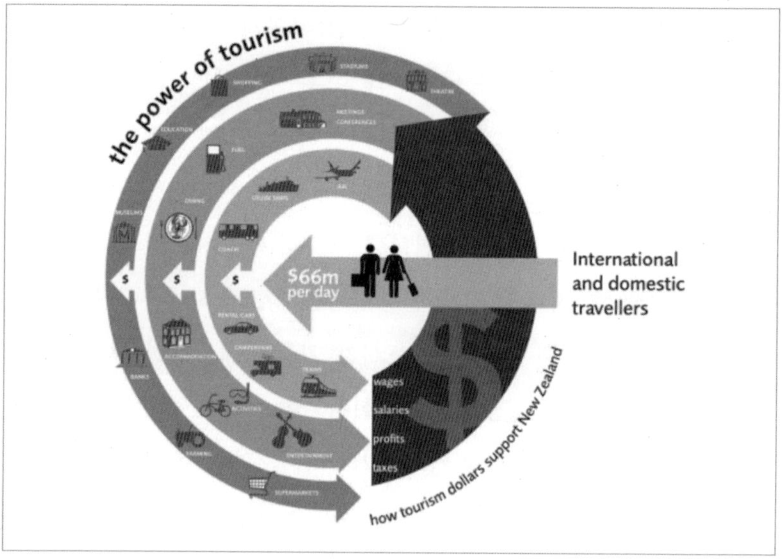

출처: http://www.tourism2025.org.nz/

이와 같이 방문자 경제의 파급력이 확인되면서 세계적으로 많은 나라들에서 방문자 경제를 활성화 시키고자 노력하고 있다. 미국, 영국, 독일, 프랑스와 싱가포르 등 주요국들이 문화유적이나 자연경관을 활용한 관광 상품을 개발하고 대규모 복합리조트를 건축하거나, 자연 환경과 문화 환경을 활용한 콘텐츠를 개발하는 등 관광산업을 차세대 성장 동력으로 육성하기 위한 정책을 경쟁적으로 추진하고 있다.

대표적인 사례로 호주 빅토리아州는 도시 자체에서 방문자 경제 전략(Victorian Visitor Economy Strategy)을 수립하기도 했다. 호주의 관광 산업은 2015년 현재 475억 달러로 국내 총생산(GDP)의 3%를 창출하면서 매년 5.3%의 성장률을 보이고 있다. 이는 호주 경제 전체 성장률의 3배 정도로 580,800개의 일자리를 지원하고 있고, 직·간접적으로는 호주 전체 고용의 10%인 약 백만 명의 일자리를 지원하고 있는 것으로 나타났다.[60]

방문자 경제는 공유경제의 성장에도 기여하고 있다. 초기에 방문자 경제에서 활용하는 공유경제는 숙박 분야에서만 활성화 되었다. 초기 단계에서도 공유경제는 교통수단(자동차 공유 및 주차장), 요식업, 여행 프로모션 및 기타 필수 서비스로 여겨지는 서비스 부문과 방문자 경제 내 다른 부문에 영향을 미치고 있다. 이는 방문자 경제의 일부를 공유경제가 차지하고 있었다는 설명이 더 타당할 것이다.

방문자 경제 영역에 공유경제가 매칭될 수 있는 연관성과 특·장점은 무궁무진하다. 수많은 연관성 들 중 대표적인 몇 가지를 정리해 보면 다음과 같다. 첫째, 방문객은 해당 지역에 일시적인 체류와 이용을 목적으로 하는 사람이므로 다른 분야보다 공유경제의 이념에 대해 친숙하고 개방적이다. 둘째, 기존의 획일적이고 상품화된 관광서비스가 충족시키지 못하는 부분을 공유경제 플랫폼을 주로 이용하는 젊은 층의 다양한 개성과 니즈가 공유경제를 통해 자신들만의 경험과 독창성으로 승화시킬 수 있는 장점이 있다. 셋째, 디지털 기반의 환경이 공유경제 비즈니스를 확장하는 비용을 절감할 수 있게 하여 공유경제 비즈니스 시장진입 장벽이 낮다는 장점이 있다. 넷째, 방문자 경제와 공유경제는 사업 영역의 확장성이 무궁무진하다는 공통점이 있다. 방문자 경제는 방문자의 목적과 취향 등에 따라 숙박, 이동, 식사, 문화 등 다양한 영역과 범위에 영향을 미치고 이에 대응하는 공유경제 유형 또한 다양한 방식으로 출현하고 있다.

공유경제가 방문자 경제의 영역에 들어가 성공적인 비즈니스 모델로 부상한 Airbnb, Uber, Stayz, Homecamp 등이 있으며, 복잡한 온라인 유통망의 일부를 구성하며 운영되고 있다. 방문자 경제가 공유경제의 형태로 운용되고 있는 모델들을 살펴보면 다음과 같다.

❙표 7-1❙ 방문자 경제 내 공유경제 비즈니스 모델

구 분	내 용
공간(숙박)관련 서비스	• 개인 방이나 주택 임대 및 전대(sublet), (에어비앤비, 스테즈, 카우치 서핑) • 무료 캠핑장 (캠프, 프리 캠프) • 주택교환이용(Houseswapping: Aussie House Swap; 하우스 투 하우스).
이동관련 서비스	• 라이드(Ride) 공유 (Uber, Lyft). • 자동차 공유 (Zipcar, Car2Go). • 개인 주차장 공유 (Parkhound; Monkeyparking).
기타 서비스	• 집에서 음식을 나눠 먹기 (Eatwith; Eatro) • 피어 투 피어 여행 가이드 (Vayable, Sidetour). • 업무용 공간공유 (WWOOFing)

7.3. 공유경제와 고용 그리고 긱 경제(Gig Economy)

공유경제와 고용에 관한 문제는 가장 뜨겁게 논의되고 있는 논제 중 하나이다. 공유경제는 인간과 물리적 자원을 모두 포함하는 모든 거래에 발생하고 있다. 소비자와 생산자의 접촉을 직접적으로 가능하

게 하는 경제 생태계와 플랫폼 구축을 통해 공유 또는 협업 경제의 모습으로 부상하게 되었다. 현재 진행되고 있는 공유경제의 등장과 함께 시장의 민주화에 대한 많은 관심과 우려를 불러일으키고 있다. 여기에는 접근권(Accessibility)과 유연성(Flexibility), 투명성(Transparency) 증대라는 긍정적 효과와 더불어 고용 문제가 얽혀있다.

인터넷 기반의 초연결 사회를 토대로 잉태한 공유경제는 플랫폼으로 구축된 가상의 시장을 통해 자원을 공유하게 된다. 그 과정에서 개인의 신분과 자유가 드러나게 되고, 문명 발전의 최고로 여겨지는 도시의 익명성을 초월하는 플랫폼 내 커뮤니티(Community)의 힘이 중요하게 된다. 공유경제는 기존 시장경제체제의 주요 요소였던 생산자, 판매자, 중재자의 경계를 허물어 혁신으로 이끄는 긍정적인 효과도 있지만 한편으로는 많은 것을 간과할 위험도 상존하고 있다. 따라서 아직도 해야 할 일이 많으며 해결해야 할 여러 우려 사항이 있다.

공유경제 우려사항 중 하나로 고용의 감소와 유연화로 인한 폐해를 들 수 있다. 파이낸셜 타임즈의 존 갭퍼(John Gapper)의 말을 빌어 보면 미래 경제상황에서 일어날 일과 고용에 관해 짐작할 수 있다. 갭퍼는 "더 이상 새로운 작업 세계는 이제 존재하지 않으며 직업의 안전성도 떨어진다"고 하였다.[61] 기존 경제체계의 전형적인 노동자는 공장의 생산라인이나 사무실의 샐러리맨으로 고용되었고, 피고용인으로서 안전하고 동시에 억압된 기계의 톱니바퀴처럼 살았다.

하지만 2008년 이후 세계적인 경기침체가 지속되면서 기업은 상대적으로 취약한 직종에 고용된 사람들부터 퇴출하기 시작했고, 덧붙여 디지털 자동화, 인터넷 시대가 가세하여 더 이상 거대한 시스템을 운영할 필요성이 없어지게 되었다. 최근 영국에 기업과 노동자간 고용에 대한 현재 이슈를 보여주는 사례가 있다. 영국에서 노동자들은 고용을 보장받기 위해 노동기구에 가입하는 사람이 늘어나는 반면 기업은 제로시간 계약(Zreo-Hour Contract)을 강행하기도 했다. 이는 고용주가 수요에 따라 노동자를 고용할 수 있게 하고, 동시에 피고용인에게는 유연성(Flexibility)과 소득불안정 사이의 위태로운 상황을 넘나들게 되는 것을 의미한다. 이러한 상황은 영국만의 문제가 아니라 세계적으로 지속된 경제 불황의 여파로 인해 전 세계가 겪는 공통된 현상으로 확산되고 있다.

우리나라에서도 이미 몇몇 기업들이 고용의 유연화와 조직을 축소하는 작업을 시작하고 있다. 대표적으로 고도 성장기에 은행의 역할은 성장과 발전의 동력이 응집된 조직으로 각광받던 곳이고 직장인들이 선망하는 기업으로 선정되는 곳이었다. 그러던 은행들이 경제체제의 변화에 살아남고자 구조조정과 조직 개편 등에 이어 오프라인 점포를 폐쇄하기에 이르는 상황을 보더라도 더 이상 안전한 직업은 없다.[62] 또한 이러한 변화는 앞으로 다가 올 산업과 직업 변화의 시작이라는 점에서 고용 시장의 변화에 적응하고 준비할 수 있는 안목이 요구된다.

이제는 누구도 자신의 일자리에 확신을 가질 수 없는 시대가 다가오고 있다. 과학기술의 비약적인 발달이 가져온 제4차산업혁명은 도시와 국가의 지속가능성 여부를 새로운 일자리를 얼마나 창출할 수 있는가에 좌우된다고 해도 과언이 아닐 정도로 고용에 큰 영향을 미칠 것이다. 이러한 관점에서 폭발적으로 성장하는 공유경제가 우리의 일자리에 어떤 영향을 미칠지가 초미의 관심사이다.

공유경제 시장의 원칙을 기존 경제 체제에서 통용된 고용에 적용해보면 공유경제 하에서는 고용주와 피고용인 간의 관계에 있어 재조정 되어야 할 것이 있다. 공유경제는 피고용인의 소득 보장 향상과 고용주가 광범위한 영역에서 안정적으로 피고용인을 이용할 수 있어야 하는 두 가지 목적이 합치되어야 한다. 사실 현재 상황으로만 보면, 공유경제가 지역 사회에 부와 일자리를 창출하고 또한 지속가능하게 하는 경제모델로 자리 잡은 것은 아니다. 그렇지만 지역 사회를 토대로 하는 지역 일자리를 창출할 수 있는 핵심적 요소가 되고 있는 것만은 확실하다.

또한 공유경제는 다양한 자원을 활용하고 창업의 장벽을 낮추어 일자리를 창출할 잠재력을 제공한다. 특히 사람과 자원의 밀도가 높은 도시는 작업 공간 공유, 상업용 부엌공유, 지역 사회자원을 활용한 창업, 상업 센터 및 팝업 비즈니스를 위한 공간 공유와 같은 다양한 공유경제 출현이 가능하다. 이러한 장점들을 활용해 공유경제 혁신을 지원함으로써 창업을 육성하고 일자리를 창출해 공유경제의 효과성을 높이기에 적합하다. 그렇다면 공유경제는 고용에 긍정적인 효과만 가지고 있는가? 이에 대해서는 다음을 통해 살펴보고자 한다.

공유경제가 좋은 일자리를 제공하는가?

공유경제는 물리적, 시간적, 공간적으로 사업 영역 확대하였고, 비용절약, 고용확대의 기능을 하고 있다고 평가받는다. 이와는 대조적으로 일부 전문가들은 공유경제가 불완전 고용자와 경제적으로 취약한 사람들을 혜택이 없고 보호 장치가 거의 없는 일자리로 유혹할지도 모른다고 우려하고 있다. 종신고용을 기본으로 여기던 시대는 지나가고, 이제는 노동 서비스를 제공하는 사람들뿐만 아니라 개별

사업자나 자산을 임대하는 사람들까지도 근로자로 포섭시키게 되었다. 이렇게 새롭게 포함된 근로자와 고객 간의 단기간의 관계로 형성된 개별적인 일로 경제생활을 유지해야 하는 시대가 도래 하고 있음을 알 수 있다.

거기에 과학기술의 발전에 의한 디지털 플랫폼 구축은 모바일 장치의 편재성(Ubiquity)을 바탕으로 풍부한 노동자와 고객 풀(Pool), 방대한 양의 실시간 정보를 활용할 수 있게 하였다. 그리고 플랫폼 제공자는 이러한 토대를 바탕으로 효율적인 연결 작업을 수행할 수 있는 능력을 갖추게 되었고 독립적인 업무 영역으로 확장하고 있다. 여기에서 말하는 독립적인 업무란 고도의 자율성이 주어지는 것을 조건으로 노동에 대한 대가를 지불하거나 양도 혹은 판매, 거래할 수 있는 것을 말한다.

공유경제 모델에서 요구되는 노동 수요는 독립적이고 일시적인 일에 대한 수요로 흔히 알려져 있다. 이는 '긱 이코노미(Gig Economy)'로 불리우는 새로운 노동 트렌드로 고용시장이 전환됨을 의미한다. 맥킨지의 조사에 의하면 미국과 EU 15개국 근로연령인구의 20~30%, 또는 최대 1억 6,200만 명의 개인이 독립적인 업무에 종사하고 있다고 한다.

긱 이코노미(Gig Economy)는 기업들의 필요에 따라 단기 계약직이나 임시직으로 인력을 충원하고 그 대가를 지불하는 형태의 경제를 의미하기도 한다. 긱(Gig)이란 단어는 '일시적인 일'이라는 의미를 내포하는 용어로 1920년대 미국 재즈 공연장 주변에서 연주자를 잠깐 섭외해 짧은 공연을 한 데서 비롯되었다.[63] 맥킨지는 '긱(Gig)'을 '디지털 장터에서 거래되는 기간제 근로' 라고 정의하였다.

기존의 고용은 회사가 직접 직원을 채용해서 정식 계약을 맺고 노동력을 보유하여 고객들에게 제품이나 서비스를 제공하기 위해 회사의 노동력을 활용하는 형태였다. 반면 '긱 이코노미'에서는 기업이 수요에 따라 초단기 계약 형태로 노동을 공급하는 사람을 활용하는 방식이다. 노동 공급자는 누군가에게 고용되어 있지 않고 필요할 때 원하는 시간에 원하는 만큼만 일시적으로 고용돼 고객이 원하는 노동을 하고 이를 통해 수입을 창출한다.

일례로 우버는 전 세계 110만 명이상(2015년 말 기준)의 기사를 직접 고용하는 대신 '드라이브 파트너'로 계약하고, 독립 계약자(Independent Contractor)의 형태로 서비스를 제공하고 있다.

파이낸셜타임스(FT)에 따르면 최근 맥킨지 글로벌 인스티튜트(McKinsey Global Institute : MGI)가 미국과 유럽의 근로연령의 성인 8,000명을 대상으로 조사한 결과 20~30%가 회사에 소속되지 않은 '독립근로자 즉 프리랜서'로 나타났다. 수치상으로 보면 3명 중 1명이 긱 경제(Gig Economy)에 해당하는 노동인구인 셈이다. 이는 노동시장의 변화 뿐 아니라 생활의 변화를 짐작할 수 있는 결과이기도 하다. 긱 경제 참여 노동 인구가 선택에 의한 참여인지 마지못해 선택한 것인지에 대해 알 수 없지만 긱 경제에 동참하는 인구가 증가하고 있는 것은 사실이다.

긱 경제의 도입과 파급현상으로 인해 고용의 안전성이 떨어져 업무에 대한 불만이 늘어나고, 비정규직화를 가속시킨다고 하는 불만과 우려가 사실 단편적인 현상에 대한 설명인지 과정인지 명확하게 설명할 수 없다. 사실 독립적인 근로자 이건 전통적인 직업이건 간에 필연적으로 일하는 사람들은 비슷한 수준의 업무에 대한 불만을 가지고 있다. 따라서 공유경제가 도입되면서 기존 노동시장에서 종신고용이 줄어들고, 독립적 혹은 일시적인 일이 늘어났다고 하는 변화들에 대해 명확하게 그 원인을 공유경제 도입으로 지목할 수는 없다. 그보다 더 명백한 것은 과학기술 발달과 경기 침체, 성장의 한계, 인터넷 기반 확충, 스마트폰과 태블릿 등 모바일 기기의 편재로 인한 경제 환경과 사회구조의 변화에 따른 결과라고 말하는 것이 더 설명력이 있다.

공유경제 디지털 플랫폼이 근로자와 서비스 구매자를 연결시키는 대규모의 효율적인 시장을 창출하게 되면서 점점 더 독립적인 일들이 빠르게 증가하고 또 진화하고 있다. 동시에 산업계 전반에 디지털 전환이 진행되는 동안 삶의 질, 인간성 회복 등을 중시하는 인문환경의 변화도 한 몫을 하고 있다. 여기에 독립하고자하는 전통적 근로자의 열망, 일하기를 원하는 대규모 실업자 및 비활동 인구, 소비자 등의 공동체 조직 결성은 독립적인 노동력의 성장을 촉발하고 있다.

이상에서 살펴본 각 경제의 발생 요인과 영향 등을 통해 각 경제에 참여하는 사람들의 공통적인 특성을 발견할 수 있다. 이들은 고도의 자율성(High Degree of Autonomy)을 가지고 있으며, 근로자와 사용자 간에 단기 계약(Short-Term Relationship Between Worker and Customer)에 따른 관계가 형성되면, 과제나 업무할당, 판매(Task, Assignment, or Sale) 등을 통해 보수가 지불된다는 공통 특성을 갖는다.

각 경제 참여자들의 특성을 강화시키는 역할은 SNS와 정보통신기술이 한 몫하고 있다. 이들은 온라인에서 사회적 관계망을 형성하고, 그 속에서 쌓은 신뢰와 평판으로 일거리를 찾는 프리랜서로 활동하고 있다. 수치적으로 각 경제에 참여하는 숫자는 점점 늘어나고 범위 또한 확장되고 있다는 것은 분명 각 경제가 주는 이점이 우세할 것이라 짐작할 수 있다. 어떠한 혁신이라도 대중의 필요와 시대적 배경이 조화를 이루지 못하면 사장되어버리는 것처럼 긱 경제도 예외는 아닐 것이기 때문이다. 하지만 긱 경제가 갖는 이점의 주체에 대해 기업, 노동력제공자, 중개인인지 대해서는 확답할 수 없다. 대신 맥킨지가 예상하는 2025년 긱 이코노미 수혜 규모를 살펴보면 다음과 같다.

┃그림 7-4┃ 긱 경제 수혜 규모

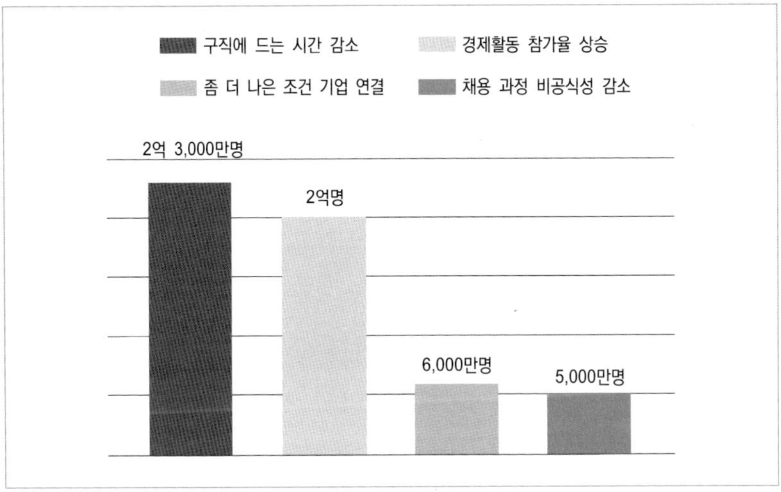

출처: McKinsey KB금융지주 경영연구소

그림에서 보듯이 긱 경제(Gig Economy)를 통해 발생하는 수혜 효과는 구직 시 시간 감소, 더 좋은 조건으로의 이동용이, 경제활동 참가율 상승, 채용과정에서의 비공식성 감소 등을 꼽고 있다. 또 다른 효과로 제시될 수 있는 것으로는 실업완충효과가 있다. 긱 경제는 실업을 겪은 근로자를 독립적인 근로자로 고용해 실업 완충효과를 가져와 수요를 자극하며 생산성을 높일 수 있다. 긱 경제 수혜효과는 참여자들의 요구가 서로 매칭 되었을 때 효율적으로 발휘될 수 있다는 점에서 근로자, 사용자, 조직의 요구에 주목할 필요가 있다. 독립적인 일을 선택하는 근로자는 자율성과 유연성을 중요하게 생각한다. 피고용인의 반대 측면에 있는 소비자는 비용 절감과 서비스의 가용성을 높이고, 조직은 요구 사항을 보다 잘 충족시키는 향상된 연결을 통해 이익을 얻을 수 있게 된다.

이상과 같은 긱 경제의 효과에 대해 대부분의 전문가들은 특정 기술이나 능력에 대한 수급 불균형을 완화해 신규 일자리를 창출하고, 근로시간의 유연성 확대로 비경제활동 인구가 노동시장에 재진입하는 기회를 부여하는 긍정적인 효과를 가져 올 것으로 예상하고 있다.

반면 다른 한편에서 긱 경제(Gig Economy)는 대체적으로 비정규직·임시직을 늘려 고용의 질을 떨어뜨리고, 임금상승을 둔화시키는 원인이라고 지적한다. 이를 설명하는 근거로 실업률이 급락해도 임금이 상승하지 못하는 이유가 바로 임시직 고용 증가 때문이라는 것이다. 샌프란시스코 연방준비은행은 "임금 상승은 왜 더딘가(Why is Wage Growth So Slow)"[64]라는 보고서를 통해 고임금을 받던 미국 베이비붐 세대가 은퇴하는 대신 저임금 근로자(긱, Gig) 위주로 고용이 대체되면서 임금 상승세를 제약하고 있다고 진단했다. 또 한편으로는 기술의 발전에 따라 수많은 직업이 사라지게 될 것이고, 탈기술·저숙련 노동자들은 긱 경제 부상으로 인한 낮은 소득과 악화된 고용환경을 갖게 된다. 반면 고숙련 노동자는 정규직 외에 추가적으로 유연한 긱 경제에 동참할 수 있어 높은 소득을 얻을 수 있을 것이다. 결국 기술발전으로 새로운 생계수단의 방법이 출현한 것이고, 기술화된 노동자(고도기술보유자)와 탈기술화된(deskilling) 노동자(비숙련노동자) 사이에 자유와 소득의 차이라는 특성을 갖는 것으로 귀결된다.

이러한 우려들을 불식시키기 위한 노력들이 곳곳에서 나타나고 있다. 지역 일거리와 프리랜서를 연결해주는 온라인 플랫폼 서비스를 하는 TaskRabbit은 일정수준으로 임금을 정해 근로자들이 시간당 12.80 불 이하의 임금을 받지 못하도록 하고 있다. Peers.org와 Freelancers Union과 같은 길드에서는 독립 계약자가 할인된 건강보험 및 통신계획에 액세스할 수 있는 협상 권한을 확보하는 방법을 마련하기도 했다. 또한 일부 공유플랫폼은 어떻게 하면 공급자에게 공평성을 부여하고, 가치를 창출하는 사람들과 가치를 공유할 수 있는지 주시하는 작업을 지속적으로 수행하고 있다.

이와 같이 공유경제를 바라보는 관점에 따라 다양한 의견이 제시되고 있지만, 공유경제 최대의 장점으로 꼽을 수 있는 것은 유연성과 자율성이다. 공유경제는 수백만 명의 사람들이 자신의 시간, 기술 및 재능의 가치를 가상의 시장에 풀어놓고 이전에 결코 불가능했던 방식과 규모로 돈을 벌 수 있는 기회를 제공한다. 기술 집중과 고도로 계층화된 시스템에서 수많은 노동자와 기업을 시장에서 밀어내고 있는 포스트 산업시대에 새로운 혁신으로 등장한 것이 공유경제 패러다임이다. 공유경제는 상품과 서비스를 만들고 액세스하는 방식을 변화시키는 플랫폼을 제공하면서 전통적인 중개인을 우회하여 소비자와 생산자의 니즈를 공급자와 소유자에게 직접적으로 연결될 수 있게 한다.

이러한 변화는 모든 수준의 노동력과 모든 연령층의 근로자에게 영향을 미치고 있다. 예를 들어 운전자와 가정부, 전문직 변호사까지, 공유경제 플랫폼에서 일하는 개별사업자들은 4가지 영역에서 새로운 경제에서 얻는 특별한 혜택을 얻고 있다.

첫 번째는 오전 9시부터 오후 5시까지 정해진 시간에 근무하는 것과 같이 정해진 직업이 없는 사람들이다. 공유경제에 의해 제공되는 융통성과 자율성 덕분에 이 영역의 사람들은 일할 수 있는 기회를 가질 수 있다. 대표적인 예로 집에 머무르는 부모님, 은퇴자, 학생, 장애인 등이 여기에 속한다.

두 번째는 어려운 고용시장에서 직업을 찾을 수 없는 사람들이다. 공유경제는 실업에 대한 완전한 해답이 아니지만, 독립적인 수입을 창출하는 데 없어서는 안 될 방법을 제공함으로써 많은 사람들에게 도움을 줄 수 있다.

세 번째는 전문가들로 이들은 하나 이상의 공유 플랫폼에서 브랜드, 마케팅, 지원 및 배포 서비스를 제공함으로써 이전에는 불가능했던 방식으로 비즈니스를 확장할 수 있게 되었다. 특히 가장 흥미로운 공급자 범주에 포함되는 사람들로 추가 수입을 얻으려고 하는 전통적인 풀타임 직업을 가진 사람들이 여기에 속한다.

미국의 카쉐어링 업체인 리프트(Lyft) 운전자 1,156명에게 풀타임 일자리를 구할 것인지 묻는 질문에 25%만이 대답하고 있는 현실은 이제 많은 사람들에게 전통적 고용 관계는 시대적 요구를 충족시키지 못해 매력을 느끼지 못하는 것일 수도 있다는 현실을 짐작할 수 있다. 자신의 일정과 임금 및 근무지를 스스로 정하고 자신이 잘하는 것을 즐기면서 할 수 있는 능력은 전통적인 직업의 이점을 능가한다고 할 수 있다. 공유경제에서는 일자리를 구하는 것보다 일거리를 구하는 사람들에게 더욱 친숙하다. 변화하는 경제 환경과 자연환경, 의식의 변화까지 감안해 생각해본다면 공유경제는 선택이 아니라 우리의 미래이고 현실이라는 확신이 든다.

08

공유경제의 영향과 효과

8. 공유경제의 영향과 효과

공유경제의 급속한 보급과 성장 속도만큼이나 공유경제가 미치는 영향은 시장 참여자에게 광범위하고 빠르게 전파되고 있다. 경제적인 측면은 물론이고 사회적, 환경적, 기술적인 측면 등으로까지 전 영역을 넘나들며 그 영향력을 넓혀가고 있는 상황이다. 공유경제가 갖는 접근성(Accessibility), 편리성(Convenience), 요구수용성(On-Demand) 등으로 대표되는 주요 특성은 영향력의 확산에 기여하고 있다. 심지어 개인의 소비패턴과 행동 등도 변화시키고 있다(Bowman 2015 ; Mondon 2015).[65] 비즈니스 측면의 공유경제는 전통적인 시장경제에 비해 아직까지 느슨한 규제 하에 운영되고 있으며 그 틈을 이용해 일련의 새로운 시장을 성공적으로 창출하고 있다(Miller, 2015).[66]

이 외에도 자본주의 경제 체제를 위협한다는 주장이 있을 정도로 기존의 전통적 시장경제에 다양한 영향을 미치고 있으며 갈수록 증가하는 변수들과 사례 등을 통해 검토되고 있는 중이다. 그럼에도 공유경제에 대한 명확한 개념정의도 이루어지지 않는 상황이고, 아직은 초창기라 구체적이고 명확한 영향과 기대효과 등이 논의된 것도 아니다.

공유경제의 영향과 효과를 보여주는 대표적인 사례가 있다. 1989년 미국 알래스카에서 최악의 기름유출사고가 발생했다. 액손 발데스가 좌초되면서 1,100만 갤런의 기름이 유출된 사건으로 현재까지도 해양에서 발생한 인위적 환경파괴 사건 중 최악으로 기록될 정도로 심각한 사건이었다. 사건이 발생한 알래스카 지역은 기온이 낮아 물과 기름이 엉켜 복구에 어려움이 많았고 이 문제를 해결하기 못한 채

20년 가까운 시간이 흘렀다. 알래스카에서 발생한 최악의 기름유출 사고에 대해 세계기름유출연구소(OSRI)는 미국의 이노센티브(Innocentive)를 통해 2만 달러의 상금을 걸고 대중에게 문제를 공개했다. 이노센티브는 세계 전역에서 활동하는 과학기술자들과 주요 기업들에게 각종 연구개발 과제를 크라우드 소싱 방식으로 연결해 솔루션을 제공하는 인터넷 비즈니스 기업이다.

최악의 기름유출사고에 대한 솔루션을 이노센트에 의뢰하게 된 후 기적적으로 평범한 전직 시멘트회사 직원이 결정적 단서를 제공하면서 단 3개월 만에 해결책을 찾게 되었다. 그는 시멘트가 굳지 않게 저어 주듯 기름도 같은 방법을 적용할 수 있다고 제안하였다. 결국 수십 년 동안 전문가와 고도의 기계, 방법 등을 적용해도 해결하지 못했던 난제를 일반인의 경험과 지혜가 문제 해결의 열쇠를 제공하게 된 것이다. 윌리엄 모턴 휠러(William, M. Wheeler)가 개미를 관찰하며 처음으로 집단 지성(Collective Intelligence)[67]이라는 개념을 제시한 이후 인터넷 활용이 일상화된 현대사회에서 공동의 문제를 공동의 힘으로 해결하는 긍정적인 집단지성의 능력을 검증하게 된 사례이다. 이노센트의 사례는 크라우드 소싱 방식의 공유경제 모델을 유명하게 만드는 계기가 되기도 했지만, 소유경제 시장에서 거래될 수 없던 것들이 지식이라는 무형자원으로 등장하면서 새로운 거래시장이 창출되게 하는 공유경제의 좋은 예라고 할 수 있다.[68]

현재 우리 생활에 깊숙이 들어와 있는 공유경제에 대해 필연성과 허구성, 장점과 단점, 일시성과 지속성 등 상반되는 주장과 의견들이 난무하고 있는 상황이다. 또한 공유경제라는 패러다임을 통상적인 비즈니스 측면에서 수용할 것인지 경제 체계라는 프레임으로 수용할 것인지, 경기침체를 극복하기 위한 대안으로 수용할 것인지에 따라 공유경제의 영향과 기대효과에 대한 판단도 다르다. 이에 대한 구체적인 합의가 이루어지지 않는 상황에서 단호하고 명쾌하게 영향과 기대효과를 정리할 수 없다는 현실적인 한계성이 있다. 하지만 분명한 것은 공유경제에 대한 관심이 집중되고 있고, 날로 영역이 확장되며 변화되고 있다는 점이다.

이상과 같은 한계성과 우려를 감안하여 최대한 있는 그대로의 현상만을 다루는 기술적 접근(Descriptive Approach)으로 공유경제의 영향과 효과를 정리해보려 한다. 특히 본 책의 주요 목적인 도시의 방향성과 발전방안을 강구하는 방안으로 공유경제에 접근하고 있어 비즈니스 측면 중심으로 공유경제의 경제적, 사회적, 기술적, 정책적 영향에 대해 정리해보고자 한다.

8.1. 경제적 측면의 영향

첫째, 공유경제 모델은 수요 측면에서 소비자 선택의 폭을 넓혀주고 다양한 수요를 시장으로 유인하여 신규 공유경제 기업의 진출로 이어지면서 소비자와 공급자의 증가를 가져온다. 경제적 측면에서 보면, 공유경제라는 그릇에 담아 플랫폼에서 거래할 수 있는 있는 물품과 서비스의 범위는 거의 무제한으로 늘어나고 있으며, 공급자와 소비자의 영역이 무뎌지는 상황이 만들어진다. 그 뿐만 아니라 차량공유의 예를 들면 환경 부담을 경감시키고, 차량 소유를 감소시키는 결과를 가져온다고 하는 연구도 있어 간접적인 영향력까지 추산한다면, 공유경제의 영향력은 산업 전반에 미친다고 해도 과언이 아니다.

먼저 기존 기업에 미치는 경제적 영향을 살펴보기로 한다. 현재 비즈니스 공유경제로 가장 활발하게 운영되고 있는 숙박, 택시 등 온디맨드(On-Demand) 경제는 기존 기업의 영향력을 축소시켜 법적 분쟁을 일으키기도 하여 주목받고 있다. 그렇지만 이와 동시에 엄청난 이윤 창출과 사업 확장성으로 다른 기업들의 벤치마킹 대상이 되고 있다.

Airbnb는 2008년 최초 시작되어 2015년 기준 34,000개 도시와 190개 나라에서 백만 개 이상의 업체 정보를 보유하고 있으며 사업개시 이래 2,500만 명의 고객을 확보하고 있다(Miller 2015). Airbnb는 세계적인 호텔 기업인 Hyatt(84억 달러) 및 Wyndham(93억 달러) 호텔그룹 보다 높은 시장가치를 가지고 있다(Miller, 2015)고 평가되기에 이르렀다. 공유경제기업 선두주자인 Airbnb가 플랫폼이 출시된 지 10년도 채 안되어 숙박 및 임대 시장에 대한 세계적인 주요 경쟁 업체가 된 것이다.

시장에서 거래되는 범위와 영역에 있어서 공유경제가 갖는 영향력은 기존의 상식을 깨는 수준이다. 특히, 기존 호텔그룹에서 제공하던 숙박 이외의 자기 방, 별장, 집, 펜션 등 사람이 지낼 수 있는 모든 공간을 상품으로 재탄생시켜 숙박과 여행업의 새로운 사업 영역으로 확장시켰다. 소비자 입장에서 보면 과거 숙박 서비스를 이용하려고 할 때 호텔이라는 방식만 선택할 수 있었지만, 숙박 공유경제 플랫폼으로 자신의 취향, 경제적 여건과 일정에 따라 다양한 방식의 숙박을 선택할 수 있게 되었다.

공유경제가 사업의 공간적 범위에 미치는 영향도 간과할 수 없다. 이 점은 지방도시와 소규모 지역의 미래 전략을 모색하는 데 있어 지역의 활성화를 위한 돌파구로 활용할 수 있어서 의미가 있다. 세계적으로 방문자 경제를 지역 발전전략으로 내세우고 있어 공유경제의 요소를 지역발전으로 연결시키고 있다. 기존 관광산업의 틀에서 보면 방문객을 맞는 지역에서는 호텔 등의 숙박시설과 특별한 관광상품이 있어야 방문객을 유인할 수 있었다. 그렇지만 세계화와 도시화를 거치는 과정에서 대도시를 제외한 지방도시와 중소규모의 지역에서 기존 시장경제체제에 적합한 기반시설을 갖추는 것은 불가능하다. 그러한 지역에 공유경제 모델을 적용하면 기반시설이 없는 지역이라고 해도 방문객을 유치할 수 있고, 지역의 소득 창출과 수요 충족으로 지역을 활성화시키는 방법으로 활용할 수 있다.

이상에서 살펴본 것처럼 공유경제의 영향은 분명 존재하고 있고, 영향력이 미치는 범위와 정도가 상승하고 있지만 현재까지 영향력에 대한 명확한 기준과 결과치가 없다. 특히 공유경제에 투입되는 제품과 서비스의 유통채널로서 공유플랫폼에 의해 발생하는 결과물에 대한 정확한 데이터가 공개되지 않고 조사 자체도 쉽지 않다. 일부 공유경제 기업의 성과가 전체 공유경제의 잠재력을 보여 주고 있지만, 기존경제의 성장을 보완하는지 또는 대체하고 있는 것인지 확인하는 것은 어렵다. 하지만 그럼에도 공유경제 플랫폼이 전통적인 공급 네트워크를 희석시키고, 다변화시킨다는 점은 분명하다.

경제적 측면에서 공유경제가 미치는 영향 중 또 다른 것은 공급망을 다변화시키고 수요를 확산시킨다. 이는 플랫폼을 이용하는 사람들의 공동체 구축, 협업 및 신뢰를 바탕으로 형성된 평판을 통해 사용자의 경험을 극대화하는 전략을 통해 가능하다. 가상 인터넷 플랫폼에서 형성된 신뢰를 기반으로 하는 사회적 네트워크는 공동의 소비시장이라는 플랫폼을 통해 가시화된다. 그리고 개인주택은 물론 레저 및 비즈니스 관광 등까지 겨냥한 프리미엄 숙박 시설들까지 자신들의 플랫폼이 제공하는 서비스에 포함시킨다. 이로서 단순한 저가유형의 숙박프로그램이라는 인식을 불식시키며 사업 영역의 확장을 꾀하고 있다.

공유경제 기업의 성장은 기존 기업의 매출에 영향을 미치기도 한다. Zervas, Proserpio and Byers(2015)의 연구에 의하면 Airbnb의 공급이 미국 텍사스 주에서 호텔 수익에 상당한 영향을 미친다는 경험적 증거를 제시하고 있다. 2008년과 2014년 사이에 텍사스 주의 호텔 수익과 Airbnb의 데이터를 비교하여 호텔 가격과 객실 점유율을 조사한 결과, 텍사스 오스틴에서는 Airbnb시장 규모가 10%증가하면 월별 호텔 객실 매출이 0.37% 감소하여 부정적인 영향을 미친다고 하였다.[69]

공유경제는 진출 장벽이 낮아 새로운 공유경제 기업의 출현을 유인하며, 새로운 가치를 부여하기도 하고, 고객의 편의성을 증진시키기도 한다. 전 세계 차량 네트워크 공유경제 모델로 2016년 기준 약 70조의 기업 가치를 인정받고 있는 Uber의 성공은 2012년 Lyft라는 경쟁자를 등장시켰다. Lyft는 현재 미국에서 영업 중이며 차량공유를 통한 환경보호, 교통 혼잡 감소, 자동차 유휴 자리 공유를 통한 지역 공동체회복이라는 가치를 내세우고 있다. 소비자들에게는 차량공유 기업이 많아지면서 선택의 폭이 증가하게 되고, 공급자들 또한 공유 플랫폼을 선택할 수 있어 공급 네트워크를 증가시킬 수 있고 수익 창출의 다변화를 기할 수 있다는 이점이 있다. 특히 경제성을 담보하지 못하는 지역, 야간 경제, 수요가 많지 않거나 한정된 니즈의 경우 시장경제가 담당하지 못하는 부문에서의 니즈에 대응할 수 있다는 장점이 있다.

또한 Uber, Lyft, Relayrides, Parkhound와 같은 공유경제기업들의 성장은 비용 및 자동차 소유권과 관련된 탄소 발자국[70]과도 연관된다.[71] 차량공유를 비롯한 운송수단의 공유는 지역 내 차량 수의 하락을 초래하기도 한다. Cervero et al.(2007)의 연구는 2001년 비영리 차량공유(City CarShare)프로그램 도입에 의해 캘리포니아의 샌프란시스코 bay지역에 소유하는 차량의 수가 감소되었음을 확인하였다.[72]

경제적 측면의 공유경제 영향으로 제시할 수 있는 또 다른 하나는 기존 기업의 연계를 통한 새로운 경제 모델로 변신하고 있다는 점이다. 초기 공유경제가 출현할 당시 기존 기업들은 시장경제와 대치되고, 자신들의 영역을 침해하는 것이라 생각했다. 이로 인해 법규와 현실 사이의 괴리를 공유경제를 배척하는 방패로 제시하였다. 그러면 그럴수록 소비자들은 공유경제에 관심을 갖게 되었고, 다양한 상품과 서비스를 제공한다는 공유경제 이점이 알려지면서 기존 상식에서 벗어나 공유경제를 실험해보는 사람들이 늘어나게 되었다. 급기야 우버는 창립 7년이 된 2016년에 100년 이상의 역사를 지닌 포드(524억 달러)와 제너럴모터스(471억 달러)의 기업 가치를 넘어 625억 달러의 가치를 갖게 되었다.[73]

이러한 급속한 변화에 기존 업계에서도 공유경제를 단순히 한때 유행하는 문화로 치부해버리는 수준에서 벗어나 공유 문화를 기업 전략으로 적용시키려 하고 있다. 기존 시장에서는 기업이 상품과 서비스를 제공하고 소비자가 이에 응답하는 방식을 운영되었다면, 공유경제에서는 소비자의 니즈를 플랫폼에서 모아 각 공급자와 연결해주는 방식으로 전환되었다. 이는 기업과 공급자 주도형에서 수요자 주도형으로 패러다임이 변화되었다는 것을 의미한다. 공유경제와 같은 수요자 주도형 방식은 충분한 네트워킹이 구축되어야 운영이 가능한 체계이다. 지금은 공급자와 수요자를 연결하는데 플랫폼 제공자가 중재자로 존재하고 이들이 공유경제 기업으로 자리해 급성장과 확장을 계속하고 있다. 그렇지만, 향후 사물인터넷(IOE)이 전면 확대되면 현재 플랫폼을 제공하는 중재자의 필요성이 없어지게 될 것이다.

공유경제 기업들은 미래에도 플랫폼 제공자의 영역을 빼앗기지 않기 위해 기존 기업들과 협력하는 것은 물론이고 끊임없이 새로운 사업영역의 확장을 시도하고 있다. 그리고 기존 기업들도 공유경제를 미래 경제 패러다임으로 수용하여 기업의 성장과 생존을 위해 공유경제 기업들과 협력하고 있다. 일례로 우버는 자동차를 보유하지 않는 차량공유 플랫폼기업으로 유명한데, 최근 자율주행 대형 트럭을 개발하는 벤처 기업 오토모토(Ottomotto)를 인수하였고,[74] '우버 엘리베이트' 프로젝트에 미 항공 우주국(NASA)에서 30년간 일한 항공기 전문가 마크무어를 영입하기도 했다.[75] 또한 벤츠, 폭스바겐, 포드, 현대자동차, 구글 등 IT기업, 공유경제 기업들이 미래 새로운 상품·서비스 개발과 성장을 위해 배척에서 협력하는 방식으로 방향을 선회하였다. 공유경제 모델이 확장되면서 과거 경쟁과 대립의 양 축을 이룬다고 생각했던 기업들이 미래 생존을 위해 서로 협력하게 된 것이다.

8.2. 사회적 측면의 영향

공유경제 모델이 등장한 이후 지난 10년간 운송, 숙박, 쇼핑, 관광 등의 분야에서 폭발적으로 성장하였고 이제 공유가 경제의 주류로 자리잡아가고 있음을 증명하듯 관심도 증가하고 있다. 공유경제 발생의 배경이 경기 침체와 불평등, 산업화 시대 이후 증대된 소비 욕구

등으로 지목한다면, 일차적으로 경제적 측면에서 공유경제의 영향을 주로 논의해도 충분할 것 같다. 그럼에도 불구하고 경제활동과 소비행동은 개인의 심리적, 사회적인 영역에까지 미치는 것으로 사회적인 측면의 영향을 간과할 수 없을 것이다. 공유경제에 대한 사회적 측면의 영향은 소비문화의 변화, 공동체 의식 고취, 현대 도시문제 해결방식으로의 접근이라는 세 가지 측면에서 살펴보고자 한다.

첫째, 소비문화의 변화를 들 수 있다. 자본주의 사회에서 소비는 경제의 한 축을 담당하고 있으며 생산과 재생산을 유발하는 가장 중요한 활동이다. 상품이 부족하던 시대의 소유는 가진다는 것 이상의 자존감과 인격을 표현하는 방식이었다. 하지만 기술발전으로 이룩한 생산력 향상은 소비할 수 있는 양을 초월한 생산이 가능하게 하였다. 과잉 생산된 생산물에 대한 과잉소비를 부추기게 되었고, 결과적으로 상품과 소비의 과잉을 가져왔다. 기업은 기술 발전에 따라 다양한 상품개발이 가능해졌지만 과도한 생산량을 소비할 만한 소비처를 찾지 못해 세계적인 경기 침체와 불황으로 이어지게 되었다. 지속된 경기 침체와 불황의 여파로 경제력이 뒷받침되지 못하는 상황으로 이어졌고, 이미 일상화된 소비와 다양한 욕구를 갖는 소비자들의 필요를 충족시키지 못하게 되었다.

공유경제는 불황의 틈을 타 공유를 내세웠다. 인류 역사와 함께 했던 과거의 공유가 상품과 자본이 부족하여 생존과 공생을 위한 공유였다면, 다시 등장한 공유는 넘쳐나는 상품을 공유하는 시대로 변하게 된 것이다. 여기에 공유경제는 경쟁력 있는 가격 및 편의성으로 소비자 요구를 충족시켰고, 기존에 소비자로만 머물렀던 시장 참여자가 공급자로 전환되면서 추가적인 수입이 가능하게 되었고 이로 인해

공급자로서 시장으로 유인하게 되었다.[76]

전통적인 시장경제 체제에서는 공급자가 상품을 생산하고 소비자가 소비하던 일방향적인 흐름이었다면, 현재의 공유경제에서는 공급자와 소비자가 정해지지 않아 각 수요에 따라 어떤 위치에나 놓일 수 있는 구조를 갖는다. 시장참여자 모두 생산과 소비를 담당하는 시장에서는 상품과 서비스의 품목과 종류가 더욱 증가하고 다양해진다. 따라서 어느 하나만을 소유한다는 것으로 다양한 소비욕구를 충족시키기에 부족하다. 특히 급속한 과학기술 발전으로 신규 상품과 서비스 공급 주기가 빨라지는 상황이 되면, 특정 상품을 소유하는 것으로 소비 욕구를 충족시키지 못하는 상황이 된다. 거기에 비용적인 측면에서 절약할 수 있다면 굳이 넘쳐나는 상품과 서비스 중에서 어느 하나를 소유해야할 이유가 없어지게 된다.

이렇듯 공유경제가 성장하게 된 데에는 소비문화의 변화가 사회적으로 보편화된 현상으로 작용한다. 소비자의 완전한 소유에 대한 요구보다 일시적인 경험에 대한 요구(Needs)가 언제 어디서든 접근할 수 있는 인터넷 기반의 플랫폼을 통해 실현가능하게 된 것이다. 네트워킹 사회는 너무도 많고 다양한 상품과 서비스로 소비자를 유혹하고 있으며 소비자는 그보다 더 많고 다양한 정보와 욕구를 갖고 있어 요구를 충족시킨다는 것이 어렵다.

둘째, 공유경제의 사회적 영향이라고 제시할 수 있는 것은 커뮤니티 활성화를 꼽을 수 있다. 사실 명확하게 입증되지는 않았지만 설득력 있는 주장 중 하나가 공유경제가 공동체 의식을 제공한다는 것이다(Belk, 2007). 스마트기기 기술의 발전과 피어 커뮤니티(Peer Communities)는 이전보다 더 빠르게 제품 및 서비스에 접근할 수 있게 하고 소비자가 보다 편리하게 인식할 수 있게 하였다. 신속성과 편의성은 공유경제 플랫폼을 이용하는 사람들의 세대간, 계층별로 느끼는 이질감과 괴리를 줄이는 역할을 한다. 공유경제 플랫폼을 통해 온라인 공동체가 형성되고 신뢰가 커지면서 오프라인 세계로까지 만남이 이어지게 되는 경우도 많다. 이렇게 형성된 공동체는 이전에 전혀 만날 수 없었던 활동영역의 낯선 사람을 만날 수 있게 되면서 교제 범위를 넓히게 하고, 함께하고 싶어 하는 인간의 교제본능을 충족시켜 주었다. 물론 공유경제 플랫폼에 참여하는 사람들과 그렇지 않은 사람들 간의 분리현상은 여전히 문제점으로 상존하고 있다.

그럼에도 불구하고 공유경제의 중요성이 커지는 것은 세대 간 문화 교류의 장으로 활용할 수 있고, 전통적인 경제적 접근의 가치와는 다른 가치가 있음을 인식하고 있다는 것이다. 즉 구매자와 판매자 간의 협업 관계, 정보 교환의 편의성, 공급업체의 비용 절감 등을 통해 소비자와 공급자 모두에게 공통된 가치(Commons)를 부여하고 있음을 짐작할 수 있다. 현재 공유경제로 통용되고 있는 공유경제 비즈니스에 커먼스(Commons)라는 개념을 적용시킬 수 있을 것인지에 대해서는 확실하게 말할 수 없다. 그렇지만 포괄적으로 생각해보면 협력적 소비를 철학으로 하고 있다는 점에서 공통된 가치를 커먼즈(Commons)라고 부를 수도 있을 것이다.

커먼스(Commons)는 다양한 형태를 가지고 있고, 광범위하게 사용되고 있는 용어라 명확하게 정의내리기가 쉽지 않다. 경제학자들은 커먼스를 공유재(Public Goods)라고 하여 공유지의 비극(The Tragedy of the Commons)을 극복할 수 있는 사회적 합의, 인간 본성의 문제, 규제의 필요성 등을 제안하였다. 하지만 기존 경제학자들이 이야기하는 커먼즈는 단순한 물리적 사물로 보고 있어 사회적인 관계와 활동 등을 무시하는 경향이 있다. 공유경제를 통해 공통된 가치를 형성한다는 측면에서 접근한다면, 데이비드 볼리어(David Bollier)의 커먼즈(Commons) 개념을 적용하는 것이 더 적합할 것이다. 볼리어는 커먼즈를 '모든 유형과 무형의 공유재 자체와 해당 자원을 활용하는 공동체, 자원을 관리하기 위해 공동체가 만든 규칙(Protocol)과 가치, 모든 규범들을 포함하는 것으로 공동체가 잘 살기 위한 패러다임'이라고 정의했다.[77]

공동체가 잘살기 위한 패러다임이라는 관점에서 볼 때 공유경제는 탄소 배출을 줄이는 데 도움이 되고,[78] 지역사회 참여를 장려하고, 자급자족을 촉진하며, 혁신을 장려하고, 경제적 제약을 받는 사람들에게도 기회를 제공할 수 있다.[79] 공유경제는 전통적인 경제 체계에서 소외되어 경제적 가치로 인정받지 못했던 지역 특산물이나 문화 등 지역의 자원을 거래할 수 있는 장으로서 플랫폼을 제공하고 이를 중심으로 모이게 하는 역할을 한다. 또한 실업자, 비취업자, 주부, 노인 등 경제활동이 활발하지 않는 사람들을 플랫폼으로 모이게 하고, 정보 교류와 거래로 이어지게 하여 사회에 참여할 수 있는 기회를 제공한다. 플랫폼에 모인 사람들은 공동의 커먼즈를 형성하며 잘 살기 위한 패러다임을 학습하게 되고, 직접적 혹은 간접적으로 공동체 의식을 고취시키는 역할을 하게 된다.

셋째, 공유경제가 사회적으로 미친 영향 중 공유경제가 도시문제 해결 방식으로 모색되고 있는 점이다. 공유경제는 본질적으로 많은 사람들의 관심으로부터 시작된다. 이로써 지역의 공통된 가치에 대한 방향성을 제시하기도 하고, 문제 해결의 실마리를 제공하기도 한다.

과거 공유와 지금의 공유가 다른 특성 중의 하나는 면대면(Face to Face)방식인지 온라인을 통한 방식인지의 여부이다. 과거 공유가 마을과 집단의 공간적 단위를 중심으로 하는 공유 개념이었다면, 인터넷 네트워킹을 기반으로 하는 현재의 공유는 장소와 사람을 구분하지 않는 가상공간에서 불특정 다수의 개방성을 특징으로 한다. 세계 인구의 절반이상이 도시에 살고 있는 오늘날 많은 사람들의 공통된 관심사는 도시의 삶이고, 공유는 세계적인 도시문제의 해결책으로 등장하고 있다.

세계적으로 가속화되는 도시화 현상, 환경악화, 도심공동화, 고령화, 1인가구의 증가, 경기 침체로 인한 일자리 감소 등 도시문제는 날로 심화되고 있다. 이러한 문제들에 대한 대응책의 일환으로 공유경제를 해결책으로 제시하며 곳곳에서 공유도시를 표방하고 있다. 우리나라에서도 서울을 필두로 광역시, 중소도시들에 이르기까지 공유도시를 추진하고 있다. 하지만, 도시의 지속가능성을 위한 공유경제의 개념과 적용에 대한 충분한 검토와 고민이 선행되지 않고 있어 자칫 혼란을 주어 공유경제라는 고유의 의미를 퇴색시키는 것은 아닌지 하는 우려가 있는 것이 현실이다.

8.3. 기술·혁신적 측면의 영향

기술의 발전은 공유경제를 촉발시킨 요인이면서 또한 공유경제 운용의 동력이다. 인터넷과 스마트 기기의 발전은 수요자와 공급자를 연결시키는 편이성을 제공하는 네트워킹 수단으로 공유경제를 발전시키는 계기가 되었다. 상시적으로 네트워킹이 가능한 스마트 기기가 없었더라면 공유경제가 성공할 수 없었을 정도이다. 여기에 플랫폼을 통한 정보 수집과 융합, 새로운 사업 영역의 창출은 단순히 스마트기기와 네트워킹 기술발전의 한계를 벗어나 다른 산업과의 협력을 부추기는 요인이 되고 있다.

공유경제는 비즈니스 모델에서 보면 파괴적 혁신의 대표주자이다. 현재 공유경제 기업들은 자신들의 자산을 보유하지 않고, 또한 기업 자체가 특별한 기술을 보유하지 않은 상태에서 가상공간의 플랫폼을 이용해 연결을 하고 중개하는 과정에서 수수료를 취득하는 구조로 운영되고 있다. 이러한 과정에서 공유경제 기업은 기존 경제활동의 준거로 삼았던 상식과 기준, 경제 관련 제도 및 규제들과 충돌하기도 하고 기존 사업자의 이익을 침해하는 등 문제점도 적잖게 지적되고 있다. 공유경제 비즈니스기업들은 기존 기업과 공공에서 마련해 놓은 공동 인터넷망을 기반으로 플랫폼을 구축하고 있다.

실제로 인터넷 망은 소비자 입장에서는 공공재(Public Goods), 커먼즈(Commons)라고도 할 수 있는 공동체의 것[80]인데, 그것을 이용해 기업이 마켓을 플랫폼이라는 형태로 구축하였다. 그리고 그들이 만든 가상의 인터넷 플랫폼에서 거래되는 상품의 공급과 생산 또한 플랫폼에 참여하는 수요자와 공급자가 담당하게 한다. 이러한 사업방식에 대해 기존에 운영되던 경제 규칙을 깨는 파괴적인 혁신이라는 평가와 함께 실제가 없는 거품이라는 평가를 동시에 하고 있다. 공유경제 기업뿐만 아니라 인터넷망을 활용한 기업들이 많아지면서 인터넷 트래픽이 증가해 인터넷 통신망업체와 컨텐츠나 서비스제공업체들 간 망 중립성(Net Neutrality) 논란이 일어나고 있는 현상도 영향 중 하나라고 할 수 있다. 인터넷망 사용이 증가함에 따라 트래픽 관리, 네트워킹 등 관련된 파생 기술의 급속한 발전이 이루어지고 있다.

여러 논란이 있음에도 스타트업 기업으로서 공유경제 기업은 무섭게 성장하고 있다. 그렇지만 동시에 법과 제도의 규제, 기존 기업의 반발이라는 위험요소에 노출되어 있다. 최근 공유경제 기업들은 비즈니스 모델에서 또 다른 혁신을 수행하고 있는 중이다. 초기 스타트업 기업으로 시작되었을 때의 중재자 역할에 멈추지 않고 새로운 파괴적 혁신을 추구하고 있다. 우버같은 경우 자동차 회사를 인수하고 드론과 자율주행자동차 기술 개발에 투자하거나 기존 기업과 종사자들을 플랫폼으로 끌어들이기도 하는 등 초기사업모델과는 또 다른 형태의 혁신을 추구하고 있다.

8.4. 공유경제의 외부효과와 기타

공공 안전은 항상 공유경제에 있어 가장 우려되는 사항이다. 공유경제는 기존 경제 영역에 진출하지 못했던 취약한 부분들을 포함해 지역사회 곳곳에 속속들이 침투할 수 있다. 이러한 특성은 직접적으로 지역사회의 삶의 질에 영향을 미친다는 관점에서 안전이 가장 문제가 될 수 있다. 특히 범죄의 위험, 환경, 위생 상태, 참여자들 간 신뢰 여부 등은 참여자의 개인적인 문제로 공급업체에 의해서만 통제될 수 있다는 점에서 공유경제의 현실화와 확산에 있어 정부와 지자체를 포함한 범사회적 대처가 요구된다.

한편으로는 공유경제의 부정적인 외부효과를 간과할 수 없다. 공유경제 본래 취지에서 벗어나 원치 않던 그리고 예상하기 어려운 외부효과가 보고되고 있다. 첫 번째는 거래당사자가 아닌 이웃이 원치 않는 권리침해를 당할 수 있다. 단기 주택공유서비스를 이용하면서 주변에 거주하고 있는 주민들의 일상을 깨뜨리기도 하고, 주민들의 삶이 관광 상품화되어 일상생활의 터전이 위협받고 불편해 질 수 있다. 특히 숙박과 같은 공간공유에 의한 침해는 일시적 이용에 대한 자체적인 규제와 규칙을 명확히 할 필요가 있다.

최근 영국의 일간지 가디언은 airbnb가 젠트리피케이션의 주범이고 본래 주거지 기능을 상실해 지나치게 관광지화 되어버리는 사례를 발표하기도 했다.[81] 미국의 샌프란시스코와 LA에서도 airbnb로 인해 주택 임대료가 오르고, 렌탈용 주택을 구입하고자 하는 사람들로 주택 값이 올라 주택시장이 교란되기도 하였다. 이에 단기 주택임대 비지니스를 규제하는 조례를 상정하기도 했다. 우리나라에서도 서울 강남과 목동, 부산 해운대, 제주도 등에서 제3의 수익모델이라 하여 공유주택 매입과 건축이 이루어지고 있다.[82] 이러한 현상들은 소득이 낮은 계층이 살고 있던 주택의 임대가격이 높아지게 되고 결국 쫓겨나게 되기도 하며, 부동산 투기를 유발하기도 하는 등 사회적 불평등을 심화시키는 현상으로까지 이어지게 되었다. 이와 같은 외부효과들은 최초 공유경제 기업의 취지와는 전혀 다르게 전개되는 현상들을 가져왔다. 또한 다른 문제들을 야기할 수 있는 잠재적 위험요인을 내포하고 있어 꾸준한 모니터링과 대처가 중요하다.

8.5. 공유경제의 이점

경제는 인간의 욕구충족이라는 목적을 위해 자원을 이용하는 시스템이다. 인류가 목적을 위해 다양한 수단을 대체시키는 과정이 역사과정과 함께 지속되어오고 있다. 그 과정에서 수렵경제, 농업경제, 산업경제, 바이오경제, 녹색경제, 지식경제, 창조경제, 공유경제 등 기술의 발전을 등에 업고 수단을 변경해 가며 지속적인 변화를 추구하고 있다. 그렇다고 하여 수단의 변경에 따라 기존 시스템을 삭제하는 것이 아니라 기존의 것과 상호 보완해가며 변화와 공존을 시도하고 있다. 현재 논의되고 있는 공유경제도 파괴적 혁신이라는 이름으로 등장하였지만, 기존의 것을 완전히 없애고 새로운 시스템으로 전환하자는 것은 아니다. 새로운 시스템 도입을 위해 공유라는 수단을 선택하는 이점을 이해하고 최대한 상호보완하며 활용하는 것이 중요하다. 다음 내용은 공유경제의 이점으로 제시되고 있는 내용을 분야별로 정리한 것이다.

❑ 자원 활용

효율적인 자원 활용은 특정 부문에서의 수요와 공급의 균형을 유지하는데 기여한다. 수요와 공급의 균형을 맞춰가는 과정에서 소비자의 역할은 공유경제 작동에 필요한 축과 같은 역할을 한다. 세계가 갈수록 모바일 위주로 디지털화됨에 따라 소비자는 터치 한 번으로 모든 정보와 서비스를 쉽게 만날 수 있다. 수요 대응형 정보와 서비스는 온라인 플랫폼을 통해 언제 어디서든 고객의 요구를 빠르고 효율적이며 또한 편리하게 충족시켜줄 수 있다.

이를 위해 온 디맨드 기술 플랫폼(On-Demand Technology Platform)은 공급업체가 올바른 수요에 정확하게 매핑(Mapping)할 수 있도록 하고, 신속하게 고객이 이용할 수 있게 한다. 이는 자원 활용도를 높이는 기능을 하고, 판매되지 않고 쌓이는 재고의 가능성을 줄여주어 비용절감과 건전성 확보, 긍정적인 외부효과 등을 가져온다. 예를 들어 승용차 공유 서비스를 생각해본다면, 개별 승용차의 활용도 향상을 가져올 뿐만 아니라 운행하지 않는 차량에 소요되는 고정비용과 기회

비용 등의 절감, 환경보호와 자원절약 등의 효과를 가져 온다. 숙박 공유업체 에어비앤비의 경우 플랫폼에 등록된 호스트의 객실 이용률이 70%에 달할 정도로 인기가 높다. 이는 세계적인 유수의 호텔들보다 높은 이용률을 보이고 있는 수치이며,[83] 자원 활용과 경제적 수익, 막대한 수요 등에 대한 놀라움을 금치 못할 정도이다.

❑ 고용 창출

공유경제가 가져오는 이점으로 제시되면서 또 가장 문제점으로 논의되고 있는 것이 일자리 문제이다. 본 장에서는 공유경제의 이점에 관한 내용 위주로 기술하기로 하여 긍정적인 고용창출 효과에 대해 다루기로 한다. 공유경제는 플랫폼 제공자가 사업을 시작하는 데 있어 고정자산에 대한 투자비용이 적다. 이를 이점으로 하여 전통산업보다 빠르게 시장에 진입할 수 있고 비용 대비 높은 수익을 창출할 수 있다. 이러한 측면에서 공유경제의 출현은 자영업으로의 사업기회를 더 쉽게 만들어 주는 장점이 있다. 또한 전통적인 산업과 서비스 분야에서 제공하는 것보다 낮은 비용으로 접근할 수 있어 수요가 증가할 것이고 이러한 수요에 대응해야 하는 고용 부문도 증가하게 된다. 이는 공유경제에 참여하는 이해 관계자의 소득 증가로 이어지게 될 것이다.

❑ 사회적 이동성

공유경제는 근로자들의 경제적 이익 창출과 고용 시장의 변화를 가져왔고, 소규모 기업가 등 새로운 계층의 부상을 초래해 사회적 이동성을 가져왔다. 공유경제는 전문 지식, 자원 및 서비스를 공유하여 개인 소득을 증가시키고 사회·경제적으로 소득 수준이 낮았던 부문에 새로운 돌파구를 제공하는 역할을 하기도 했다.

공유경제 플랫폼은 노동시장의 패러다임 전환을 가져왔다. 공유경제는 산업계의 진입이 방해되거나 배제된 노동인력의 구조상 장애를 극복하게 하는 역할을 해 공유경제 분야에서 일하길 원하는 사람들의 수가 급격히 증가하게 하였다. 이는 자본으로 여기지 않던 여분의 자원을 제공하여 추가적인 수입을 제공한다는 점 외에도 사람들에게 유연성과 자율성을 제공하고 있기 때문에 가능한 것이다. 예를 들어 운송 플랫폼은 운전자가 자신의 편의에 따라 일할 수 있게 되는 노동의 유연성을 제공한다. 호스피탈리티(Hospitality)부문에서는 공유경제 네트워크를 통해 단순히 휴식과 소비 공간으로만 여기던 주택이나 미사용 객실을 수요자에게 임대하고 수익을 창출 수 있게 되었다.

또한 공유경제는 개인에게 여러 플랫폼에서 선택적으로 일할 수 있는 유연성을 제공하여 특정 플랫폼에 예속되지 않게 한다. 사실 산업 전반에 업무자동화가 이루어지면서 기존 직업은 점차 사라질 것이고, 출근과 퇴근시간이 정해져 운영되던 일터가 점차 자취를 감추게 될 것은 이미 예고된 미래이다. 명약관화한 미래를 앞에 두고 있는 현실에서 공유경제에 참여하는 사람들에게 특정한 일터에 예속되지 않고 일할 수 있는 추가적인 기회를 제공한다는 점도 공유경제의 이점이라 할 수 있다.

공유경제 플랫폼은 사회적 지위가 낮은 계층의 구성원들에게 최신 기술을 소개하고, 전반적인 고용 및 사회적 환경을 개선할 수 있는 기회로도 작용한다. 공유경제를 통해 생기는 추가 수입은 개인의 구매력을 상승시키는 효과를 가져 온다. 게다가 공유경제 영역이 특정 분야에 한정되지 않고 상호 연계되어 있어 개인적인 측면의 효과에 그치지 않고, 지역과 집단의 공동체가 상호 교류할 수 있는 유대감 형성에 도움을 준다.

❑ 기술 혁신

공유경제는 본질적으로 사람들이 자신의 기술과 재능을 더 잘 활용할 수 있게 하는 혁신의 과정을 포함하고 있다. 플랫폼에 의해 채택된 기술은 불특정 다수를 대상으로 하여 서비스되는 과정에서 기술 발전으로 이어지고 비숙련 인력들의 기술을 향상시키게 된다. 그럼으로써 향상된 기술은 결과적으로 플랫폼 서비스 제공업체와 이해관계자의 기술 혁신에도 기여하게 된다. 이는 기술 혁신에서 승수효과를 가져올 수 있다는 것을 의미한다. 공유경제는 인터넷과 IT기술이라는 새로운 기술의 혁신과 사람들의 요구가 표현되는 시장의 변화가 상호작용하며 결합되어 운영되고 있다.

❑ 편의성

편의성은 소비자의 선택에 중요한 요소이다. 공유경제에서 제공되는 서비스는 공급자와 수요자 모두에게 편리하고 비용효율적인 방법을 제공한다. 편의성을 최고 장점으로 내세울 수 있을 만큼 스마트폰 하나면 자원에 대한 액세스 및 다양한 서비스에 대한 액세스가 가능해 시·공간을 초월한 이용이 가능하다. 그리고 공유경제는 융통성을 가지고 있다. 서비스의 소비자뿐만 아니라 서비스 제공자나 서비스 제공업체도 그들의 편의에 따라 행동한다. 특정하게 공급자와 수요자가 정해지지 않아 선택과 취소 등 일련의 과정에 정서적 배려와 절차 등에 얽매일 필요가 없다.

❑ 비즈니스의 투명성과 책임감 촉진

공유경제를 작동시키는 기술은 투명성과 책임의식을 촉진시킨다. 공유경제에서는 개방형의 사용자친화적인 플랫폼을 개발함으로써 사용자 간 공유를 촉진시키는 역할을 한다. 그리고 사용자 간 공유 촉진을 위해 개별 사용자 들 간 양방향 평가를 통해 비즈니스의 투명성과 신뢰감을 기반으로 공유경제를 운영하는 메카니즘과 생태계를 창조하고 있다. 이로써 당사자 간의 책임성과 투명성은 공유경제 자체의 투명성도 함께 공유경제 운영 메카니즘을 향상시키는 효과를 가져왔다.

❑ 환경 및 인프라에 대한 영향

기존의 자원 소유에서 이용으로 변화되는 경제 패러다임이 도입되면서 자원 활용, 환경보호 등의 순기능이 공유경제의 영향으로 꼽힌다. 대표적인 사례로 운송 플랫폼이 대중화되면서 자가용에 대한 의존도가 줄어 도로에 있는 총 차량 수를 줄이게 된다. 이로 인해 자동차 사용의 효율성은 높이고 온실가스 배출량 감소에 기여해 환경 부담을 줄이며 더 나아가 자원 낭비를 줄이는 결과를 가져온다. 또한 교통 혼잡과 주차, 인프라 구축과 유지·보수 등의 관리 비용을 줄일 수 있는 범위까지 확장되어 공공의 비용 부담을 줄일 수 있는 효과를 가져 온다. 아래 그림을 보면 자동차 1대를 공유하면 자동차 9-13대를 대체할 수 있고, 가구당 연간 0.58~0.84m/t, 34~41%의 온실가스(Green-House Gas)배출 감소효과가 있으며, 27~43%의 주행거리(Vehicle Miles Travelled) 감소효과가 있다고 하였다.

❙ 그림 8-1 ❙ 공유경제의 영향(자동차 이용과 환경)

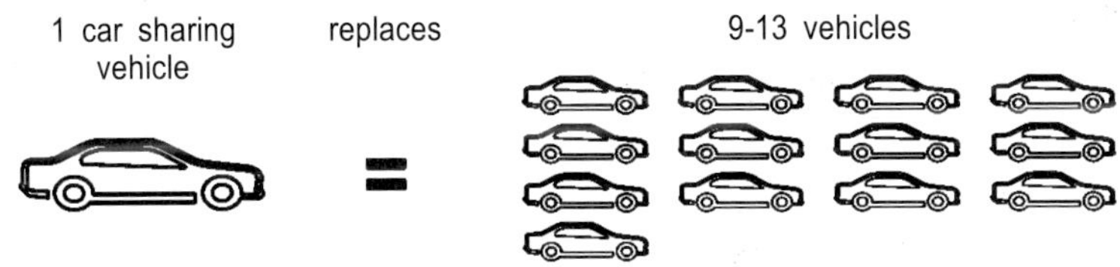

0.58 – 0.84 metric tons	Reduction in green-house gas(GHG) emissions per year for one household
34% – 41%	Reduction in GHG emissions per year for one household
27% – 43%	Reduction in vehicle miles travelled(VMT) per year, considering vehicles sold and purchases postponed

University of California, Berkeley(2015), Mobility and the Sharing Economy : Impact Synopsis; Transportation Sustainability Research Center.

❑ 디지털 리터러시(Digital Literacy)

리터러시(Literacy)는 문해력, 독해력으로 번역되는 말이다. 디지털 리터러시(Digital Literacy)는 디지털 기술에 대한 하드웨어를 사용하는 기능적 능력과 디지털 정보를 선택, 가공하여 자신에게 필요한 정보로 변환하고 융합하는 소프트웨어적인 능력을 일컫는다. IT기술을 기반으로 하는 소셜 미디어가 매 순간과 공간을 점령하고, 초연결성을 기반으로 하는 공유경제가 대두되면서 더욱 디지털 리터러시의 중요성이 부각되고 있다.

공유경세 비스니스 기업은 특정 서비스 제공을 위한 시설과 기반을 갖추지 않고서도 디지털 리터러시 능력을 이윤 창출의 도구로 사용하고 있다. 세계에서 가장 큰 택시 회사인 우버(Uber)는 차량을 소유하고 있지 않다. 세계에서 가장 유명한 소셜 미디어 페이스 북(Facebook)은 아무런 콘텐츠도 만들지 않는다. 그리고 세계 최대의 숙박 시설을 소유하고 있는 에어비앤비(Airbnb)는 부동산을 소유하고 있지 않다. 미국의 하바스 미디어 그룹의 톰 굿윈(Tom Goodwin)이 한 말처럼 뭔가 재미있는 일이 일어나고 있다.

기술의 범위와 능력이 커짐에 따라 전례 없는 시장이 탄생하였고, 분권화되고 개방적인 인터넷을 토대로 형성된 공유경제는 이미 우리 생활 주변에 광범위하게 침투해 있다. 공유경제는 스마트폰이나 태블릿을 사용하는 일상의 소비활동을 통해 금융기관의 재무제표, 디지털 정보와 기술에 대한 친숙정도를 높이고 이러한 분야에 정통한 인력을 구축함으로써 디지털 활용도를 높이기도 한다. 시나브로 삶 전반에 들어와 있는 공유경제에서 디지털 리터러시(Digital Literacy)의 능력이 중요하지만, 개인 정보 보호와 안전문제, 재정적 보장부족 및 타인과의 원하지 않는 협력 등의 문제점도 노출되고 있다.

공유경제 측면에서 디지털 리터러시를 살펴보면 개인과 기업의 신분확인, 접근, 상호작용, 거래 관리, 분석과 융합을 통해 새로운 지식과 방법을 창출하는데 필요한 디지털 도구와 기술을 적절히 사용할 수 있는 인식, 태도 및 능력 정도로 정의할 수 있다. 이를 적용해보면 디지털 리터러시를 갖추지 못한 사람들은 공유경제에 대한 접근의 제한이 있을 수 있다는 점에서 격차와 한계성의 존재를 부인할 수 없다. 그럼에도 공유경제가 확장되고 있는 것은 편리함과 비용 절감의 매력도 있지만 결국 경제를 계속 성장시키고 있다는 믿음이 가장 핵심적 요인일 것이다.

09

공유경제 사례와 각국의 대응

9. 공유경제 사례와 각국의 대응

9.1. 공유경제의 유형

공유경제의 정의만큼이나 유형별로 구분하는 것 또한 쉽지 않은 작업이다. 공유되는 상품과 서비스의 종류, 접근하는 방식, 진정한 공유를 추구하는지 경제적 이익추구를 위한 공유인지 또는 연구하는 학자에 따라 다양하게 분류되고 있어 특정 기준으로 공유경제를 유형화하기 어렵다. 공유경제는 공유를 근간으로 개인, 기업 등 구성원들이 영리, 비영리를 구분하지 않는 일정 목적과 가치를 위한 경제활동이다. 이에 공유경제를 유형화하는 작업에 앞서 참여자와 목적에 따른 공유경제 프레임에 대해 살펴보고 세부적으로 다양한 공유경제 유형에 대해 살펴보도록 한다.

공유경제 프레임을 구성하는 요소는 조직과 개인, 영리와 비영리의 4가지로 설명할 수 있다. 이들은 공유경제 참여자와 목적을 기준으로 나눈 것으로 각 영역별로 유형화 할 수 있다. <그림 9-1>에 보이는 좌측 상단의 제1사분면은 비영리 목적으로 운영되는 조직에 의해 이루어지는 플랫폼으로 영리적 목적을 추구하는 기업의 진출이 불가능한 영역으로 공공부문에서 담당해야 할 부분이다. 제2사분면은 기업 주도로 기업과 기업, 기업과 개인, 그룹과 그룹 등의 관계에서 영리를 추구하는 공유경제 영역이다. 이 영역은 기업들이 기존 규범과 경제체제의 테두리 내에서 변화된 경제 환경을 수용하고 효율적인 방안을 강구하는 차원에서 출현한 것이다. 제3사분면은 현재 스타트업 기업들이 공유경제 플랫폼을 만들어 성공한 사례로 이를 토대로 비즈니스 모델화하여 성장하고 있는 영역이다. 해당 영역은 정부에서 창업 활성화, 사회적 기업 육성 등 저성장시대를 극복하는 대안으로 확장하고자 하는 영역이기도 하다. 제4분면은 진정한 공유경제의 의미를 가장 잘 실현하고 있는 영역이라고 할 수 있다. 개인 대 개인에 의한 상품·서비스의 생산, 소비가 이루어지고 있으며, 제3사분면에서 성공적인 비즈니스 사례로 벤치마킹의 대상이 되고 있는 플랫폼 제공자 혹은 중재자가 없는 영역이다. 제4분면의 공유경제 영역에서는 개인 대 개인의 거래가 참여자 이외의 특정인이나 조직의 경제적 이익을 위해 이루어지는 것이 아니라 각 개인의 요구를 충족시킬 목적으로 이루어진다.

이상에서 살펴본 내용을 토대로 생각해보면 공유경제라고 대중에게 인식되고 있는 것들이 공유경제 주체와는 상관없이 영리적 목적을 추구하는 비즈니스 유형에 집중되고 있음을 알 수 있다. 제1사분면의 조직에 의한 비영리 목적 추구 공유경제 유형은 흔히 사회복지와 공공의 영역으로 익숙하다. 또한 제3사분면의 개인에 의한 비영리 목적을 추구하는 공유경제는 커뮤니티 중심의 소규모로 이루어져 파급력이 적어 물물교환이나 중고경제(Secondary Economy), 공동육아 등으로 대중에게 알려져 있다. 제3사분면은 향후 IOT가 생활 전반에 확대되고 법·제도적 기반이 갖추어지면 결국 최종적으로 공유경제가 추구해야 할 영역이기도 하다. 이렇듯 비영리 목적 추구를 위한 공유경제 영역은 현실적으로 구체적인 논의대상이 되지 못하는 한계점이 있다.

┃그림 9-1┃ 유형별 공유경제 구분

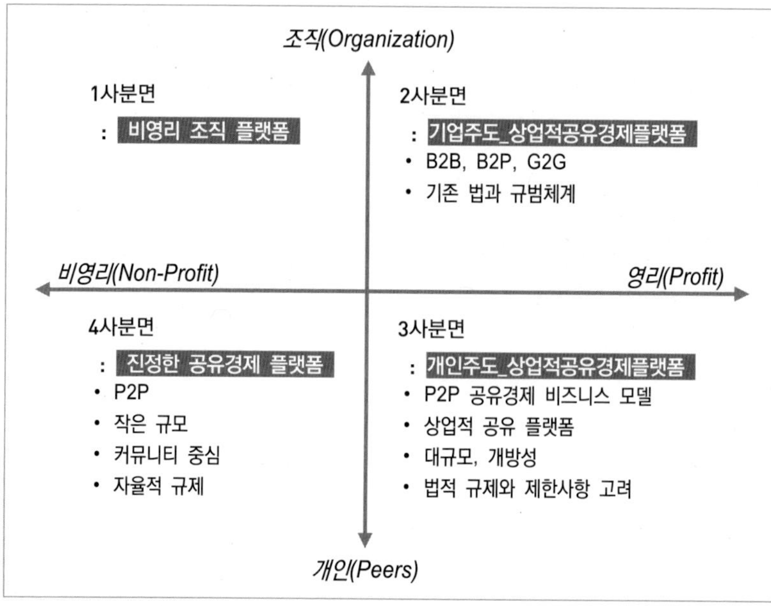

이러한 한계점으로 본 장에서는 제2사분면과 제3사분면의 공유경제를 유형화하는 부분을 주로 다룰 것이다. 또한 공유하는 방식에 따른 분류, 상품과 서비스에 따른 분류, 연구자별 분류방식을 인용해 공유경제의 유형별 내용으로 설명하고자 한다.

상품과 서비스를 공유하는 방식에 따라 공유경제를 분류하면 세 가지로 분류할 수 있다. 사용한 만큼 요금을 지불하는 방식, 특정인이 소유한 물건을 타인에게 재분배하는 방식, 실물이 아닌 시간·기술·자금·재능 등을 공유하는 방식이 그 내용이다. 첫째, 제품 및 서비스에 대한 일정 비용을 받고 제공하는 방식이다. 소비자들이 제품 혹은 서비스를 소유하지 않고 사용할 수 있는 방식으로 렌탈과 유사한 개념으로 공유경제 서비스로 익숙한 카쉐어링(Zipcar), 바이크쉐어링(Velib),

장난감, 도서대여 등이 여기에 속한다.

둘째, 상품과 서비스 제공이 물물 교환방식으로 이루지는 유형이다. 현재 자신에게 필요하지 않은 제품을 필요한 사람에게 재분배 하는 방식을 말하며, 주로 중고 물품을 거래하는 정도로 이해하기 쉬우나 최근에는 시간과 공간까지 교환되는 방식으로까지 확장되고 있다.

셋째, 협력적 커뮤니티를 통한 공유경제로 분류된다. 공유경제 기업들이 인터넷 플랫폼을 제공하여 이를 중심으로 커뮤니티가 형성되면서 급속하게 성장한 유형이다. 공간과 경험, 아이디어, 지식 등 다양한 영역으로 확장되면서 대표적인 공유경제로 주목받고 있는 유형이다.

다음으로 공유경제 유형을 구분하는 방법은 공유주체에 따른 구분이다. 서비스 제공자와 이용자 주체가 개인 또는 사업자로 나뉘면서 P2P, B2C, C2B 모델 등으로 구분된다. 제품과 서비스를 공유하는 주체에 따라 구분하는 유형으로 상품과 서비스에 대한 수요자와 공급자가 직접 연결되는 P2P(Peer to Peer)가 대표적이다. P2P방식으로 운영되고 있는 공유경제 기업은 자체적으로 상품과 서비스를 소유하지 않고 수요자와 공급자가 만나는 가상의 플랫폼을 제공하고 이들을 연결해주는 댓가로 수수료를 취하는 비즈니스 모델이다. 스타트업 기업 성공 사례로 유명한 공유경제 기업들이 여기에 해당된다. 상품과 서비스를 소유하면서 공유경제에 편입시키는 유형으로 B2C(Business To Consumer)는 기업이 플랫폼의 중심이 되는 관계로 기업이 다수의 소비자에게 자신의 상품과 서비스를 쌍방향으로 거래하는 형태이다. C2B(Consumer TO Business)는 소비자가 거래의 주체가 되는 방식으로 공동구매, 역경매 등이 여기에 해당된다.

OECD는 공유경제를 공동소비(Collective Consumption)와 협력생산(Collaborative Production)의 2가지로 구분하고 있다.[84] 첫째, 공동소비(Collective Consumption)는 Home Sharing과 Urban Mobility 관련 서비스가 해당되며 Rental, Ride, 주차 공간 대여 등이 해당된다.

둘째, 협력생산(Collaborative Production)은 크라우드 소싱(Crowd-sourcing)과 크라우드펀딩(Crowdfunding)이 해당된다. 크라우드 소싱(Crowdsourcing)은 공개 플랫폼을 통해 아이디어 창출, 제품 디자인, 문제 해결, 제품 개발, 마케팅과 광고 등 다양한 업무에 적용되고 있는 방식이다. 크라우드펀딩(Crowdfunding)은 사회적 관계망을 기반으로 다수의 개인으로부터 생산을 위한 자금을 모으는 것을 말한다. 크라우드펀딩은 목적과 대상에 따라 P2P 대부, 기부나 보상 기반의 자금 제공, 주식 투자 형태의 펀딩으로 구분된다.

Arun Sundararajan(2014)는 다음과 같은 4가지로 공유경제 유형을 구분하기도 했다.[85] 첫째, 유휴자산 임대형(Repurposing Owned Assets as Rental Services)으로 개인이 자기 자산의 일부를 타인에게 일정 기간 임대하여 임대료 수입을 얻을 수 있도록 수요자와 공급자를 매개하는 플랫폼을 운영하는 방식이다. 유휴자산 임대형 공유경제 기업의 예로는 Airbnb, RelayRides, Getaround, Lyft, Sidecar, Eatwith 등이 있다. 둘째, 직업적 서비스 제공형(Professional Service Provision)이다. 이 방식은 개인이 조직에 속하지 않고 직업적인 서비스를 제공하도록 수요자와 공급자를 연결하는 플랫폼을 운영하는 형태로 Uber, Kitchi 등이 그 예라 할 수 있다.

셋째, 범용 프리랜서 노동력 제공형(General-Purpose Freelance Labor Provision)이다. 기술자, 번역가, 작가 등 다양한 종류의 프리랜서 노동력이 거래되는 플랫폼을 운영하는 방식으로 oDesk, TaskRabbit, FancyHand 등이 대표적인 예에 해당된다. 넷째, P2P 자산 매매형(Peer-To-Peer Asset Sales)이다. eBay, 공예품거래중개 Etsy처럼 판매자와 소비자간 직거래가 이루어질 수 있는 플랫폼을 운영하는 방식이다. 이와 같은 다양한 분류방법 속에서 상품과 서비스를 제공하는 방식에 따라 다음 세 가지로 분류하여 국내·외 공유기업의 사례를 살펴보면 아래 <표 9-1>과 같다.

▌표 9-1▐ 공유경제 서비스 분류 및 주요 서비스 제공업체

제공 서비스	거래방식	공유자원	공유기업	
			국외	국내
제품 및 서비스	사용자들이 제품 혹은 서비스를 공유하여 사용	자동차 쉐어링	Zipcar Streetcar GoGet	쏘카 그린카
		바이크 쉐어링	Velib Bardays Cyde Hire	푸른 바이크 셰어링
		태양 에너지 공급	SolarCity Solar Century	루트에너지
		장난감 대여	DimDom Babyplays	희망장난감도서관
		도서 대여	Chegg Zooka	국민도서관 책꽂이
물물 교환	필요하지 않은 제품을 필요한 사람에게 재분배	경매시장	ebay craiglist flippid	옥션 지마켓 11번가
		물물교환시장	Threadup Swapstyle	키플 열린옷장
		무료/상품권 교환	Freecycle Giftflow	-

제공 서비스	거래방식	공유자원	공유기업	
			국외	국내
협력적 커뮤니티	커뮤니티 내 사용자 간 협력	공간공유	AirBnB Roomorama	코자자 비앤비히어로 모두의 주차장
		구인구직	Loosecubes Desksnearme	알바몬 알바천국
		여행경험	AirBnB	플레이플레닛
		지식공유	TeachStreet TradeSchool 위키피디아	위즈돔 와우텐
		택시 쉐어링	Taxi2 TaxiDeck TaxiStop	-
		크라우드펀딩	Kickstarter Indiegogo	씨앗펀딩 굿펀딩

출처: 경기개발연구원(2014)을 자료로 저자 재작성

9.2. 공유경제 사례

진정한 의미의 공유경제는 도덕적 가치와 사회적 가치를 공동체가 공유한다는 의미에서 그 영향력과 파급력을 인정받는다. 그렇지만, 어느 순간 공유경제라는 긍정과 공동 가치의 옷을 입은 스타트업 기업들이 성장하면서 시장규모가 확대되고 사람들의 관심이 높아지게 되었다. 이와 동시에 진정한 공유경제라고 할 수 있는지 의문이 드는 경우가 발생하고 있다. 여기에 공유경제의 사례로 인용하려고 하는 것들도 과연 공유가치를 실현하는 공유경제인지 의문이 들기도 하지만, 여전히 현재 공유경제 비즈니스 모델로 대표되는 것들이다.

공유경제 비즈니스 모델로 알려져 있는 유형은 크게 두 가지로 구분된다. 기업이 주도하는 공유경제 플랫폼과 개인이 주도하는 공유경제 플랫폼이 그것인데, 결국 최종적으로 소비자에게 접근한다는 면에서는 동일하다. 다음은 공유경제 플랫폼의 성공적 사례로 알려진 몇몇을 살펴보며 실제로 어떻게 운영되고 있는지 살펴보기로 한다.

❑ Voyagin

Web 서비스 Voyagin은 누군가의 경험을 토대로 여행을 즐길 수 있는 사이트로. 현재 일본, 미국, 인도, 프랑스, 홍콩, 인도네시아, 태국, 베트남, 한국 등 13개국의 투어를 제공하고 있다. 경험을 제공하고자하는 사람이라면 누구나 자신이 만든 체험 플랜을 게재할 수 있지만, 심사를 통과한 것만 게재가 허용한다. 원하는 목적지를 선택한 후 플랫폼에 게재된 경험을 탐색한 후 자신의 여정으로 선택하고 호스트와 연결되어 여행을 진행하게 된다. 이후 리뷰를 통해 평판이 형성되고 다른 이용자들에게 도움을 주는 체계로 이루어진다.

❑ TaskRabbit

TaskRabbit(태스크 래빗)을 이용하면 쇼핑이나 조금 귀찮은 심부름을 인근 주민에게 부탁할 수 있다. 물론 이용하는 방법도 간단해서 작업을 의뢰하고자하는 사용자는 작업에 대한 세부 작업 완료시 지불할 보수를 입력하면 플랫폼상의 상대가 얼마의 보상이라면 수락할 수 있는지 조건을 제시할 수 있다. 서비스를 의뢰한 사용자는 간단한 잡일에서부터 복잡한 가구 조립, 수리 등까지 모두 의뢰할 수 있으며, 보상이나 과거의 평판을 통해 의뢰처를 결정할 수 있다.

❑ Restaurant Day

누구나 자유롭게 레스토랑을 여는 푸드 카니발의 플랫폼이다. 누구나 집, 사무실, 정원, 공원 등 시간과 장소를 정해 레스토랑을 개최하고 싶은 사람들이 모이는 세계적인 음식 카니발이다. 2011년 5월 21일 핀란드에서 처음 레스토랑 데이가 열렸고, 이후 세계 수백 개의 도시에서 이어지고 있다. 행사는 2월, 5월, 8월, 11월 연 4회로 열리는데 SNS나 홈페이지를 통해 정보를 공유한다. 레스토랑 데이는 재미있고 새로운 음식 경험을 공유하고, 함께 사는 일상의 환경을 즐기고자 하는 취지로 시작되었다. 레스토랑의 영업은 특별한 자격이 필요 없고 요리를 좋아하는 일반인이 1일 한정으로 자신만의 색다른 컨셉을 가진 작은 레스토랑을 열 수 있다.

❑ DogVacay

애완동물의 주인이 여행, 출장 등으로 잠시 집을 비울 경우 애완동물을 맡길만한 곳이 필요하다. 호텔 같은 곳은 비용이 매우 비싸기 때문에 주변 지인들에게 부탁하기도 하는데, 이러한 요구를 해결하는 플랫폼으로 DogVacy가 등장했다. 자신이 원하는 지역에서 팻 시터(pet sitter)를 찾고 온라인으로 예약, 지불하는 방식이다. 주변의 가정집에서 저렴한 비용으로 애완동물을 봐 줄 경우 경제적으로 절약되고 안심하게 맡길 수 있다. 애완동물을 보살피고 산책시키는 것 등 매일의 활동을 사진으로 보내주어 주인을 안심시켜주기도 한다.

❑ Zaarly

서비스를 필요로 하는 사람과 서비스를 제공하는 자영업자나 기술자들을 연결하는 플랫폼이다. 다른 사이트와 비교해 서비스를 제공하는 사람은 별도의 광고비용이나 수수료 없이 각 개인들의 가게를 만들 수 있도록 한다. 예를 들어 파이를 만들어서 팔거나 기계정비, 집수리, 정원관리 등의 서비스를 제공하는 경우도 있다.

❑ Lyft

차를 가지고 있는 보통 사람이 다른 사람을 태워주는 것을 기반으로 하는 모델이다. 2012년 시작된 서비스는 2016년 현재 미국의 300개 도시에서 운영 중이며, 차량 정면에 분홍색 콧수염모양을 한 자동차로 알려져 있다. 승객의 안전을 위해 보험과 운전자 심사규칙을 정해 운영되고 있으며, 승차 완료 후 1~5등급으로 운전자를 평가할 수 있게 하였다.

❑ Lending Club

새로운 형태의 공유경제 기업으로 돈과 돈을 빌려준다. 랜딩 클럽은 개인들이 신용카드를 이용해서 빌리는 것보다 저렴하게 돈을 빌릴 수 있고, 투자자는 저축하는 것보다는 수익을 많이 낼 수 있도록 고안된 것이다. 랜딩 클럽은 투자자와 대출자를 연결하는 방식을 채용하고 있으며, 대출자는 1,000$~40,000$의 금액을 최대 3년 기간 동안 무담보 대출이 가능하며 중간에 대출금을 갚아도 위약금이나 수수료 등이 부과되지 않는다. 투자자는 대출목록을 조회해 대출자의 신분, 대출등급과 목적, 금액 등에 관한 정보를 조회하여 선택할 수 있다.

❑ Fon

WI-FI 네트워크를 서로 빌려주고 얻는 것을 중계하는 사이트이다. Fonera 라고 불리는 특수한 무선공유기를 구입해야 회원이 될 수 있고, 그 무선공유기를 켜 놓음으로써 Wi-Fi 액세스를 위한 네트워크 활동을 한다. 이 무선공유기는 자기 자신을 위한 용도로 사용할 수 있고, 다른 회원의 FON 핫스팟을 사용할 수 있는 권리와 교환하기도 하며 Wi-Fi 신호로 대역폭의 일부를 공유하기도 한다.

❑ Poshmark

사람들이 각자가 입던 옷을 서로 파고 살 수 있게 중개하는 플랫폼이다. 여기 가입자들은 그들과 비슷한 취향을 가진 사람들을 찾아서 서로 친구가 될 수 있는 서비스를 제공하기도 한다.

❑ Neighborgoods

인벤토리를 탐색하여 물건을 찾고 서로의 물건을 빌려주고 빌려쓰는 모델로서 소유가 아닌 공유를 통해서 경제적으로 절약하고 환경에 도움을 주는 모델이다. 세상에 있는 모든 물건이 있다고 할 정도로 다양한 품목이 있으며, 공구나 원예물품, 스포츠용품, 아기용품, 영화음악, 가전제품, 사무실, 교육, 공간 등 다른 모든 것들을 공유할 수 있다고 한다. 필요한 물건은 자기 주변을 중심으로 거리를 설정하여 찾을 수 있으며, 회원이 물품사용료를 부과할 수 있지만 수수료는 없다. 단지 Neighborgoods 계정을 업그레이드할 때 비용이 들 수 있지만 그것도 선택 사항이다.

❑ Airbnb

2008년 Joe Gebbia와 Brian Chesky(Nathan Biecharczyk는 추후 참여) 2명이 미국 캘리포니아 주 샌프란시스코에서 창업해 불과 7년 만에 2015년 기준 기업가치 255억 달러에 달하는 세계 최대의 숙박 공유 서비스 업체로 성장했다. 인터넷 플랫폼에서 수요자와 공급자를 연결하는 P2P모델로 숙박 예약금액에 대하여 6~12%의 수수료를 받는다. 2013년 1월 국내에도 진출했으며, 전 세계 65,000 개 도시와 191 개 국가에 3백만 개 이상의 숙박시설이 등록되어 있는 글로벌 공유기업이다.

숙박공유 비즈니스는 2008년 금융위기 이후 합리적 소비성향 증가, 여행 트렌드의 변화 및 IT플랫폼 비즈니스의 성장 등이 배경이 되어 등장하게 되었다. 세계적인 경기침체로 여행자들의 주머니가 얇아지면서 합리적인 소비를 추구하게 되었고, 일자리 부족과 소득창출의 한계, 주요 관광도시의 높은 집세와 숙박료 등을 극복하는 방법으로 자신의 집 등을 숙박으로 제공하게 되었다. 거기에 인터넷의 확산으로 세계 여러 곳의 문화와 장소에 대한 개방성, 개인주의와 소비의 다양화, 현지문화체험 선호 등 여행 트렌드의 변화와 연관된다. 여기에 스마트기기의 확산은 어디서든 접속할 수 있는 편리함과 안전까지 담보할 수 있어 숙박공유에 대한 수요를 촉발시켰고, IT플랫폼 비즈니스의 성장은 숙박공유 비즈니스의 성장을 가속화하였다.

▎그림 9-2 ▎ 에어비앤비(Airbnb) 비즈니스 모델

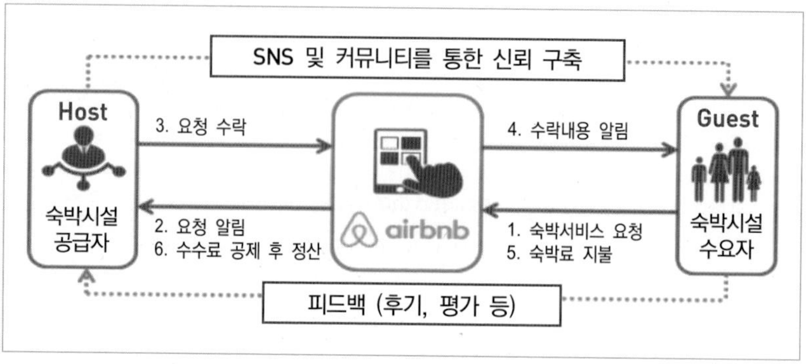

자료: 산은조사월보(2016), 공유경제 비즈니스 사례 분석 및 시사점. 제730호.

Airbnb는 기업이 제시하는 기존 방식이 아니라 고객에 대한 가치를 제안하는 방식으로 운영된다. 지역 사회에 기반을 둔 양방향 온라인 플랫폼을 통해 소유주는 공간을 제공하고 임대해서 수익을 창출할 수 있고 이용자는 각자 여건에 맞는 숙박을 구할 수 있다. 이렇듯 공급자와 수요자 모두의 이익에 가치를 두며 사업이 확장되면서 점점 더 많은 이용자가 모여들게 되면서 세계적으로 영역이 넓어지고 있다.

Airbnb 수익 모델은 모든 예약 시, 즉 호스트 및 게스트로부터 중개수수료를 받는다. 게스트에게 6-12%의 예약 수수료를 부과하고 성공적인 거래에 대해 호스트에게 3%의 수수료를 부과한다. 이상에서 살펴본 것처럼 Airbnb의 성공요인은 경쟁업체 인수합병이나 현지화 마케팅 등 공격적인 사업 확장을 통한 시장 선점, SNS를 활용한 평판 시스템 도입 등을 통한 서비스 이용자의 신뢰기반 구축, 커뮤니티 형성과 경험공유, 인적교류 등 공유경제 비즈니스의 장점을 적극 활용하는데 있다.

❑ Uber

2009년 미국 캘리포니아 주 샌프란시스코에 본사를 두고 있는 운송네트워크 회사인 Uber Technologies Inc.는 전 세계 570개 도시에서 운영되고 있다. Uber는 자동차 운송 및 음식 배달 모바일 앱을 개발, 판매 및 운영하고 있다. 우버(Uber)운전자는 자신의 자동차를 사용하지만, 운전자는 우버(Uber)와 함께 운전할 차를 빌릴 수도 있다. 51억 달러 상당의 택시회사이면서 택시를 소유하지 않는 구조로 온 디맨드 경제에서 커다란 파급효과를 창출했다. 'Uber for 'X'를 우버화라고 말하기도 하는데 최근에는 우버가 되고 싶은 기업(Uber on X)이라는 말이 회자되고 있을 정도이다. 우버(Uber)는 온 디맨드 경제의 대표, 공유경제의 선구자로 우버(Uber)로 인해 공유경제를 우버 경제라고도 불린다.

우버를 필두로 하는 차량공유 비즈니스는 스마트폰 보편화, GPS 기술 발달, 고령화 및 경제위기로 인한 소비자의 합리적 소비성향 증가 등을 배경으로 성장하였다. 공유시스템의 접근 용이성과 차량 소유에 대한 인식 변화로 차량 공유 시장은 성장하고 있는 추세이다.

▌그림 9-3▐ 우버(Uber) 비즈니스 모델

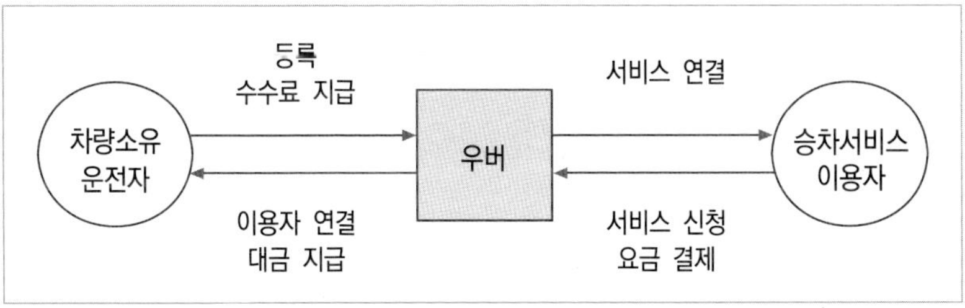

자료: 정회상(2016), 우버 비즈니스 모델의 정책적 시사점, 한국경제연구원.

Uber는 운전자에게 언제, 얼마나 자주 운전하기를 원하는지 결정할 수 있는 유연성을 제공하고, Uber 운전자는 추가수입, 근무시간 선택의 유연성, 평균보다 높은 시간당 임금을 제공받는다. 우버(Uber) 수익구조는 차량을 제공하려는 공급자와 이용하려는 수요자를 연결하고 수수료를 받는 플랫폼으로 운영된다. 이동요금은 우버 앱에서 자동 결제되고, 수수료는 결제금액의 20%이다. 요금은 날씨와 시간, 요일에 따라 차등적으로 책정되는데 눈이나 비가 오는 날에는 가격이 올라가고 평일 낮 시간대는 가격이 내려가는 방식 등을 적용해 다양하고 세분화되었다.

우버 성공요인은 크게 두 가지로 분석할 수 있다. 하나는 시장 점유율 확대 전략과 고객이 스스로 찾게 하는 전략이다. 처음에 벤처 투자자들의 자금지원을 기반으로 하여 다수의 시장참여자를 유도하고 니즈에 맞는 서비스를 제공하며 시장점유율을 확대하였다. 수요자 및 공급자에 대한 금전적 지원(탑승자 지원금, 공급자에게 유류비지원이나 스마트폰 제공, 차량구입 시 리스자금 지원 등) 등으로 초기에 다수의 시장 참여자를 유치하여 점유율을 확대하는 전략을 사용하였다.

다음으로 고객이 스스로 찾게 하는 전략으로는 수요자와 공급자의 니즈를 최대한 수용하는 서비스와 혁신적인 가격체계, 신뢰 형성 비즈니스 전략을 들 수 있다. 구체적으로는 수요자가 원하는 서비스, 장소, 품질을 제공하고, 국가, 도시 및 공휴일 등 서비스 수급상황, 유형에 따라 차별화된 요금체계, 후기(Peer-Review)를 통한 상호평가 시스템 등이 있다.

❑ Zipcar

차량공유기업 Zipcar는 Avis Budget Group의 자회사이자 미국 자동차 공유 회사이다. 2000년 자동차 공유의 세계적인 선두주자로 창업이후 적자를 면치 못하였지만, 2011년 주식상장에 성공(시총 1억 달러)하고, 2012년 이후 순이익률이 흑자로 전환했다. Zipcar는 현세대가 대체교통을 인식하는 방식에 대한 재정의와 환경보호의 필요성에 중점을 두고 있다. 집카는 RFID 무선기술을 활용해 차량 임대 프로세스를 간소화하고 실시간으로 차량의 위치를 추적함으로써 차량수율관리, 이중 예약 및 유령 차량의 위험을 줄이는 등 혁신적인 변화를 꾀했다. Zipcar를 이용하는 방법과 과정은 <그림 9-4>에 설명되어 있다.

❙그림 9-4❙ 집카 이용 단계

Step 1	Step 2	Step 3	Step 4	Step 5

Join	Reserve	Unlock	Drive	Return
온라인으로 신청하고 승인을 받으면 Zipcard를 보내 전 세계 차량에 액세스할 수 있는 권한 생김	Zipcar의 모바일 앱, 온라인 또는 전화로 언제든지 즉시 또는 최대 1 년 전까지 차량을 예약 가능	예약한 시간이 되면 Zipcard 또는 Zipcar 앱을 사용하여 자동차 잠금을 해제. 열쇠는 차 안에 있음	예약한 시간에 원하는 곳 어디에서나 Zipcar를 가져가십시오. 필요한 경우 모바일 앱, 문자 메시지 수신	지정된 주차장에 Zipcar를 주차해 놓으십시오. 앱이나 Zipcard로 잠그면 끝납니다.

환경 친화적이고 전기 자동차 사용을 채택함으로써 환경 및 사회적 관심사에 대한 견해가 강한 고객을 유인하는 데 매우 유리한 위치를 확보하고 있다. 이는 Zipcar가 더 많은 고객을 유치하는 것과는 별도로 브랜드와 자산을 구축하는데 있어 매우 중요하다. 또한 경제와 사회적 공유가치 창출이라는 공유경제에 대한 인식을 제고하는 데 도움이 되고 있다. Zipcar는 홍콩, 싱가포르, 대만, 도쿄처럼 보행, 자전거 타기 및 대중교통 이용이 가능한 고밀도 대도시 지역에 적합하다. 또한 교외 지역 특히 대중교통 서비스가 절대적으로 부족하거나, 보행친화적인 거리 및 지역 상업센터가 있는 경우 Zipcar 서비스가 적합한 대상 지역이다.

9.3. 공유경제에 대한 각국의 대응과 현황

공유경제를 파괴적 혁신(Disruptive Innovation)의 관점에서 보면 혁신에 대한 경험적인 태도와 관련지어 생각해볼 수 있다. 혁신은 기존 질서를 깨뜨리는 추진력을 갖는 동시에 저항과 관심의 대상이기도 하다. 혁신을 수용하는 과정에서 기존 경제, 법, 사회 체제 등과 정면으로 맞닥뜨려 충돌과 저항 현상이 발생하기도 하고, 한편으로는 새로운 영역으로의 확장과 돌파구로서 장려되기도 한다. 자칫 파괴적 혁신의 실체가 드러나기 전에 섣부른 개입과 규제를 가하는 것은 혁신의 과정을 방해할 수도 있고, 예측하기 어려운 방향으로 호도할 수도 있다. 가장 우려되고 있는 것은 파괴적 혁신으로 공유경제를 수용하는 과정에 기존 질서를 깨뜨려 주류경제의 혼란과 잠식 등을 유발할 수 있다는 점이다. 이렇듯 상반되는 공유경제 수용에 있어 각 나라와 도시들마다 반대, 규제, 조정, 합법화 등으로 각각 입장이 다르다. 수용의 기준 또한 특정하게 확정된 것이 아니라 각각의 사례별로 대처하는 방식을 채용하거나 시대적 변화와 요구에 따라 다르게 대응하는 방식이 통용되고 있다.

국가적으로는 기존 제도권과의 마찰과 충돌을 줄이기 위해 규제 조치를 취하기도 하고, 신규 사업 창출기회를 제공하기 위해 정책적, 경제적 지원을 아끼지 않는 등 상반될 것 같은 목적들을 서로 교묘하게 조정하고 있다. 사실상 사회·경제 환경의 변화와 ICT기술 발전만큼이나 공유경제를 표방하는 다양한 경제 유형이 출현하고 있어 기존 체제로 통제하기가 쉽지 않다. 대표적인 공유경제 유형으로 알려져 있는 자동차와 숙박 공유 사례를 통해 공유에 대한 대응과 규제 등을 살펴보기로 한다.

❑ Ride-sharing 서비스에 대한 규제[86]

Ride-Sharing 서비스에 대한 규제는 사실상 Uber 사업에 대한 규제라고 해도 과언이 아닐 만큼 자동차 공유 플랫폼으로 우버가 유명하다. 우버 서비스에 대한 규제 방향은 크게 4가지로 진행되고 있다. 전적으로 진입을 불허하는 불법화, 약한 규제 정책을 조건으로 하는 합법화, 합법화는 하되 기존 택시사업 수준으로 규제, 기존의 택시사업에 대한 규제를 완화하는 4가지 방향이 그것이다. 현재 Uber의 사업은 미국의 일부 주와 영국의 런던, 필리핀을 제외하고 대부분 불법으로 규정하고 있는 상황이다.

미국의 캘리포니아 공익위원회(California Public Utility Commission : CPUC)는 우버에 대한 규제 조치와 함께 2013년 최초로 우버 사업의 합법화를 결정했다. 합법화를 위한 조건으로는 i) 운전자는 CPUC면허를 받아야 함 ii) 운전자는 중죄에 대한 조회를 받고 운전자 훈련 프로그램을 성공적으로 이수해야 하며, 마약과 알코올 문제로부터 깨끗해야 함. iii) 각 회사는 사고 당 백만 불 이상을 보상받을 수 있는 상용차 의무보험 가입을 유지해야 한다는 것이다. 이와 함께 회사 총 매출 1%의 1/3을 수수료로 부과하기로 하고 위원회 만장일치로 Ride-Sharing서비스 합법화를 결정하였다. 또한 우버에 대해 네트워크 기반의 교통회사(Transportation Network Company : TNC)라는 정식 사업자 자격을 부여하여 기존 경제 테두리내로 포섭시켰다. 시카고와 독일 프랑크푸르트에서는 시민들에게 편리한 교통편으로 제공되고 있다는 점과 고객들의 만족감이 높다는 점을 이유로 우버를 옹호하기도 한다. 이와는 달리 벨기에, 우리나라 서울 등에서는 허가받지 않은 택시영업으로 규정하여 불법으로 간주하며 전면 금지하고 있다.

대부분의 나라에서 새로운 사업 방식에 기존 법을 적용하다보니 불법으로 규정하는 경우가 많고, 기존의 비슷한 사업과 충돌되는 현상이 속출하여 수용하지 못하는 경우가 많다. 신 사업방식에 대한 수용에 있어서도 사회적 가치와 혁신성에 기여하는지 국민들의 생활편의에 도움이 되는지 혹은 대중교통의 공백을 채워 사회적 기여를 하는지, 자원 활용의 측면 등을 종합적으로 검토하여 시기와 정도를 가늠해가며 수용을 검토해야 할 것이다.

❑ 단기주택임대에 대한 규제

단기주택임대에 대한 규제는 기존의 장기 임차인이 단기주택임대 공유서비스로 인해 주택난이 심화되면서 주된 이슈로 떠올랐다. 이는 대표적인 단기주택임대 공유기업인 Airbnb 사업을 규제하는 방법으로 등장한 것으로 주로 단기 임대기간을 제한하여 상대적으로 장기 임대가 유리한 방향으로 유도하고 있다. 단기주택임대 공유서비스가 도입된 후 도시의 주택 임대료가 상승하고 이에 따라 저소득 임차인들이 주택난을 겪는 상황에 발생하였다. 또한 단기주택임대 공유서비스가 확장되면서 주택을 제공하는 호스트의 수익이 발생한다는 사실이 점차 알려지게 되면서 의도치 않은 문제들이 출현하게 되었다. 수익을 기대하는 투자자들이 임대용 주택을 매입하면서 부동산 가격이 오르고, 상가용 건물을 구입해 주거용으로 용도변경하기도 하는 등 주택시장에 교란현상이 발생하였다. 이에 각 도시는 임대 기간을 규제하거나 임대용 주택의 수를 정하기도 했다. 그럼에도 불구하고 각 도시의 주택수급 사정에 따라 규제의 효과가 발현되지 않거나 또 다른 문제를 야기하기도 하여 개별 도시 상황을 반영하는 기준을 정해 단기임대를 합법화하는 입법이 추진되고 있다.

샌프란시스코는 2015년 Airbnb Law를 제정해 주택임대의 조건과 일사, 책임보험 등을 명시하며 합법화하였다. 뉴욕과 캘리포니아 등도 규정을 정하고 위반 시 벌금을 부과하거나 강력하게 규제하겠다고 하였다. 프랑스는 2014년 단기 임대 허용 법률을 제정하였고, 독일, 호주, 네덜란드 등도 각 도시의 사정에 따라 단기임대에 대한 규제를 도입하고 세금을 부과하는 등 기존 시장경제의 틀에 편입시키고 있는 추세이다.

❑ 공유경제 활성화를 위한 각국의 대응

● 미국

미국은 공유경제 활성화를 위해 유휴 토지, 주택, 교통, 일자리 창출 4개 분야로 구분하여 관련 정책을 선도하고 있다. 미국은 유휴 토지를 활용한 도시농업 활성화, 홈쉐어링과 주택협동조합과 연계한 주거복지 향상, 카쉐어링 확산을 위한 주차료 감면, 협동조합 지원을 통한 일자리 창출 등 구체적인 정책 발굴을 추진 중이다.

● **영국**

영국 재무성은 경제활성화를 위해 'Budget 2015'를 발표하며 공유경제를 지원하는 정책을 펴겠다고 하였다. 교통수단, 공공 공간, 보건사회 분야에서 공유경제 파일럿 프로젝트 추진하고, 특히 세입자가 자신의 주거 공간을 단기 대여 또는 공동 사용할 수 있도록 관련 규제를 개선하였다. 또한 공유경제를 지원하기 위해 온라인을 통한 범죄기록 조회 개선 사업, 공무원의 공유경제 서비스 이용 장려, 개인 주차 공간 대여 관련 규제 개선, 구직자나 창업 지원을 위한 Tasking Sharing서비스 이용 지원 등을 제시했다.

● **호주**

호주 노동당은 공유경제의 활성화를 위한 6가지 조건을 제시하였다. 노동당이 발표한 공유경제 6가지 조건은 기업과 노동, 정부의 균형적인 이익에 초점을 맞추고 있다. 법의 테두리 밖에서 사업 활동을 하고 있는 공유경제 기업을 제도적 틀 안으로 끌어들이되, 자유로운 활동을 보장하는 것을 주된 내용으로 삼고 있다. 특히 소득 발생에 따른 납세의 의무를 명확하게 제시하고 있으며 시민 안전에 대한 책임을 공유경제 기업에 부여하고 있다. 예를 들어 우버 택시 안에서 발생하는 불미스러운 사건에 대한 기업의 책임을 분명히 하고, 이를 구제하기 위한 보험 가입을 강제하고 있다. 또한 본인 소유가 아닌 임대물을 통한 참여에 대해선 규제하겠다는 입장도 포함돼있다.

공유경제의 활성화를 위한 6가지 조건[87]은 다음과 같다.

- 공유하려는 주된 자산은 본인의 소유여야 한다.
- 새로운 서비스는 좋은 급료와 노동 환경을 제공해야 한다.
- 모든 이들은 공정한 세금을 지불해야 한다.
- 공공의 안전을 위해 적절한 보호 조치가 필요하다.
- 모두에게 접근권이 열려있어야 한다.
- 규칙에 따라 운영되어야 한다.

● 네덜란드

2015년 네덜란드 경제부 장관은 혁신적인 기술과 비즈니스 모델 변화의 이익을 우선적으로 누리기 위해 법과 규정을 바꿀 필요가 있다고 발표하였다. 혁신적인 아이디어와 스마트기기, 인터넷 환경을 기반으로 하는 Uber, Airbnb와 같은 새로운 비즈니스 모델이 성장하고 있는 상황을 인식하였다. 새로운 변화 속에서 네덜란드 시장은 혼란을 경험하게 되는 상황에 이르렀고, 딱딱하고 오래된 규제에서 탈피해 새로운 변화를 적극적으로 수용하는 법규를 만들어야 한다고 하였다.

● 일본

2000년대 이후 공유경제를 기반으로 한 도시 내 활동이 차량공유나 주거공유와 같은 다양한 형태로 증가하고 있는 현상에 주목하고, 향후 관광을 비롯한 다양한 분야에서 공유경제를 활용하는 사례가 증가할 것으로 예측하고 있다. 이에 일본의 공유경제는 도시재생과 관광의 측면에서 적극적으로 추진되고 있다. 중앙정부와 지자체에서는 공유경제 활성화를 위한 법령 및 제도개선 등 정책적 접근의 필요성을 인식하고 있다. 더불어 도시 공간 활용차원에서 공유경제와 기존 제도나 기업과의 마찰을 최소화하는 정책적 시도를 지속적으로 추진하고 있다.

● 중국

미국에서 처음 시작된 공유경제 비지니스가 현재 가장 활발하게 성장하고 있는 나라는 중국이다. '중국 공유경제발전 보고서 2016'에 따르면 중국의 공유경제 시장 규모는 지난 5년간 연평균 65%씩 성장해 지난해 말 1조 9,500억 위안(약 334조)을 기록한 것으로 나타났다. 공유경제 서비스 종사자는 약 5,000만 명으로 전체 노동자의 5.5%를 차지하고 있으며, 공유경제 참여자 수는 전체 인구의 37%인 5억 명을 상회하는 것으로 조사됐다.

특히 활성화된 공유경제는 차량 공유 분야로 중국의 대표 IT기업인 텐센트와 알리바바가 지난해 합작을 통해 세운 '중국판 우버'라 불리는 디디추싱(滴滴出行·이하 디디)이다. 중국 차량 호출 앱 시장의 95% 이상을 점하고 있는 디디의 지난해 말 기준 등록 운전자는 약 1,400만 명이며, 이용 고객은 2억 5,000만 명을 넘어섰다. 지난해 총 이용 건수는 14억 3,000만 건에 달했다. 디디는 최근 애플로부터 10억 달러의 투자금을 유치하기도 했다. 기업 가치는 250억 달러(28조 7,300억 원)에 이르는 것으로 평가되고 있다.

또한 중국의 대표적 숙박 공유서비스 업체인 '투지아(途家)는 현재 중국 내 325개, 해외 1,085개 지역에서 서비스를 제공하고 있다. 주택·빌라·아파트 등 등록 숙박시설은 40만개에 달한다. 투지아 앱 다운로드 건수는 지난해 중국에서 1억 5,000만 건을 넘어섰고, 기업 가치가 10억 달러에 이르는 것으로 추산된다. 이와 같이 중국의 공유경제 성장의 이유는 급속한 도시화와 함께 13억대를 넘어설 정도로 엄청나게 높은 스마트폰 보급률과 6억 9,000만 명에 달하는 인터넷 이용자라고 할 수 있다. 중국 당국은 공유경제 서비스 규모가 향후 5년간 연평균 40%씩 성장해 2020년에는 공유경제가 국내총생산(GDP) 전체의 10% 이상을 차지할 것으로 전망하고 있다.

최근 공유경제 서비스가 범죄에 악용되는 사례가 늘고 있자 그동안 별다른 규제를 가하지 않았던 중국 당국도 차량공유서비스에 관해 본격적인 관리에 나서기 시작했다. 그리고 2016년 11월 드디어 차량공유서비스 합법화를 선언했다. 온라인예약 택시 관리방안에는 차량 연식, 주행거리, 운전자의 경력과 신용 등에 관한 내용이 있고, 서비스 제공업체는 중앙 및 지방정부의 허가를 얻어야 한다는 규정 등이 있다. 이와 같은 합법화 조치 발표 이후 우버는 중국 사업을 접으면서 혁신을 질식시키는 규제라고 평가했지만, 대조적으로 차량공유 사업의 본격적인 성장계기가 될 것이라고도 해 향후 결과가 주목되고 있다.

● 한국

우리나라도 공유경제 활성화를 위해 정책적으로 다각적인 노력을 하고 있다. 중앙정부의 경우 기획재정부, 국토교통부, 문화체육관광부, 산업통상자원부 등 부처별로 각기 지원 정책을 추진하고 있다. 이들의 정책설정 및 현안에 대한 제도적 대응을 살펴보면 다음과 같다.

┃표 9-2┃ 공유경제 정책동향

부 처	정 책 동 향
기획재정부 및 관계부처 합동	벤처 창업자금 생태계 선순환방안 발표(2013.5) 2.5조원규모의 성장사다리펀드, 5,000억 규모 미래창조펀드
미래창조과학부	무한상상실(아이디어클럽형, 실험공방형 등 지역의 상상, 도전, 창업활동의 지역거점) 전국 4개소 운영, 향후 확대예정
국토교통부	자동차공유(우버의 서비스 일부 규제)
문화체육관광부	도시민박관련 법제도개선에 대한 실무적 대응
산업통상자원부	전기차 카셰어링 시행(서울, 일산, 분당지역), 공유기업 인큐베이팅

자료: 국토연구원(2015), 공유경제 기반의 도시 공간 활용 제고방안 연구

현재 우리나라에서 공유경제 리더와 개척자로 손꼽히는 도시로는 서울시, 경기도를 비롯해 성남시, 부산시, 수원시, 세종시, 대전시, 대구시, 경주시, 포항시, 울산시, 양산시, 김해시, 전주시, 광주시 등을 들 수 있다. 구체적으로 공유경제활성화를 위해 조례를 제정한 도시가 있으며 내용은 다음 <표 9-3>과 같다.

┃표 9-3┃ 공유경제촉진조례입법현황

지자체	법규명	제정일	소관부서	기타
서울특별시	공유촉진조례	2012-12-31	사회혁신담당관	자치구20
부산광역시	공유촉진조례	2014-03-19	경제통상국 민생경제과	해운대구
광주광역시	공유촉진조례	2013-11-01	참여혁신단	북구, 광산구
대전광역시	공유활성화지원조례	2015-02-17	도시재생본부 도시재생정책과	-
성 남 시	공유촉진조례	2014-11-10	재정경제국일자리창출과	-
거 창 군	공유촉진조례	2015-03-25	기획감사실	-
여 수 시	공유촉진조례	2016-08-10	지역경제과	-

출처: 자치법규정보시스템

특히 서울시는 공유도시를 표방하는 국내 도시들이 모델로 삼고 있는 도시이며, 세계 다른 지역에서도 서울의 공유 이야기를 배우려 하고 있다. 서울의 공유경제는 홈페이지 '공유허브'에 잘 나타나 있듯이, 개인 간의 거래인 P2P 공유경제를 중심으로 왕성한 활동과 성과를 보이고 있다. 특히 담당 공무원과 전문가들로 구성된 '공유경제촉진위원회'를 중심으로 체계적, 전문적인 공유경제 전략 및 마케팅, 공유기업 지정 및 지원, 공유 활동 확산 등을 펼쳐나가고 있다.

경기도는 개인과 기업 간의 거래인 P2B 공유경제, 기업과 기업 간의 거래인 B2B 공유경제를 바탕으로 하는 '경기도 주식회사'를 표방하고 있다. '경기도 공유경제플랫폼'을 중심으로 누구나 공유경제 및 공유적 경제활동을 할 수 있도록 지원하고 있으며, 2016년 7월 군포시에 공유경제 공공물류유통센터를 개소하기도 했다. 관과 기업이 공유하는 형태라고 하여 토지, 건물 등 인프라를 도가 제공하고, 중소기업이나 스타트업이 이를 공유해 스스로 경쟁력을 갖추도록 하겠다는 의지이다.

성남시는 B2B 공유경제의 핵심인 지역과 산업단지 중, '성남산업단지' 공유경제를 통해 소속 200여 기업이 혁신적인 공유경제 활동을 추진하고 있으며, 공유경제 브랜드 메이크원(MAKEONE, www.makeone.com)을 런칭해 B2B 공유경제를 기업들 간의 상생을 도모하고자 한다.

부산시는 부산공유경제연구소와 공유경제연합회, 공유경제협의회, 공유경제시민연합회, 사회적경제 네트워크, 사회적기업연구원, 시민운동지원센터, 경실련 등 시민사회단체를 중심으로 공유경제 확산 및 생활화 안착에 주력하고 있다. 이들 중 광역자치단체의 공유경제

지원활동의 유형을 정리해 보면 다음 <표 9-4>와 같다.

▌표 9-4▐ 광역자치단체 공유경제 지원활동 유형

세부지원활동	서울	부산	광주	대전
조례제정	2012-12-31	2014-03-19	2013-11-01	2015-02-17
추진계획수립	공유서울추진계획	공유경제활성화 지원사업추진계획	공유도시만들기 기본계획 (2015.01)	사회적자본 지원센터 사업계획서
위원회구성	공유촉진위원회-민간 거버넌스, 공유정책개발, 공유기업컨설팅 등	공유경제촉진 위원회	공유촉진위원회	-
공유경제 정보관리시스템 구축 및 운영	공유허브	공유경제 정보센터	공유광주	대전광역시 공유네트워크
공유지원사업	공유기업 선정 및 지원	공유기업 선정 및 지원	공유기업 선정 및 지원	공유기업 선정 및 지원
2015년 예산	10.5억	5000만원	1.5억	3.35억

출처: 공유경제 기반의 도시 공간 활용 제고방안 연구 - 국토연구원 2015

이와 같이 많은 지자체에서 공유경제 활성화에 노력하고 있으나, 구체적으로 가시적인 성과와 방향성이 보이지 않는 등 여러 가지 한계점 등이 노출되어 있다. 가장 먼저 제기되는 것으로는 각 도시별 공유경제에 관한 개념 정의, 목적, 방법 등에 관한 구체적인 합의와 논의가 이루어졌는지에 대한 의문점이 있다. 그리고 공유경제 활성화라는 정책을 추진하는데 있어 위에 언급된 내용들에 대한 명확한 규정이 부재한 상태에서 비롯된 많은 문제점들이 노출되고 있다. 구체적인 사례로 보면 각 시도별 공유경제 활성화를 추진하는 담당 주체와 추진 계획 등에 관한 명확한 기준과 로드맵이 부재한 것도 공유경제를 활성화시키는 장애요인이 되고 있다. 이뿐만 아니라 공유경제 기업을 지원하고 활성화하기 위한 지원책이 부서별 일관성이 없을 뿐만 아니라 기존의 법체계와 마찰을 일으키는 부분이 적지 않아 설령 정책이 있다하더라도 추진이 쉽지 않다.

다음으로 공유경제 활성화를 추진하겠다고 하는 지자체는 최소한 육성하고 지원하고자 하는 공유경제가 상업적 공유경제 플랫폼인지 진정한 공유경제 플랫폼인지 구분해서 접근해야 할 것이다. 상업적 공유경제 플랫폼일 경우 공공이 민간기업의 육성과 지원에 직접적으로 개입하는 것은 다른 민간 기업들과의 갈등과 형평성 문제 등 추후 논란의 여지를 남길 수 있어 명확한 구분이 필요하다. 비영리목적을 추구하는 진정한 공유경제 플랫폼 모델로 접근하는 경우에도 지역경제 활성화라는 목적과 서로 연관시킬 수 있는 지에 따라 정책지원과 협력의 방향이 결정될 수 있다는 점도 감안해야 할 것이다.

이상 논의한 내용과 함께 현재 우리나라에서 공유경제 비즈니스로 등장한 유형들에서 기존 체제와의 불일치, 대립 상황 등이 상존하고 있다. 다음 <표 9-5>는 현재 공유경제 비즈니스 유형별로 나타나는 법적, 제도적 문제점들을 정리한 내용이다.

이외에도 기존 체제가 완벽하게 수용하지 못하는 공유경제의 문제점이 있음에도 미래세대에게 공유경제는 선택이 아닌 필수가 될 것이라고 예측되고 있다. 이에 우리나라를 포함한 많은 도시들이 공유

Ⅰ표 9-5Ⅰ 공유경제 유형별 법적 제도적 문제점

공유유형	법적, 제도적 문제점
숙박(도시민박)	• 주거지역내 숙박문제 • 세금 문제 • 소방법 제약 • 식품위생문제 • 기존업계와의 형평성
주거(쉐어하우스)	• 재 임대에 다른 임대차 계약상 문제
사무(코워킹)	• 동일 사무실 내 복수의 사업자등록제약
주차 공유	• 주차면 거래와 제공자 인센티브의 허용범위
공공시설 공유	• 시설개방에 다른 관리상 문제와 안전 문제
유휴공간 공유	• 사찰, 교회, 텃밭 등 공간공유범위확대에 따른 법적규제기준 미비

출처: 국토연구원(2015), 공유경제 기반의 도시공간 활용 제고방안 연구

도시를 표방하며, 공유도시 추진을 위한 다양한 정책과 비전을 제시하고 있다. 초기에 소득감소로 인한 나눔, 환경보호, 자원 절약 등으로 출현하게 된 공유경제가 점차 비즈니스로 확대되면서 경제 활성화의 한 축으로 까지 발전하고 있다. 최근에는 기업과 개인(B2P), 기업과 기업(B2B)의 공생과 상생의 전략까지 공유경제의 프레임에 포함시켜 기업 상생전략으로 추진되기도 한다. 한편 공유경제가 미래 도시의 경제 대안으로 자리할 것이라는 예측에는 생산자와 소비자의 욕구를 서로 연결시켜 서로의 이익을 실현할 수 있는 P2P 공유경제 프레임이 인식의 기본이 된다.

우리나라에서 대표적으로 공유경제를 실천하며 선도적인 공유도시를 표방하고 있는 서울에서도 2012년부터 P2P 공유경제 정책을 추진하고 있다. 서울시는 2012년 9월 "공유도시 서울"을 선언한 이후

2014년까지 제도기반 마련, 민간 공유경제 생태계 조성, 공공부문 공유사업 활성화, 시민 공유문화 확산 등 많은 정책을 추진하였다. 서울시의 공유관련 주요정책을 살펴보면 다음과 같다.

▌표 9-6▐ 서울시 공유관련 주요정책

정책방향	세 부 사 업
제도기반 마련	• '공유도시 서울' 선언('12. 9) 및 「공유 촉진 조례」 제정('12. 12) • 민관 협치를 위한 공유촉진위원회 구성·운영('13. 2~) • 공유허브(sharehub.kr) 구축·운영('13. 6~) • 「공유 제도개선 기획단」 구성·운영('14. 7~)
민간 공유경제 생태계조성	• 공유단체·기업(50개) 지정 및 사업비(504백만원) 지원('13~'14년) • 「공유서울」 박람회 및 컨퍼런스 개최('13. 8 / '14. 9) • 공유기업 워크숍, 컨설팅, 홍보지원
공공부문 공유사업 활성화	• 공공시설 개방을 통한 유휴 공간 공유 확대 및 공공데이터 공개 • 주차장 공유, 룸 세어링 등 도시문제 해결 위한 공유사업 실시 • 아이 옷 나누기, 공유서가·공유도서관 등 시민생활과 밀접한 공유사업 추진 • 공유정책 국내외 주요 도시·국가로 전파·확산
공유문화 확산	• 일상생활 속 공유실천 위한 시민 공유체험 행사실시('13. 10~11) • 「자치구 찾아가는 공유마당」 운영('14년) • 공유 UCC·체험수기 공모를 통한 공유체험사례 전파

출처: 공유서울 2기 추진계획

서울시가 추진하는 2기 공유서울 추진계획은 크게 3가지로 구분할 수 있다.[88] 서울시의 특성을 공유경제 모델에 투영하고자 하는 목적으로 서울형 공유모델 발굴과 확산을 위해 공동 브랜드를 만들고, 자치구와 학교 등 공공부문에서 우선적으로 공유사업을 지속적으로 발굴하는 작업을 시도하였다. 공유서울을 지속적으로 추진, 발전시키기 위해서는 민간의 인식과 확산이 동반되어야하므로 공간과 물건, 지식 등의 공유를 통해 일상으로 끌어내는 사업을 추진하고 있다. 최종적으로는 공유 문화를 형성하고 활성화 시켜 공유 생태계를 조성하는 것이 목표이다.

○ 서울형 공유모델 발굴 확산
- 서울시만의 성공모델의 발굴 및 확산으로 공유서울 브랜드화 - 자치구 학교 등과 협업하여 새로운 공유사업 지속 발굴
○ 공간공유 확대
- 거주자우선주차장 등 주차장 공유사업 전 자치구로 확대 - 서울시 및 자치구 등 공공시설물의 전면 시민개방 추진 - 셰어하우스를 통한 주거비 절감 및 공동체 복원 - 한지붕 세대공감 룸셰어링 전 자치구로 확대
○ 물건 지식 공유 활성화
- 임대공동주택 내에 카쉐어링 시범도입(자치구공모사업) - 공공기관 우수시민강좌 공유를 위한 지식공유 플랫폼 조성 - 아이 옷, 장난감 등 육아용품 공유사업 확대

이를 위해 물건과 공간, 재능 등 공유경제를 추진할 수 있는 우선 추진사업을 선정하였고, 이를 구체적으로 실현하고 공유경제 활성화를 지원할 수 있는 기반을 조성하기 위한 프로젝트를 추진하였다. 서울시가 공유경제 우선 추진사업으로 선정한 19개 공유도시 프로젝트는 다음 <표 9-7>과 같다.

표 9-7 공유경제 우선추진사업

공유분야	우선추진사업		
물건	1-1	누구나 쉽게 빌려쓰는 나눔카	도시교통본부(교통정책과)
	1-2	서울형 공공자전거 시스템 확대·구축운영	도시교통본부(보행자전거과)
	1-3	공유서가 활성화	서울혁신기획관(사회혁신담당관)
	1-4	공구도서관 활성화	서울혁신기획관(사회혁신담당관)
	1-5	아이 옷·장난감 공유	여성가족정책실(보육담당관)
공간	2-1	공공시설 개방	행정국(자치행정과)
	2-2	주차장 공유(거주자우선주차장)	서울혁신기획관(사회혁신담당관)
	2-3	주차장 공유(부설주차장 등)	도시교통본부(주차계획과)
	2-4	한지붕 세대공감	서울혁신기획관(사회혁신담당관)
	2-5	도시민박 활성화	문화체육관광본부(관광정책과)
재능 정보	3-1	휴먼라이브러리	서울도서관
	3-2	서울 e품앗이	서울복지재단
	3-3	공공데이터 개방	정보기획관(통계데이터담당관)
	3-4	사신공유 플랫폼 운영	시민소통기획관(뉴미디어담당관)
기반 조성	4-1	공유단체·기업 지정 및 지원	서울혁신기획관(사회혁신담당관)
	4-2	자치구 공유사업 지원	서울혁신기획관(사회혁신담당관)
	4-3	공유컨퍼런스(박람회)	서울혁신기획관(사회혁신담당관)
	4-4	공유허브 운영	서울혁신기획관(사회혁신담당관)
	4-5	공유 법·제도 개선	서울혁신기획관(사회혁신담당관)

출처: 공유서울 2기 추진계획

서울시가 공유서울 2기 추진을 통해 예상하는 기대효과는 민간 부문의 생활비 절감, 시 예산절감, 일자리 증가, 환경부하 저감을 꼽는다. 이는 미래를 예측하는 기대치이지만 공유경제 실천을 통해 민간, 공공, 경제, 환경부문에까지 영향을 미칠 수 있어 공유경제에 주목하는 이유이기도 하다.

▎그림 9-5▎ 공유 2기 정책 효과

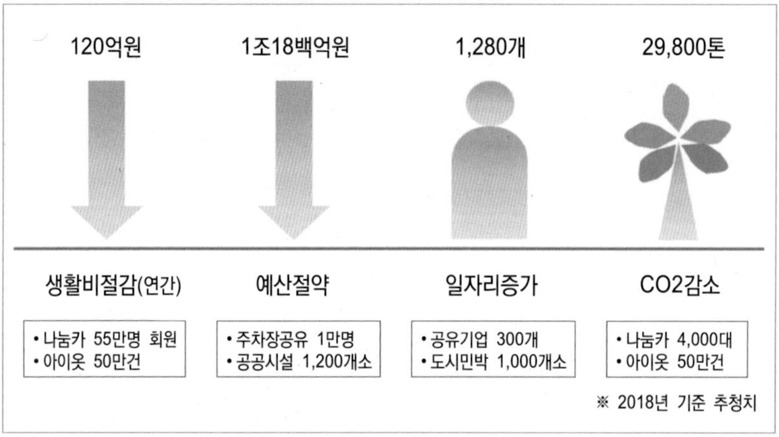

자료: 공유 서울 2기 추진계획

10

공유경제의 미래

10. 공유경제의 미래

10.1. 공유경제가 안고 있는 과제

공유경제 활성화를 추진하는데 걸림돌이 되는 두 가지 요소가 있다. 첫째, 공유경제 자체의 문제 즉 신뢰관계 구축과 기존경제와 공유경제 사이에서 발생하는 문제이다. 다음으로 공유경제 활성화에 장애로 작용할 수 있는 요소로 꼽을 수 있는 것이 노동조건에 관한 내용이다.

공유경제 자체의 문제인 신뢰관계 구축 등과 관련된 것은 공유경제가 지속적으로 확장하기 위한 운영자의 문제이다. 여기에는 소비자의 본인확인에 대한 필요성과 함께 개발 모델 성공의 필수조건으로 요구되는 자원의 품질, 신뢰 수준 설정과 품질을 일정 수준으로 유지하는 것과 관련된 것이다. 공유경제 활성화를 위해서는 <그림 10-1>과 같이 소비자 측면과 비즈니스 측면에서 서로 다른 요구와 고려사항들이 있다. 소비자 측면에서는 신뢰와 안전, 보안과 위험성 완화, 서비스 질의 항상성이 요구된다. 비즈니스 측면에서는 규제, 세금, 비정규 노동력 관리의 필요성이 요구된다.

따라서 공유경제가 활성화되기 위해서는 소비자와 비즈니스 측면에서 각각 서로 다른 요구와 필요를 조정, 협력하는 역할이 요구된다. 공공부문은 이러한 역할을 통해 기존 체제로 수용하거나 완화, 조정하는 기반과 환경 조성의 역할을 한다. 자유시장경제에서 공유경제 기업들이 상품과 서비스를 제공하고 지속성을 갖는데 있어 자율적인 규제를 통해 가능할 수도 있다.

❙그림 10-1❙ 공유경제 참여자별 요구사항

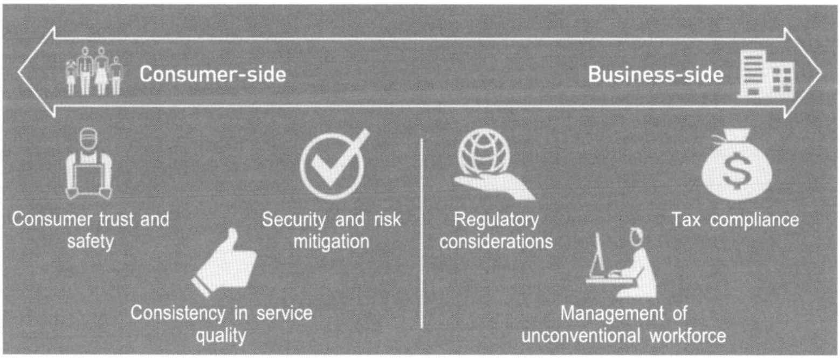

자율적인 규제를 적용하여 상품과 서비스를 제공하는 방식은 비용이 적게 들고 신규 진입을 유인하여 혁신을 가져오는 방식으로 통용되고 있다. 반면 공식적인 규제를 통해 시장에 개입하는 것은 기득권 보호역할을 할 뿐만 아니라 많은 비용이 소요된다고 한다. 시장 자율규제를 지지하는 사람들은 공식적인 규제보다는 P2P플랫폼을 확대하여 이러한 불평등을 제한하고 시장실패를 바로잡을 수 있다고 한다. 그렇지만 성장형 사회에서 통용되던 자율규제방식은 저성장 구도와 장기 침체가 이어지고 있는 현 상황에서는 게임 체인저(Game Changer)로 부상하여 시장을 지배하고 불평등을 악화, 지속시킬 수 있다.

❙그림 10-2❙ 공유경제의 과제

공유경제 참여자 측면

- 신뢰와 안전
- 품질과 서비스의 일관성
- 위험 관리
- 가격 경쟁력
- 책임과 보증

공공 부문

- 조정과 협력유도
- 법률 개정
- 과세
- 기존 업체 고려
- 개인정보 등 관리

공유경제 기업 측면

- 규제 완화
- 세금 문제
- 비정규 노동력관리
- 경쟁업체 등장
- 정보의 비대칭성

공공부문은 <그림 10-2>에서 보는 바와 같이 공유경제 참여자와 기업의 과제를 해결, 완화하는 방법을 모색하고 있으며, 조정과 협력을 유도하거나 법률, 세금관련 규정, 기존 업체와의 조정, 개인정보 등 관리의 역할을 하고 있다. 그럼에도 아직까지 전통적인 법률체계와 경제시스템과의 충돌을 조정하는 과정에 있어 공유경제 활성화를 위해 규제와 관련된 과제가 아직 남아있다.

첫째, 법률·세금 등과 관련된 사항이다. 세금 관련하여 마이크로 사업자는 공정한 준수를 주장하기도 하지만 일부 플랫폼제공자는 기회주의적으로 가장 유리한 세금규제를 선택하기도 한다. 이는 기존 업체가 문제 제기한 것들 중 민감한 사항으로 관련 법규와 세금 적용의 형평성을 위해 조정이 필요한 부분이다. 최근 숙박 공유로 인한 부동산 가격인상, 호텔업 매출 감소 등의 문제가 불거지게 되면서, 미국과 암스테르담 등에서 규제 정책을 내놓거나 세금을 징수하기 시작한 사례가 있다.

둘째, 책임과 보험 등의 문제가 제기되고 있다. 공유경제의 영향과 효과에서 다루었던 바가 있지만, 누구든 수요자와 공급자가 될 수 있다는 점은 그 만큼 자율규제가 중요하다는 것을 의미하기도 한다. 그렇지만 자율규제가 이루어지지 않았을 경우, 시장참여자가 입게 될 피해와 여파는 기존 시스템의 보호를 받지 못하는 단점이 극명하게 드러나는 결과를 가져올 것이다. 예를 들어 airbnb처럼 내 집을 임대하여 여분의 소득을 창출할 수 있지만, 주변인들은 아무런 이익도 없이 위험과 불안의 무방비 상태에 놓일 수 있다. 차량공유의 경우도 마찬가지다. 차량을 운전하는 사람의 운전 능력과 보험, 범죄와 사고이력 등 다수의 사람을 대상으로 상품과 서비스를 제공하는 사람에 대한 안전조치가 필요하다. 이러한 우려에 보증과 보험 등의 사회적 안전장치를 추가하기 위해서는 비용과 기술의 도움이 필요할 것인데, 그렇게 하면 당연히 비용인상이 뒤따라오게 된다. 안전을 위한 비용은 누가 부담하며 어떻게 배분할 것인지 보증의 수단은 어떤 것으로 할 것인지에 대한 논의가 필요하다.

한편에서는 소비자와 시장의 안전을 위해 보증과 인증, 면허 등의 명기를 주장하기도 한다. 그렇게 한다면 기존 경제체제의 수단을 공유경제와 융합하는 것이 될 수 있겠지만, 다른 한편에서 보면 공유경제 출현배경과 취지가 퇴색될 수도 있다. 사용자와 플랫폼제공자는 인증, 면허 등을 갖고 있는 공급자를 선호할 것이고, 점차 공유경제의 기본 취지였던 비전문가, 비경제활동인구 등에게 소득 창출의 기회를 제공한다는 이점이 점차 상실되어 갈 것은 명확한 일이다. 또한 인증, 면허 등은 누가 수여할 것이고 비용은 누가 부담할 것인지가 문제가 될 수 있다. 이런 다양한 문제와 우려를 해결하는 방법은 단 하나 신뢰관계를 통한 거래라는 것으로 귀결된다.

셋째, 신뢰를 구축하는 과정에서 발생하는 정보의 비대칭성 문제가 있다. 현재 공유경제 플랫폼 제공자들은 플랫폼을 이용하는 수요자와 공급자들 간 커뮤니티의 장으로 활용되는 플랫폼에서 형성된 평판을 신뢰관계 확인 수단으로 활용하고 있다. 평판은 상품과 서비스에 대한 후기와 댓글, 질문 등으로 사전 사후 평가를 통해 형성되어지고, 이를 바탕으로 수요자와 공급자가 서로 누구와 거래 계약을 해야 하는지 결정하는 방식이다. 플랫폼 제공자는 평판에 대해 평가하고 선택 리스트에 올려놓는 작업을 주도적으로 하고 있다. 이 과정은 자율규제 방식으로 운용된다고 하고 있으나, 소비자를 안전하게 보호할 수 있는 지에 대한 의문이 생긴다. 사회적 관계망에 의한 자율규제방식이 정보비대칭 현상에 대한 것인지 일부 특정된 편견 혹은 편향에 의한 것인지 의도적으로 만든 신뢰인지 금전적인 이유로 만들어진 평판인지 등을 정확하게 판단하기 어렵다.

넷째, 고객의 안전과 신뢰, 개인정보 등의 데이터와 관련된 문제가 있다. 공유경제 플랫폼에 참여하는 사람은 개인정보는 물론 인증, 면허 등 관련정보를 입력하여 개인 신용을 인증 받게 된다. 이 과정에서 플랫폼 제공자에게 민감한 개인정보와 자료 등을 제공하다가 데이터가 해킹을 당하거나 다른 용도로 쓰였을 경우에 대한 후속조치와 보상, 안전성 등의 문제에 취약하다. 개인 측면의 피해뿐만 아니라 공공의 입장에서 보면 개인정보 노출과 이용은 또 다른 경제적, 사회적 문제 등을 유발할 수 있는 사안으로 특별히 관리가 필요한 영역이다.

이러한 문제의식으로 일부 기업은 이미 자사 플랫폼에 신원 확인 기능을 추가하고 있지만, 특히 지자체나 공공기관이 아닌 경우 쉬운 것이 아니다. 최근의 정보 홍수와 네트워크 사회가 빚어낸 특성들 중 하나가 발견되는데, 사람들이 어떤 광고보다도 친구, 가족의 말 혹은 추천을 믿는 경향을 갖는 것이다. 특히 공유경제에 참여하는 수요자는 처음에 경제성과 편의성에 관심을 보이지만, 신뢰관계를 구축하지 못하면 지속성을 담보하기가 쉽지 않다. 초기 공유경제 시장을 열기 위해서는 개개인에 대한 믿음보다 공공성에 대한 신뢰가 수요자를 안심시킬 수 있는 요소로 작용해 경쟁우위를 갖게 된다. 즉 이용자 간의 단순한 교류가 아닌 신뢰를 기반으로 하는 관계에 의해 공유경제가 이루어진다는 것을 의미한다.

기존경제와 공유경제 사이의 문제는 기존 사업자와의 이해 충돌과 소수 거대기업에 의한 플랫폼 독점현상을 들 수 있다. 기존 업체와의 이해 충돌 현상이 표출되는 대표적 사례는 차량공유서비스에서 쉽게 볼 수 있다. 차량공유서비스업체인 우버(uber)와 리프트(lyft)가 등장하면서 기존 택시와 렌터카 사용이 점차 줄게 되었고, 심지어 샌프란시스코 최대 택시회사인 옐로우 캡(yellow cab)은 파산을 고려할 정도의 위기에 몰리게 되었다. 반면 차량공유서비스는 사회적인 파장을 불러일으키면서도 관심이 증가해 이용자가 더욱 증가하고 있으며, 사람들의 만족도 또한 높게 나타나고 있다.

기존 경제체제와의 관계에서 발생하는 또 다른 문제는 소수 거대기업에 의한 플랫폼 독점이다. 공유경제가 기존 산업경제와의 차별성으로 내세우고 있는 것이 시민 중심이라는 특성이다. 그렇지만 인터넷에서 구글이나 페이스북이 단일 플랫폼으로 전 세계의 검색과 소셜 네트워크 시장을 독점하고 있듯이, 현재 성공한 공유경제모델은 거대한 벤처캐피탈로부터 투자를 받은 글로벌 스타트업 기업들에 의해서 주도되고 있다. 공유경제의 시작이 누구나가 참여할 수 있고 무엇이든지 가치를 창출할 수 있다는 생각에서 시작되었다는 취지를 굳이 회상하지 않더라도 결과적으로 공유를 추구해야 하는데 몇몇 거대자본에 의한 선점과 독점이 이루어지고 있는 현상은 아이러니하다.

마지막으로 본 장의 서두에서 언급했던 노동조건에 관한 문제이다. 사실 공유경제가 지금까지의 경제체제에서는 선례가 없던 것이라 시장진입초기의 장점만이 주로 부각되고 있다. 이러한 현실에서 규제당국은 어떻게 대처할 것인가에 대한 대책을 마련하지 못한 채 시장활성화와 노동자·소비자 보호라는 가치 사이의 딜레마에 빠져있다. 특히 문제시 되는 것이 노동조건에 관한 문제이다. 기존 경제체제에서는 고용인과 자영업자라는 두 가지 범주의 근로자를 기준으로 법을 만들고 운영하였으며 이 시점까지는 적절한 것으로 입증되었다. 하지만 공유경제의 등장은 이들의 경계를 점점 희미하게 만들고 있다. 예를 들어 우버(Uber)의 운전자는 기술적으로는 자영업자임에도 불구하고 현실에서는 자영업자와 고용인 사이에 있다. 애매한 경계와 불확실한 기준으로 운영되는 사이 강자의 논리에 치우쳐 피해와 불합리가 발생하게 된다.

그렇다면 공유경제에 의한 새로운 고용형태의 출현으로 발생하는 문제에 대한 해결책은 없을까? 그에 대한 해답은 새로운 협력 관계를 창출하는 것이다. 자칫 공유경제 기업과 참여자에게 까다로운 절차와 규제를 가한다면 시장을 외면하거나, 혁신의 불씨를 꺼버릴 수 있다. 이러한 우려를 불식시키고 시장을 빠져 나오지 않게 하기 위해서는 제3섹터의 노동자를 인정하는 것이다. 시장이 수요와 공급 측면에서 원하는 것이 무엇인지를 살펴보고 합리적인 해결책을 찾는 동시에 공유경제의 활성화에 장애가 되지 않도록 하는 것이다.

추가적으로 공유경제 활성화에 제약이 되는 것은 공유에 대한 인식의 문제이다. 공유경제가 경기침체에 따른 일시적 현상이라 지속될 수 없다고 하는 비판과 함께 물건을 소유하고자 하는 인간의 본능, 모르는 대상과 물건을 함께 쓰는 것에 대한 거부감 등은 분명 공유경제의 지속적인 성장을 위해 해결되어야 할 문제이다.

이상에서 열거한 공유경제 활성화에 제약요인이 되는 것들 이외에도 여러 요인들이 제기되고 있다. 대표적으로 개인 대 개인의 거래에서 발생하는 수익이나 기존에 거래되지 않던 무형자원의 거래에 대한 세금부과 문제, 유휴자원의 거래라는 측면에서 물건의 사용에 따른 정확한 감가상각이 어렵기 때문에 경제적 가치를 계량화하기가 어렵다는 점 등이 있다. 이와 같은 공유경제의 과제를 둘러싼 과제를 정리하면 다음과 같다.

❙표 10-1❙ 공유경제를 둘러싼 과제

시민의식	기업 환경	경제 환경	법·제도
• 대중의 중고품에 대한 부정적 인식 • 전통적인 가치와 반대되는 공유 활동 • 경제적 불황기를 맞은 일시적인 현상으로 보는 시선	• 인터넷을 통한 개인 간 신분확인 어려움 • 표준화된 리뷰 시스템의 필요성 • 개인 간 거래의 안전과 퀄리티 보장 부재 • 동일 분야 서비스에 다수 스타트업 발생	• 전통적 사업 모델의 위협 • 지나친 벤처투자에 따른 인위적 인플레이션 발생 • 소비축소에 따른 일자리 및 경제축소 가능 • 리소스 독점에 따른 양극화 심화 가능성 • 전문서비스 업체의 수요를 축소	• 일부 공유경제 모델의 위법성 • 정부차원의 과세 어려움 • 사회주의적 가치 또는 자유시장 자본주의 가치에서의 혼란 • 소유권, 접근권, 이용권 혼재에 다른 법적 책무 확인 혼란

자료: 김점산 외(2014), 공유경제의 미래와 성공조건, 경기개발연구원.

10.2. 지역 활성화와 공유경제

공유경제는 창조경제를 실현하는 방법 중 하나라고 할 수 있다. 창조경제는 기존에 가지고 있는 유·무형 자원에 가치 재발견의 과정을 통해 새로운 가치를 부여해 도시와 지역발전의 원동력으로 전환시키는 것이다. 동일한 잣대를 공유경제에 비추어본다면 공유경제는 전통경제체제에서 경제적 가치를 갖지 못하거나 실현하기 어려운 개별 주체들이 경제적 거래의 기반이 되고 원동력이 되고 있다. 따라서 공유경제의 실현은 창조경제의 일환이라고 연관지을 수 있다.

공유경제는 플랫폼 기반에서 개인과 개인 간의 정보공유를 용이하게 하여, 개인이 보유한 유·무형의 자산에 대한 새로운 수요를 유발한다. 이로써 생활의 편익을 도모하고, 전반적으로 경제적 생산성 및 효율성을 증대시키며, 자원의 공동 활용을 통해 낭비적 요인을 제거하고 환경적 효과 등의 결과를 가져온다. 특히 공유경제의 무한한 잠재력은 시장, 참여자, 거래되는 물건이 특정화되지 않는다는 점에 있다.

그렇게 한다면 기존 경제체제에서 규정하는 성장조건이 충족되지 않는 것들도 공유경제에서 길을 찾을 수 있을 것이다. 이러한 예측을 실현하기 위해서는 공유경제의 특성을 연계시켜 가능성으로 발전시키는 작업이 필요하고 이를 본 장에서는 간략하게 세 가지 정도로 정리한다.

첫째, 공유경제가 이루어지는 시장은 시·공간의 한계를 갖지 않는 가상공간의 플랫폼으로 언제 어디서든 접근이 가능하다. 둘째, 참여자의 폭이 매우 다양하다. 개인이 될 수도 있고, 공공, 기업, 단체, 가상의 캐릭터 등 참여자의 범위와 특징을 유형화 할 수 없다. 셋째, 플랫폼을 통해 거래되는 상품은 시간과 공간, 물건, 서비스, 지식, 접근 권한 등 유·무형을 가리지 않는다. 이러한 특성 때문에 전 세계적으로 공유경제가 급속히 수용·확산되기도 하고, 한편으로는 예상치 못한 파급효과와 공포감으로 배제되기도 한다.

이미 세계적으로 유명한 대도시에서는 협력적 소비와 비즈니스 분야에서 공유경제가 자리잡아가고 있다. 우리나라에서도 서울을 비롯해 광주, 대전, 부산 등의 광역시와 중소도시, 자치구 등에서도 공유도시를 표방하며 공유경제 활성화를 모색하고 있는 중이다. 일반적으로 알려진 바와 같이 공유경제 참여자들이 인터넷에 익숙한 젊은 층과 도시에 사는 사람들이 많아 공유경제 성공사례로 발표되는 곳이 주로 대도시이다. 이를 증명하듯 범위가 광범위하고 참여자가 다수일수록 공유경제 효과가 높다는 연구가 이어지고 있어 공유경제는 당연 대도시에 적용하는 것이 적합할 것이라 생각한다.

하지만 결론부터 말하자면 지방중소도시와 지역의 경우 대도시보다 공유경제 도입의 필요성이 더욱 절실히 요구된다. 대도시의 공유경제 수용이 비즈니스 측면의 접근이라면 지방 중소도시는 공유경제 수용의 기반이 달라 대도시와 구분되는 차별적인 접근이 필요하다. 즉 대도시의 공유경제 수용이 새로운 경제 주체와 성장 모색을 위한 것이라면, 지방도시와 소규모 지역에서의 공유경제는 지역 활성화와 지속가능성을 추구하기 위한 방법으로 접근하는 것에 차이가 있다. 지방의 중소도시가 겪는 인구감소, 고령화, 도심쇠퇴, 예산과 인력의 제약 등의 문제해결을 위한 새로운 돌파구로 활용할 수 있는 가능성과 기대효과를 논의해야 할 것이다. 특히 공유경제가 지역경제의 활성화를 포함한 다양한 도시·사회 문제의 해결에 대한 실제적인 대안으로 접목시킬 수 있다는 점에서 더욱 면밀한 접근이 요구된다.

이를 위해 우선적으로 공유경제가 지방도시에 미칠 수 있는 영향과 기대효과를 상정한 후 이를 연계할 방법을 고안하는 것이다.

첫째, 지방도시와 지역에서 지역 활성화를 위해 적용해야 할 공유경제의 효과는 자원이용의 효율화와 낭비적 요소의 제거이다. 특히 교통과 생산 측면에서의 에너지 절감효과를 가져오고, 협력적 혹은 집단적 소비 방식에 의한 재화·서비스 이용은 쓰레기 배출량의 감소에도 기여하여 환경문제 해결에 직·간접적인 효과를 발휘한다. 지방도시는 전통 경제체제의 틀에서 보면 갈수록 줄어드는 수요와 경제력으로 기업이 진출할 수 있는 기반 자체가 부족하다. 향후 인구감소와 고령화 현상이 진행된다면 이러한 현상은 더욱 심화될 것이고, 기존 인구마저 유출되는 상황에 이르게 될 것이다.

특히 1차산업 위주로 운영되는 지역의 경우 지역 존폐 자체가 위협받는 상황이 도래할 것은 분명한 일이다. 이러한 지역적 특성을 갖는 지방중소도시와 지역의 경우 기존 경제가 수용하지 못하는 틈새를 공략한다는 공유경제의 취지에 맞춰가는 전략을 마련하는 것이 필요하다. 구체적인 예로 인구감소와 산업의 쇠락으로 가동되는 날보다 쉬고 있는 날이 많은 설비와 기자재를 공유하는 방법이 있을 것이다. 그렇다고 하여 일부 지자체에서 공유도시를 표방하면서 실행방법의 하나로 세금을 들여 공구상자, 비상용품 등을 구입하여 주민센터 등에 비치하는 그런 보여주기식 공유가 되어서는 안 될 것이다. 실질적으로 공유경제를 실천하기 위해서는 우선적으로 우리 도시와 지역에 무엇이 쉬고 있는지 낭비되고 있는지 면밀히 조사하고, 미래 도시 비전을 위해 살려야 하는 것은 무엇인지 사장시켜야 하는 것은 무엇인지 검토하는 작업이 선행되어야 할 것이다. 이를 통해 자원이용의 효율화를 추진하고 낭비적 요소를 제거하기 위한 대상을 간추린 후 최종적인 목적을 도출할 수 있을 것이다.

둘째, 자원의 가치 재발견과 활용차원에서 자원을 지역 내에 가두지 않는 방법을 활용하는 것이다. 지역 내에 가두어 두지 않는다는 것은 공개된 세계시장에 내어 놓는다는 것을 의미한다. 공유경제는 수없이 많은 불특정 다수가 언제든지 연결되어 거래되는 시장을 통해 이루어지는 체계로, 이를 적용하는 방법은 지역의 자원을 시장에 내어 놓아 지역 활성화를 위한 동력으로 활용하는 것이다. 정보화 시대에 접어든 이후 정치·경제·사회적으로 지역화와 국제화의 장점을 결합한 글로컬리즘(Glocalism)을 지향하고 있는 것처럼 지역의 자원을 활용함에 있어 이를 응용하는 것이다. 지역(Local) 특성을 생산(Production)으로 연결시키고, 이를 세계(Global) 무대로 정보(Information)를 활용하여 경제적 가치로 전환하는 것이다.

지역 활성화를 위한 대표적인 공유경제 중 하나로 지역에서 사용하지 않는 빈집이나 유휴지 등의 유휴 자산을 필요로 하는 사람들이 이용하게 하여 효율적으로 활용하는 방식을 확산시키는 방법이 있다. 이와 같은 방식은 지역 문제 해결과 소득보전으로 연결하는 사례가 종종 보고되고 있어 이를 벤치마킹하기도 하고, 문제점을 발견하여 예방책으로 활용할 수도 있다.

일본 나라현의 '요시노 삼나무 집'이 airbnb로 유명해지면서 요시노 군(吉野郡) 지역에 방문객이 늘어났고 부차적으로 지역의 홍보효과를 거두게 되었다. 요시노 지역은 점차 젊은 사람들의 방문이 증가하게 되면서 호스트로 등록하는 집들이 늘어나고 또한 방문자들의 경험이 확산되면서 고령화로 인해 존폐를 위협받던 지역이 활력을 찾게 되었다. 요시노 삼나무 집은 유명 건축가 하세가와 고(Go Hasegawa)와 지역주민, airbnb가 공동으로 협력한 사업이다. 단순히 숙박할 수 있는 집만 있었다면 지역 활성화의 동인으로 발전하지 못했을 것이다. 요시노 군은 헤이안 시대 이후에는 벚꽃 명소였고, 오래전부터 목재의 집산지로 알려진 곳으로 요시노에서 나는 삼나무는 우수한 품질을 자랑하는 것으로 유명했다. 또한 요시노 군은 2004년 기이 산지의 영지와 참배길이 유네스코 세계문화유산에 등록되어 있어 풍부한 잠재력을 갖고 있는 곳이다.

이런 점을 종합해 판단해본다면, 단순히 airbnb 등의 공유경제 기업에 등록하여 자신의 집을 공유한다고 해서 반드시 지역 활성화로 직결된다고 할 수는 없을 것이다. 지역이 가지고 있는 기존 자산에 가치를 부여하고 재탄생시키는 데 가장 필요한 것은 수요를 파악하는 것이 가장 중요하다. 이는 전통경제에서도 강조되는 것으로 공유경제에서는 더욱 강조되어야 한다는 점을 간과해서는 안 될 것이다. 해당 지역을 찾는 수요는 단순한 숙박이 아니라, 지역의 문화, 정취, 환경, 업무, 취향 등 셀 수도 없이 많고 또한 다양하여 모든 수요를 충족시킬 수 없다. 따라서 지역 활성화를 위해 공유경제를 활용하려면 지역만의 고유 특색과 스토리를 갖는 전략이 더욱 요구된다.

전통적인 시장경제에서는 단일한 공급자가 상품과 서비스를 제공하여 피드백과 영향력이 매출로 한정되었지만, 공유경제에서는 공급자와 생산자가 정해지지 않아 특정인의 경험이 즉각적으로 광범위하게 파급될 수 있다. 따라서 자칫 지역 활성화를 위해 도입한 취지가 지역에 대한 부정적인 경험을 전파하고 집단의 생각으로 고착될 수 있어 더욱 주의가 요구된다.

최근 농림축산식품부, 대한상공회의소 등은 airbnb와 업무협약을 체결하며 전국적인 농촌 관광 활성화와 세계인에게 한국의 농촌 홍보, 지역 경제 활성화를 위한 계기로 삼고자 한다[89]고 하였다. 이처럼 공유경제 기업과 협력적 관계를 갖고 농촌 등의 지역 활성화를 위해 공유경제 플랫폼을 활용하는 경우 지역별로 특색 있는 전략을 만들어

갈 수 있도록 지원해주는 것이 중요하다.

셋째, 법적인 규제 개혁의 필요성과 공유경제를 통한 지역 활성화 문제이다. 인구감소와 고령화로 인해 지방도시의 절대적 인구가 감소하고 있고, 이와 함께 생산력도 감소하고 있다. 지방도시의 경우 대도시처럼 인구밀도가 높지 않고, 젊은 층이 많은 것도 아니어서 공유경제 기업이 육성될 만한 기반이 부족하다. 그렇다고 하여 지자체가 직접 공유사업을 시행하여 공유경제를 활성화시키고자 할 경우 현실적인 한계에 봉착하게 된다. 예를 들어 농촌의 유휴토지와 빈집, 농기구 등을 공유경제에 편입시키려고 해도 가장 먼저 맞닥뜨리는 문제가 법적인 분쟁과 기존 업체들의 반발문제가 우려되는 상황이다.

한편 지방이 당면한 다양한 문제를 해결할 수 있는 대안으로 공유경제를 적용하고자 하지만 아직까지 전문 인력의 부족하다. 그리고 공유경제가 현행 법적 체계와 부합되지 않는 점이 많다. 법적미비로 인해 포기해 버리기도 하고, 법적인 충돌이 우려되는 문제점들 때문에 막상 시작하지도 못하는 지자체가 다수이다.

여기에 추가적으로 덧붙일 수 있는 한계점으로 지방이 안고 있는 문제가 모두 지역의 특수상황이고 개별적이어서 해결 방법도 하나로 단정 지을 수도 없다는 데 현실적인 어려움이 있다. 따라서 개별도시의 문제는 개별 도시가 진단하고 해결해야 최선의 방법을 도출할 수 있는 결론에 도달한다. 이러한 한계점에도 불구하고 생산과 소비가 협업하는 공유경제로의 변화는 제4차산업혁명에 의해 귀결되어지는 우리의 미래이다.

공유경제를 활성화시키기 위해서는 신뢰를 기반으로 하는 시스템을 구축해야 한다. 과거 공유는 대면 만남과 커뮤니티를 기반으로 하는 폐쇄적인 사회적 네트워크를 통해 신뢰를 구축했다. 현재의 공유경제는 인터넷의 평판과 디지털 서명 등을 통해 신뢰를 확인하고 사회적 네트워크를 형성하지만, 예상치 못한 문제점들이 보고되고 있다. 이후 더욱 다양한 범위와 계층으로 까지 공유경제가 확대된다면 그 심각성은 이루 말할 수 없을 것이다. 신뢰를 확인할 수 없다면 공유경제는 이루어질 수 없고, 설령 거래가 이루어졌다하더라도 법적 분쟁과 사후 문제들로 공유경제를 통한 이익보다 불이익이 더 커질 것이다. 이는 공유경제가 확산되지 못하게 하는 장애요인으로 작용할 것이고, 관련 산업의 성장과 혁신을 방해하는 요인으로 작용할 것이다.

공유경제와 현행 법규와의 충돌은 우리나라만의 사례가 아니며 공유경제와 법적 규제 개혁, 기존 업체와의 상생과 협력 등은 개별 국가들의 여건에 따라 다양하게 이루어지고 있다. 이 부분은 공유경제에 대한 각국의 대응에 관한 내용에서 이미 살펴보았다.

우리나라는 공유경제를 수용하는데 필요한 인터넷 망과 스마트 기기의 보급은 세계 상위 수준이지만, 법적인 정비와 공유경제에 대한 인식과 확산은 아직까지 미비한 편이다. 공공부문에서 공유경제를 경제 활력과 지역의 지속가능성을 위해 수용하고 확산시키기 위한 방법으로 접근하는데 신중할 수밖에 없는 원인이 현행 법규와 경제 체제와의 충돌과 괴리 문제로 인한 것이다. 하지만, 법과 제도가 급변하는 경제사회 현황을 쫓아가기에 시간이 필요하며 사회적인 합의가 필요하다는 점을 인식해야 할 것이다.

현재의 여건에서는 지방정부의 직접적인 사업 추진은 비효율, 시장영역 침해, 민원 문제가 있어 간접적인 지원이 바람직하다는 의견도 있다. 지방정부가 직접적인 사업을 추진하거나 무리한 가이드라인 제시, 공공 주도의 거래와 신뢰 플랫폼의 개발은 비효율을 야기하고, 새로운 비즈니스 모델 개발의 장애로 작용할 수도 있다고 한다. 정부는 공공, 기업, 시민단체의 협력을 통해 비전문가와 비경제활동인구(노인, 주부, 비취업자 등)의 시장참여를 확대하고, 사회봉사 등 비영리 공유분야를 확대하는 것을 고려해야 한다.[90] 물론 현 단계에서 지방도시가 주도적으로 공유경제 플랫폼을 운영하고 로드맵을 제시하며 공유경제 활성화를 이끌어가는 역할을 하면 자칫 자율적인 시장의 역할을 침범하여 미래 성장을 방해할 수 있다는 지적을 피하기 어렵다.

그렇지만, 지방의 여건 상 공유경제를 이끌고 확산시켜나갈 주도적 역할을 할 수 있는 인력과 자원의 한계가 있다는 점을 감안해보면 지방정부가 주도적인 역할을 맡아야 한다는 결론에 도달하게 된다. 지방정부가 주도하여 공유경제의 장(Platforms)을 만들어 주는 작업을 할 필요가 있다. 그리고 이를 통해 공유경제의 인큐베이터로서 씨앗이 자랄 수 있게 하고 지원이 역할을 다할 때 비로소 공유경제 활성화를 운운할 수 있게 될 것이다. 세계적 경쟁 무대라는 넓은 바다에서 무장하지 않은 개인과 비전문가, 비숙련인 등은 거센 파도와의 싸움에서 결코 이길 수 없다. 이처럼 세계를 무대로 대도시와 세계 유수의 기업들이 경쟁해야하는 공유경제 시장에서 지방정부가 생존할 수 있는 환경은 가혹하기만 하다. 그렇지만 지방도시들이 경쟁우위를 목적으로 하기보다 지역의 지속가능성을 목적으로 공유경제 패러다임에 접근한다면 훨씬 수월하게 도달할 수 있을 것이다.

예를 들어 지방정부에서 지역주민의 생활편리와 삶의 질 향상을 추구하는 방법으로 공유경제를 활용하여 공공서비스를 대체하는 방법으로 적용한다면, 지방 재정과 인력부족의 문제, 주민 소득 창출 문제를 해결할 수 있다. 특히 과거와 현재, 미래에도 기반시설과 인프라 확충이 어려운 지방 중소도시의 경우 예산, 재정지원 등 외부적인 문제 해결방법 이외에 다른 방안을 마련할 수 있는 기반이 되고, 주민 스스로 과제 해결의 주체가 될 수 있는 실마리를 제공할 수 있을 것이다.

지방중소도시와 지역의 불확실한 미래를 극복하기 위한 돌파구로서 공유경제 패러다임으로의 전환은 선택이 아닌 필수가 될 것이라고 확신한다. 현재까지는 지방의 도시가 당면한 과제 해결을 위해 기존 정치·경제 시스템이 규정한 방식 그대로를 답습해왔다. 이의 결과로 이제껏 꾸준히 진행된 지역발전, 활성화정책, 인구유입 정책 등에도 불구하고 시간이 지나면서 지역격차 심화, 경제 침체, 인구 유출현상 등이 더욱 빠르게 진행되고 있고 급기야 지역 존립까지 위협받고 있는 상황에 이르렀다. 물론 세계적인 경제체제의 변화와 기술발전의 영향이 지방까지 파급되는데 시간적, 금전적 한계가 있었음을 인정할 수밖에 없다. 그렇다면 기존의 한계성과 추격 불가능한 상황을 본받고자 답습하던 방식은 과감히 버리고 다시 새로운 경제 체계로 변화하는 세계적인 조류를 수용하여야 할 것이다. 이를 위해 공유경제의 정착, 활성화를 미래 지방도시의 돌파구로 제안하며 지방도시의 생존과 활성화를 도모하는 방향지시(Indication of Direction)의 역할을 할 것이라 생각한다.

공유경제에서는 경제적 가치를 갖지 않았던 것들이 경제적 가치가 있는 상품으로 재탄생하여 부상하고, 도무지 거래의 대상이 될 수 없을 것이라 생각했던 것들이 시장에 상품으로 나오게 된다. 1990년대 후반부터 등장하기 시작한 창조경제와 창조도시가 문화유산과 지식, 선통양식 등 거래되는 상품으로 여겨지지 않던 지역자원을 발굴한 것이라면, 공유경제는 더 나아가 그 이외 상품들로 아예 생각할 수 없었던 것들을 거래의 대상으로 올려놓게 되는 것이다. 이러한 생각을 기초로 시작한다면, 거대한 공유경제 시장에서는 다른 사람들이 내어 놓지 않았던 독특한 것, 이전에 볼 수 없었던 것, 생각지도 못했던 것들에 수요와 관심이 모이게 된다.

그렇다면 여태까지 소외되었던 지방도시가 지속가능성을 담보할 수 있는 방법을 공유경제 패러다임에서 찾는다면 어떤 방법이 있을까? 개별 도시마다 현안이 다르고 자산 현황이 다르겠지만, 대개 공통적으로 일자리창출과 자원 활용을 통한 지역문제 해결을 강구해보고 지역 활성화를 위해 적용 가능한 공유경제 모델을 적용할 수 있는 예를 살펴보기로 한다.

일자리를 창출하는 '사람'의 공유

지방중소도시와 지역은 자연환경이 주는 평화와 여유로움으로 기억되고 있다. 하지만 지방에서 실제로 살고 싶다고 말하는 사람들의 대다수가 '지방에서 살고 싶어도 할 일이 없다'고 말한다. 무엇으로 생계를 유지해야 하는지에 대한 의문에 답할 수 없는 상황이 지방에 살고 싶어도 사람들이 살 수 없는 이유이다. 특히 젊은 세대의 경우 일할 곳을 찾아 지역을 떠나야 하는 것은 당연한 삶의 과정으로 받아들여야 하는 상황이다. 듣기 좋은 말과 정책으로 젊은 층을 끌어들여 지역의 인구감소를 막고 활력을 찾겠다는 것은 화려한 공염불에 불과하다. 과거처럼 공장을 짓고 산업단지를 만들어 젊은 사람을 유인하겠다는 것은 시대착오적인 발상이다. 지방에 많은 고용을 창출할 만한 기업을 유치할리 만무하고 세계적인 흐름상 산업은 대도시에서 집적효과가 발생하며, 그것마저도 기계화로 인해 인력 고용은 기대하기 어려운 상황이다.

이러한 현실적 한계와 시대적 변화를 수용하며 현대인들이 갖는 특성에 기인한 지역 활성화의 방안을 생각해볼까 한다. 현대인을 디지털 노마드(Digital Nomad) 세대라고 한다. 원시시대 먹거리를 찾아 방랑하던 유목민이라는 말에서 유래해 현대인을 일컬어 부르는 말로 인터넷 보급과 기술발전으로 물리적 장소의 구애를 받지 않고 어디든 삶의 터전으로 하고 일할 수 있다는 의미를 함축하고 있는 표현이다. 이런 디지털 노마드 세대의 특성을 판단의 기저로 젊은 세대를 유인하여 일자리를 창출하고 공유경제와 연관시키는 방법을 적용해보길 제안한다.

바로 이러한 문제를 해결하는 것이 사람과 기술을 공유하는 '크라우드 소싱'이다. 크라우드 소싱은 특정 기술을 가지고 있어도 활용할 장소가 없는 인재와 한정된 기간 동안만 기술을 사용하고 싶은 기업을 인터넷을 통해 직접 연결해 주는 서비스이다. 디지털 노마드 세대가 등장하면서 일하는 장소와 시간에 구애받지 않는 업무 방식을 선호하는 사람도 늘고 있어 크라우드 소싱은 미래 확장가능성이 충분하다. 가까운 미래 제4차산업혁명으로 인터넷망을 통해 사물과 인간이 융합되는 사회가 되면 지금처럼 일자리를 찾아 도시로 이동해야 되는 젊은이와 한 가지 일만 하는 사람은 줄어들게 된다. 지금처럼 도시에 살고 있어야 일거리를 찾을 수 있는 대안이 전부가 아니라 도시 지역 이외에 거주를 선택하는 사람이 증가할 것이다. 대신 지방 도시에도 디지털 노마드 생활을 할 수 있는 기반이 갖추어져야 할 것이고,

거주를 유인할 수 있는 정주환경과 지역의 매력이 있어야 선택되어질 수 있을 것이다. 이는 지방정부의 지속가능성은 물론이고 주민들의 삶의 질을 높일 수 있는 방법을 강구해야 되는 필요를 설명한다.

지역의 자원을 활용한 관광산업을 위한 공유

산업화에서 소외된 도시들이 이제 와서 기업유치를 통한 일자리 창출을 하겠다는 정책은 산업화된 도시들마저 역성장으로 접어들고 있는 현실을 감안한다면 전혀 실현 가능성이 없다. 이러한 상황에서 지방의 도시들이 지속가능한 지역사회를 구축하기 위한 대안은 없는 것일까? 개발에서 소외된 지역의 현실은 산업 경쟁력에서 다른 도시들보다 비교우위를 논할 수 있는 항목을 찾기 어렵다. 그렇지만 소외되었다는 것 자체가 지금 다른 곳에는 없지만 이 도시에만 있는 무언가가 존재할 것이라는 희망의 실마리를 제공한다. 그 곳에만 있는 그 무언가가 자원으로서 가치를 갖게 되었을 때 고유의 지역성(Locality)을 갖는 자산이 될 수 있다.

성장에서 축소로 소유에서 공유로의 패러다임 변화는 지역의 자원에 가치를 부여하여 지방도시가 미래기획의 전기를 마련할 수 있는 기반이 되고 있다. 그리고 그 중심에 공유경제와 관광산업이 자리하고 있다. 개발에서 소외된 지역은 도리어 자연을 그대로 보존하고 있으며 다른 곳에서 찾아볼 수 없는 지역만의 자원을 보유하고 있다. 하지만 이렇듯 차별화된 자원을 가지고 있지만, 사람이 없다는 문제를 동시에 가지고 있다. 이러한 문제를 동시에 해결할 수 있는 방안이 관광과 공유경제를 활용하는 것이다.

지역의 대표적인 관광과 연계하는 공유경제프로그램에는 차량,

음식, 숙박, 쉼터 등을 공유에 활용하는 것이 있다. 예를 들어 개인이 소유하고 있는 차량을 지역 방문객과 공유하거나, 지역의 손맛이 깃든 음식을 공유하기도 한다. 빈집이나 빈방을 활용하여 지역의 문화와 생활을 체험할 수 있는 체류형 관광으로 자리하기도 하고, 아름다운 풍광을 가진 자연을 활용한 캠핑장을 공유하거나, 정원을 공유한 관광자원화로 교류인구를 늘려 지역 활성화와 일자리 창출, 가계 소득에 도움을 주기도 한다.

특히 차량공유는 지역의 대중교통을 보완해주는 역할과 자원 활용의 효율화, 환경부하 저감의 효과 등이 기대되어 실제적으로 적용해봄직하다. 지방의 특색을 살린 빈집의 활용은 '새로운 경험'을 추구하는 소비자의 마음을 사로잡아 그 지방에 가는 이유 중 하나가 되고 있다. 집을 활용한다는 것은 숙박은 물론 교통, 음식, 관광, 휴양 등 여타 관련 분야로 수요가 파급되는 경향이 있어 빈집을 활용한 공유경제 프로그램은 지역 홍보와 활성화의 방법으로 충분한 활용해볼만한 가치가 있다. 이상에서 열거한 것들 이외에도 숨어있는 잠재된 수요와 잠자고 있는 자원을 깨울 수 있는 방법은 무궁무진하다. 이러한 수요와 자원을 가치로 전환할 수 있는 능력은 지역의 자원을 기본으로 지역을 벗어나 변화를 좇아갈 수 있는 통찰력이다. 바로 여기에 지방중소도시가 지속가능성을 위해 공유경제를 활용해야 하는 당위성이 있다.

10.3. 공유경제의 미래

공유경제가 2000년대 갑작스럽게 급부상한 새로운 경제체계라고 생각하는 것은 심각한 오해다. 공유경제는 우리나라뿐만 아니라 전 세계적으로 개인과 지역공동체 더 나아가 국가의 번영과 지속을 위해 오랜 기간 동안 인류역사와 공존해온 문화이자 전통적인 생활방식이다. 전통적인 공유경제로 익숙한 사례는 공동 육아와 교육, 품앗이나 두레 등 지역사회나 집단, 마을 단위로 이루어지던 활동들이다. 전통적 공유경제 시스템이 운영되기 위해서는 개별 이익과 공동의 이익이 합치되는 과정이 필요했고, 이를 연결하기 위해 물리적인 공간과 사회적 규범의 적용이 필수적인 요소이다. 특히 전통적 공유경제는 커뮤니티나 지역을 중심으로 하는 금전적 결속이 아닌 인간관계 중심의 생계형 커먼즈와 전통적 커먼즈 형태로 이루어졌던 것이 특징이다.

21세기 들어와 공유경제는 인터넷과 스마트 기기의 편재성(Ubiquity)에 힘입어 협력적 소비(Collaborative Consumption)와 연계되면서 상업적 공유경제의 형태로 선보이게 되었고, 세계화와 인터넷 확산의 수혜자로서 공유경제의 영향력은 세계적인 범위로까지 급속하게 확장되었다. 사실 공유문화가 기존 경제의 대안으로 등장한 이유는 세계적인 저성장 기조의 지속에 따른 새로운 돌파구의 필요성, 시대적 상황에 의한 기존의 소비방식에 대한 패러다임 변화 그리고 기후변화 대응에 따른 반응 등이라고 할 수 있다.

소비가 미덕이라고 여겨지던 경제성장과 기술발전의 시대인 20세기를 살아오는 동안 인류는 불과 100년도 채 안 되는 기간 동안 소유와 극단적 소비의 대가로 낭비와 환경 파괴, 불평등, 경기 침체 등을 21세기의 과제로 안게 되었다. 효율과 사적 이익의 극대화를 목표로 한 20세기형 경제시스템 기반의 성장은 빈부격차와 지역격차를 극대화하고 사람들을 고립화시켰다. 이뿐만 아니라 거대한 기후변화

위험까지 초래하고 있던 상황에 서브프라임 모기지 사태와 리먼 쇼크는 우리사회에 커다란 변곡점을 가져다주었다. 이를 계기로 기존의 방식이 한계에 도달하였음을 인식하게 되었고, 마틴 와이츠먼(Martin Weitzman)교수의 말처럼 '이제는 새로운 방식을 창조하지 않으면 안된다'고 생각하게 되었다.

그리고 마틴 와이츠먼교수가 『공유경제(The Share Economy)(1984)』란 저서를 통해 경제침체 극복 방안으로 제시한 것이 공유경제이다. 그는 이미 있는 자원을 여러 명이 빌려 쓰거나 물물교환을 통해 소유하지 않고 공동으로 소비하기를 주창하였고, 이후 2008년 레식 교수가 구체화하고 발전시키면서 부각된 개념이 공유경제이다.

현재 공유경제 비즈니스라고 불리는 공유경제 모델들은 생산자와 소비자를 직접적으로 연결시킨다는 의미에서 공유경제라는 이름을 하고 있지만, 거의 대부분이 플랫폼 제공자의 이익과 소비자의 경험을 중요가치로 하고 있는 것들이다. 이러한 점이 현재의 상업적 공유경제는 진정한 의미의 공유경제가 아니라고 비판받는 이유가 되기도 한다. 그래서 현재 공유경제 모델을 상업적 공유경제라고 특징지어 구분하기도 한다.

상업적 공유경제는 인터넷을 기반으로 하여 세계 시장을 목표로 하는 비즈니스 확대를 꿈꾸고 있다. 이를 위해 스타트업 기업이라는 이름으로 웹(web)과 앱(app)을 이용해 플랫폼을 만들고, 기업의 이윤창출을 목표로 하면서 공동의 이익이라는 사회적 가치를 표방하고 있다. 상업적 공유경제가 기업의 이윤추구라는 기본적 속성을 갖는다는 것을 기준으로 판단해보면, 미래 경제의 주축으로 공유경제를 내세우고 있는 현실이 '인류를 위한 경제'라는 경제의 최종목적에 비추어 보면 다소 괴리가 발생한다. 그리고 이러한 의문은 공유경제가 미래 경제의 대안이라는 것에 반대하는 사람들의 주장에 힘을 실어주고 있는 이유가 되기도 한다.

▌그림 10-3▐ 공유경제의 과거, 현재, 미래

구분	전통적 공유경제	상업적 공유경제	미래 공유경제
배경	인류 역사 전반	2000년대 이후	사물인터넷의 전면적 확대
요소	물리적인 공동 장소, 사회적 규율	인터넷, 플랫폼, 수요자와 구매자	인터넷, 모든 사람의 네트워킹
이익배분 구조	개별 구성원 지분	플랫폼제공자의 과도한 이익과 참여자의 이익	참여자의 이익
주체	구성원	플랫폼제공 스타트업	민관협력, 비영리조직
비즈니스 유형	생계형, 공동형	P2P	P2P, T2P
대상물	공공재(커먼즈)	소비재	소비재와 공공재
사례	품앗이, 두레, 공동육아, 경작, 교육	에어비앤비, 우버	진행 중

그렇지만, 결국 인류를 위한 경제는 무엇인가라는 본질에 접근한다면 조심스럽게 공유경제가 답이라는 결론에 도달하게 된다. 인류를 위한 공유경제라는 점에 근간을 둔다고 하면, 과학기술의 발전과 인

류의 속성이라는 점을 연관 지어 생각해봐야 할 것이다. 이에 대한 답은 제레미 리프킨이 말하는 공유경제에서 주목해볼 필요가 있을 것이다. 현재 공유경제가 인터넷을 중심으로 이루어지고 있고 각 니즈(Needs)를 연결할 플랫폼 제공자가 그들의 필요에 의해 시스템을 제공하고 있는데, 이러한 시스템을 바꾸는 것이다. 현재는 플랫폼 제공자가 중재와 통제의 역할을 하고 있지만, 그 역할이 굳이 필요하지 않는 시스템으로 바꾸는 것이다. 이를 위해서는 기술적인 지원이 뒷받침되어야 하며 이를 통해 인류를 위한 경제를 추구하는 공유경제로 진보할 수 있을 것이다.

실제적인 방법으로 각 니즈를 직접적으로 연결시키는 T2P(Technology To Personal)형태로 공유경제 방식이 전환된다면, 진정한 공유경제로 이행하는 방편이 될 수 있을 것이다. T2P는 IOE(Internet Of Everything), AI(Artificial Intelligence) 등의 기술과 제4차산업혁명이라는 이름으로 다가오고 있는 인간과 기계의 연결과 융합에 의해 앞당겨질 것이다. 미래의 공유경제는 결국 생산자와 소비자를 직접 연결하여 협력적 소비라는 공유경제의 기본 취지에 조금 더 가까워지게 될 것이다.

10.4. 도시의 미래와 우리의 공유경제

미래 도시의 공유경제를 논의한다는 것 자체가 너무도 어려운 과제임에도 도시의 미래와 아울러 공유경제의 미래를 논의하게 되어 부끄럽지만 감히 이야기 해보고자 한다. 폴 크루그먼은 미래를 그릴 때 과거를 읽고 현재는 보고 그리고 미래를 그린다고 하였다. 크루그먼 교수가 말한 것처럼 미래를 상상하기 위해서는 과거와 현재가 녹아 든 그림이 만들어진다.

도시의 미래와 공유경제에서도 과연 미래의 모습은 어떨 것이고, 무엇을 지향해야 하는지 <그림 10-4>를 통해 살펴보기로 한다.

▎그림 10-4▎ 공유도시와 공유경제의 미래

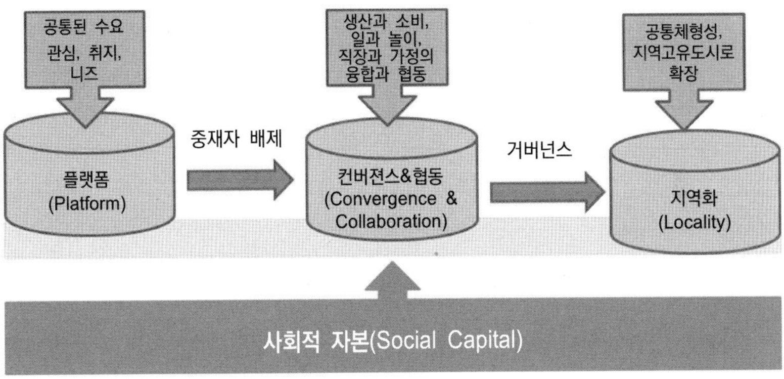

현재 공유경제는 공통의 수요와 관심, 취미, 표출되거나 혹은 잠재적인 니즈(Needs)가 플랫폼을 제공하는 일부 업체와 기관 등에 의해 연결되고 결집되어 운영되고 있다. 또한 이를 기반으로 경제적 이득을 취하는 과정에서 여러 가지 문제점이 표출되고 있는 것이 현실이다. 이러한 과정에서 진정한 공유경제가 무엇인지 미래 도시 전략을 위한 공유도시가 어떤 모습이어야 하는지 등의 문제가 제기되고 있다.

사실 공유경제가 구성원의 니즈를 비즈니스 전략으로 체계화하여 경제적 이윤을 창출하는 것은 비즈니스 전략일 뿐이지 미래 도시를 위한 새로운 전략 차원의 문제는 아니다. 거대 플랫폼을 제공한 기업이 막대한 이윤을 창출하여 세계적인 기업으로 성장하는 과정에는 플랫폼에 참여하는 많은 기업과 노동자, 참여자 등의 지분이 몰리고 중재자 역할을 하는 플랫폼 제공자에게 높은 지분율이 배정된 결과라는 데 이의를 제기하기 어렵다. 이러한 문제점들을 개선하고 진정한 공유와 공유경제를 실현하고자 점차 중재자를 벗어나 공통된 니즈와 성향을 공동의 효용과 서비스로 결집하여 그들만의 공간으로 융합시키는 작업들이 이어지고 있다.

이렇게 등장한 융합과 협동(Convergence & Collaboration)은 코리빙(C0-Living), 쉐어하우스(Share House), 스페이스 클라우드(Space Cloud), 코크리에이션(C0-Creation) 등의 형태로 출현하고 있다. 또한 이와 같은 양상이 확산되어 일정 지역에 사회적 관계망을 형성한 공동 터전을 마련하기도 하여 공동체를 형성하고 지역화(Locality)를 추구하기도 한다. 지역화는 단순히 지역의 특수성을 띄는 기존의 지역화가 아니라 공동의 목적으로 공통된 가치를 갖고 공유가치(Shared Value)를 실현할 수 있는 공유도시를 만드는 것이 최종 목표이다.

결국 공유도시는 잉여 자원과 정보의 비대칭으로 인한 자원의 비합리적인 배분을 최소화하는 수준을 초월한 공유가치를 실현할 수 있는 도시이다. 이를 위해서는 지역의 자원을 연결하고 결합하여 지역 내 부가가치를 창출하고 공동의 의제로 다루어 해결할 주체가 필요하다. 공유경제의 문제점에서 설명한 것처럼 초기 공유경제를 적용한 비즈니스 모델에서는 플랫폼 제공업체에 막대한 이윤이 돌아가면서 부의 편중현상이 일어나 불평등을 야기하고, 서민 경제에 어려움을 가중시키는 등의 문제점이 제기되기도 했다. 이러한 문제점을 최대한 제거하여 공유도시를 구현하기 위해서는 거버넌스(Governance) 형성이 필수적이다. 거버넌스를 통해 지역 공동체의 니즈를 결집하고 전문가를 투입하여 민관이 공동으로 관리·운영하며 기업의 참여까지 지원한다면, 저성장을 넘어 역성장이 논의되는 시대적 위기를 극복할 수 있는 돌파구로서 역할을 할 것이다.

이상에서 설명한 도시의 미래를 위한 공유경제와 공유도시 구현의 근본적인 토양은 사회적 자본(Social Capital)이 바탕이 된다. 사회적 자본의 토대와 플랫폼 위에서 공유(Sharing), 협동(Collaboration), 거버넌스(Governance)가 융합되었을 때 진정한 공유가치(Shared Value)를 형성하게 되고 이를 근간으로 미래 도시가 추구하는 공유도시가 형성된다. 결국 미래 공유도시와 공유경제가 지향하는 바는 사회적 자본을 토대로 수요자와 공급자의 직접적인 연결을 통한 공통된 가치 실현에 있다.

참고문헌

국내문헌

경기개발원(2014), 공유경제의 미래와 성공조건, 이슈&진단 No.134.

경기연구원(2017), 경기도 공유경제 활성화 방안.

경남발전연구원(2009), 남해안시대 창조도시화 전략.

경북대학교 문화산업연구소(2009), 1인 창조아이디어활성화를 위한 생태계 구축 방안 연구.

권오관(2012), 느림의 미학, 마음의 고향을 찾아서 한국형 슬로시티 관광자원화 육성, 알기 쉬운 지역발전위원회, pp.59-60.

김경은(2015), [대전의 비전]대전 창조도시=경제+과학+문화, 주간경향 1148호.

김유경·김유신(2015), 공공브랜드의 이해, 커뮤니케이션 북스.

김은란·차미숙·김상조·박미선(2015), 공유경제 기반의 도시 공간 활용 제고방안 연구, 국토연구원.

김점산·김우석·강상준(2014), 공유경제(Sharing Economy)의 미래와 성공조건, 경기개발연구원.

남성윤(2014), 우리 모두 항꾼에 잘 살아요 도시재생 모범 지자체 월간 자치와 협동.

디지에코 보고서(2016), 잠재가치 높은 공유경제(Sharing Economy) 비즈니스의 현황 및 전망.

레이첼 보츠먼·루 로저스(2011), 이은진 역, 위 제너레이션, 모멘텀.

리차드 돕스·제임스 매니카·조나단 워첼(2016), 미래의 속도, 고영태 역, 청림출판.

마스다 히로야(2015), 지방소멸, 김정환 역, 와이즈베리.

민성희·박정은(2016), 공유경제 비즈니스 사례 분석 및 시사점, 산은조사월보.

백성준·하성권·이종훈(2010), 입지효율저당대출을 활용한 대중교통이용촉진과 서민주택공급에 관한 연구, 도시정책연구 1(2), pp.5-14.

브라이언 워커·데이비드 솔트(2015), 리질리언스 사고, 고려대 오정에코리질리언스연구원역, 지오북.

블랑코 밀라노비치(2017), 서정아 역, 왜 우리는 불평등해졌는가, 21세기 북스.
서정렬(2010), 인문학적 접근사례를 통한 도시 공간의 정체성과 도시경쟁력 확보 방안, 한국문화공간건축학회논문집, 제31호.
서정렬(2015), 도시공공디자인, 커뮤니케이션북스.
손상영(2015), 공유경제의 이론과 실체 그리고 정책적 대응, 정보통신정책연구원.
송경모(2014), 한계비용 제로는 오지 않는다, Tech & Beyond, vol.20.
앨릭스 스테파니(2015), 공유경제는 어떻게 비즈니스가 되는가, 위대선 역, 한스미디어.
앨빈 토플러(1980), 제3의 물결.
이상호·임윤택(2007), City of Blue Ocean: 창조도시의 특성과 유형, 대전발전포럼 24, pp.11-20.
이자원(2015), 도시 성장의 지속가능성에 관한 고찰, 국토지리학회지 49(2), pp.187-198.
장병권(2015), 방문자 경제와 외래객 유치전략, 교통신문.
정은주(2015), 고령자 통행특성에 따른 주거입지에 관한 연구, 전남대학교 도시·지역개발학 박사학위논문.
정은주(2016), 쇠퇴지역 주거 클러스터 도입에 관한 연구, 한국지역개발학회 추계 학술발표대회논문집.
정은주(2016), 창조도시의 이해, 전남대학교출판부.
정은주·나주몽·정봉현(2016), 공공공간을 활용한 지역사회 활성화방안에 관한 연구, 도시행정학보 29(2), pp.51-73.
정은주·정봉현·나주몽(2016), 도시의 지속가능성과 리질리언스에 관한 연구, 한국지역개발학회지 28(4), pp.87-108.
조용수(2015), 오래된 미래'공유경제'개방성과 시장원리로 세상 바꾼다, LG Business Insight.
양재진(2005), 빈곤과 소득격차의 고착화 방지를 위한 사회정책의 방향, 연세행정논집, pp.79-102.
차두원·진영현(2015), 초연결시대, 공유경제와 사물인터넷의 미래, 한스미디어.
충남연구원(2016), 공유경제 현황 및 활성화 전략.

KB금융지주경영연구소(2016), 긱 이코노미(Gig Economy)의 이해와 향후 전망.

클라우스 슈밥(2016), 송경진 역, 제4차산업혁명, 새로운 현재.

팀 홀(2011), 도시 연구, 유환종 외 역, 푸른길.

폴 크루그먼(2012), 예산한 외 역, 새로운 미래를 말하다, 엘도라도.

피터 드러커(2007), Next Society, 이재규 역, 한국경제신문.

한우석(2016), 방재 분야의 리질리언스 개념 및 미국의 적용방안.

황상규·성현곤·김혜자(2005), 아시아 대도시에서의 지속가능한 도시교통정책에 관한 연구, 한국교통연구원.

• 국외문헌

Alvin Toffler(1980), The Third Wave, Bantam Books.

Arun Sundararajan(2014), Peer-to-Peer Businesses and the Sharing; (Collaborative) Economy: Overview, Economic Effects and Regulatory Issues.

Bardhi, F., & Eckhardt, G. M.(2012). Access-based consumption: The case of car sharing. Journal of Consumer Research, 39(4), pp.881-898.

Belk, R.(2007), 'Why Not Share Rather Than Own?', The Annals of the American Academy of Political and Social Science, vol.611.

Belk, R.(2014), Sharing Versus Pseudo-Sharing in Web 2.0. Anthropologist, 18(1), pp.7-23.

Belzer, D., Autler, G., & Economics, S.(2002), 「Transit Oriented Development: Moving from Rhetoric to Reality」, Washington, DC: Brookings Institution Center on Urban and Metropolitan Policy, pp.6-15.

Bowman, E.(2015), When The Sharing Economy Brings Unexpected Experiences, Net, 27 April, viewed 6 May.

Cova, B., Dalli, D. and Zwick, D.(2011), Critical perspectives on consumers' role as 'producers': Broadening the debate on value co-creation in marketing processes, Marketing Theory, 11(3), pp.231-241.

David Ricardo(1817), On the Principles of Political Economy and Taxation.

Esping-Anderson, Gosta and Marino Regini(2000), Why Deregulate Labor Markets? New York: Oxford University Press.

Folke, C.(2006), Resilience: The Emergence of a Perspective for Social-Ecological Systems Analyses, Global Environmental Change, 16(3), pp.253-267.

Freken, K., Schor. J.(2017), Putting the Sharing Economy Into Prospective, Environmental Innovation and Societal Transitions.

Hamel, G., & Valikangas, L.(2003), The quest for resilience, Harvard business review, 81(9), 52-65.

Jacobs J.(1961), The Death and Life of Great American Cities, New York: Random House.

Jaime Lerner(2003), Acupunctura Urbana, Rio de Janeiro.

Jane Jacobs(1984), Cities and The Wealth of Nations: Principles of Economic Life.

Kaldor, N.(1956), Indian Tax Reform: Report of a Survey. Ministry of Finance, Dept. of Economic Affairs.

Lessig, L.(2008), Remix: Making Art and Commerce Thrive in the Hybrid Economy. New York: Penguin Press.

Lynch, K.(1960), The Image of The City(Vol.11), MIT press.

Mackaay, Ejan.(2002), Intellectual Property and the Internet: The Share of Sharing. The Commodification of Information. pp.133-146.

OECD(2014), OECD Reviews of Risk Management Policies: Boosting Resilience through Innovative Risk Governance.

Peter C. Evans, Annabelle Gawer(2016), The Rise of the Platform Enterprise, The Emerging Platform Economy Series No.1, The Center for Global Enterprise.

Prescott, E. C.(2004), Why do Americans Work so much more than Europeans? (No.w10316). National Bureau of Economic Research.

Sacks, D.(2013), Peer-to-Peer Learning: How Successes and Failures of the Recent Past are Reshaping the Utopian Dreams of Sharing Startups, fastcompany.com, pp.40-42.

Shieh, L.(2006), Urban Acupuncture as A Strategy for São Paulo, Massachusetts Institute of Technology, Master of Science in Architectur.

Sieverts, T.(2013), Am Beginn einer Stadtentwicklungsepoche der Resilienz, Folgen für Architektur, Städtebau und Politik. Informationen zur Raumentwicklung, (4).

Walker, B., Salt, D.(2006), Resilience Thinking: Sustaining Ecosystems and People in a Changing World, Island Press.

Worpole k., knox, C.(2007), The social value of pUblic Spaces, York Joseph Rowntree Foundation.

Fleura Bardhi, Giana M. Eckhardt(2015), The Sharing Economy Isn't About Sharing at All, Harvard Business Review.

NRC.next., A.(2014), Vriendschap met de chauffeur? Laat me niet lachen Bij UberPOP en Airbnb blijft veel geld aan de strijkstok hangen.

Puschmann, T., Alt, R.(2016), Sharing Economy. Bus Inf Syst Eng, 58(1), pp.93-99.

Roose, K.(2016), The Sharing Economy Isn't About Trust, It's About Desperation.

Belk, R.(2014), Sharing Versus Pseudo-Sharing in Web 2.0. Anthropologist, 18(1),

Simon, Phil(2011), The Age of the Platform: How Amazon, Apple, Facebook, and Google Have Redefined Business, Motion Publishing.

John Gapper(2015), New Gig Economy Spells end to Lifetime Career, Financial Times.

Botsman, R.(2010), The case for collaborative consumption. [Blog]TED. Available at: https://www.ted.com/talks/rachel_botsman_the_case_for_collaborative_consumption?language=en [Accessed 20 Feb. 2016].

Kosoff, M. (2016). Uber Drivers Speak Out: We're Making A Lot Less Money Than Uber Is Telling People. [online] Business Insider. Available at: http://uk.businessinsider.com/uber-drivers-say-theyre-making-less-than-minimum-wage-2014-10?r=US&IR=T [Accessed 20 Feb. 2016].

nrc.next., A.(2014), Vriendschap met de chauffeur? Laat me niet lachen Bij UberPOP en Airbnb blijft veel geld aan de strijkstok hangen. [online] nrc.nl. Available at: http://www.nrc.nl/next/2014/09/03/vriendschap-met-de-chauffeur-laat-me-niet-lachen-1415969 [Accessed 20 Feb. 2016].

Roose, K.(2016), The Sharing Economy Isn't About Trust, It's About Desperation. [online] Nymag.com. Available at: http://nymag.com/daily/intelligencer/2014/04/sharing-economy-is-about-desperation.html [Accessed 20 Feb. 2016].

• 참고사이트

경기관광포털: https://www.ggtour.or.kr

경향신문: http://www.khan.co.kr

국민일보: http://www.kmib.co.kr

국제통화기금(IMF): http://www.imf.org

내고장알리미: http://www.laiis.go.kr

느린섬 여행학교: http://www.slowfoodtrip.com

머니투데이: http://www.mt.co.kr

세계보건기구(WHO): http://www.who.int

세계은행(WB): http://www.worldbank.org

시민의 소리: http://www.siminsori.com

아시아경제: http://www.asiae.co.kr

월간 자치와 협동: http://www.issuu.com

이데일리: http://www.edaily.co.kr

조선닷컴: http://www.chosun.com

통계청: http://www.nso.go.kr

한겨레: http://www.hani.co.kr

http://www.ceps.eu/ Center for European Policy Studies(2016), Five things we need to know about the on-demand economy.

http://www.rudebaguette.com/

http://www.pwc.co.uk/ "The Sharing Economy", Consumer Intelligence Series.

http://www.journals.elsevier.com/

http://www.wsj.com/ Can the Sharing Economy Provide Good Jobs? 2015.

http://www.theneweconomy.com/ The sharing economy is creating a third way between employment and unemployment, 2016.

http://www.sharehub.kr

http://news.chosun.com/ 씨티은행 지점 80% 폐쇄…은행 지점이 사라진다, 2017.

http://www.shareable.net/ SELC the Policies for Shareable Cities report, 2013.

http://www.thebell.co.kr/ 방문자 경제시대에 있어서 중국관광객 유치 방안 '2015 더벨 유통전략 포럼'

https://spacemarket.com

http://www.sciencetimes.co.kr/ 해결사들 다 모였다…이노센티브, 2013.

http://www.econovill.com/ 이근춘의 착한 공유경제 2016년 대한민국의 공유경제

http://jbpress.ismedia.jp/articles/-/42586 급성장하는 주문형 경제: 노동 시장의 미래 2015.

http://www.tourism2025.org.nz

http://thinkers50.com/ THE RISE OF THE SHARING ECONOMY, 2015.

하나금융경영연구소 www.hanaif.re.kr/

■ 주석

1 연합뉴스, 韓경제 내년부터 생산가능인구 감소 시대 돌입, http://www.yonhapnews.co.kr/bulletin/2016/05/13/0200000000AKR20160513087900003.HTML

2 중위: 중간 수준의 출산율과 기대수명 및 국제순이동 조합
고위: 높은 수준의 출산율과 기대수명 및 국제순이동 조합
저위: 낮은 수준의 출산율과 기대수명 및 국제순이동 조합

3 SBS 뉴스-사람이 사라진다…텅 빈 도시

4 가임기 20~39세 여성인구를 65세 이상 고령인구로 나눈 값으로 지방소멸위험지수를 계산한 것이다. 산출값이 1.0 이하이면 인구쇠퇴주의단계, 0.5 이하면 인구소멸위험단계에 진입한다는 것이다.

5 뉴스원뉴스, 2016.9.20. http://news1.kr/articles/?2778176.

6 신유호(2009), DEA와 TI ER분석을 활용한 지방재정효율성 측정에 한 연구: 75개 시급 자치단체를 중심으로, 한국재정논집 14(3), pp.1-39.

7 the300 [런치리포트], 정창수 나라살림연구소장, 위기의 지방재정, 2016.06.30.

8 종주도시화는 국가 도시체계에서 하나 혹은 소수의 도시가 정상적인 인구규모 분포를 왜곡하여 나머지 도시들을 지배하는 과정에서 발생하는 도시화의 한 과정을 일컫는 말이다. 흔히 1위 도시의 인구가 2위 도시인구의 2배 이상이 되는 것을 의미하는 것으로 도시 간 격차가 심한 정도를 알 수 있다.

9 아시아경제, 2016.12.04. 서울 강남구는 왜 '강남특별구'인가?

10 승수효과(Multiplier Effect) 승수효과란 경제 현상에서, 어떤 경제 요인의 변화가 다른 경제 요인의 변화를 가져와 파급 효과를 낳고 최종적으로는 처음 몇 배의 증가 또는 감소로 나타나는 총효과를 의미한다.[네이버 지식백과] 승수효과 [multiplier effect] (시사경제용어사전, 2010. 11., 대한민국정부)

11 수출기반성장이론(Export Base Model) 지역의 성장은 신고전학모형이 주장하는 것처럼 생산요소의 유입·유출로 인한 외부관계에 있는 것이 아니라 지역 내부에 기인한다는 것으로 한 지역의 성장방향과 속도는 다른 지역으로의 재화와 용역(Good & Service)의 수출에 좌우된다는 것이다. 따라서 지역성장은 지역내부의 풍부한 천연자원으로 말미암아 이 자원을 원료로 하는 산업이 타 지역에 비해 비교우위를 갖게 됨에 따라 자본과 노동이 유입되어 지역의 성장을 가져왔다는 미국의 실증적 경험을 바탕으로 발전된 이론으로 경제기반이론(經濟基盤理論, Economic Base Theory)이라고도 한다.

12 누적적 인과관계(군나르 뮈르달) 이 개념은 균형에서 벗어났을 때 사태가 누적적으로 악화될 가능성이 존재하는 것을 말한다. 부유한 나라와 빈곤한 나라의 경제 발전 격차는 줄어드는 게 아니라 오히려 점점 확대되며 결국 부유한 나라는 규모

의 경제로 이익을 누리는 반면 빈곤한 나라는 제1차 산업에 의존할 수밖에 없는 열악한 상태에 처하게 된다는 것이다. 예를 들어 경제적 지위, 교육, 사회적 지위라는 연관관계를 생각해보자. 경제적 지위가 높은 사람은 낮은 사람보다 교육투자를 더 많이 할 것이다. 교육투자는 더 좋은 학교에 자식들을 더 보낼 수 있다는 말이다. 인적자본의 질은 교육투자의 양과 질에 비례하고, 그리고 양질의 인적자본은 양질의 취업기회를 의미한다. 이는 경제적 지위가 높은 사람의 자녀들이 학교를 졸업했을 때 남들보다 더 좋은 직장, 즉 사회적 지위가 높은 직장에 취업할 가능성이 높음을 의미한다. 이는 다시 경제적 지위의 보장, 자녀의 교육투자라는 식으로 연결고리를 형성한다. 이런 순환구조 아래 개천에서 용이 날 확률은 시간이 갈수록 적어지게 마련이다.(안기정 서울시정개발연구원 부연구위원 군나르 뮈르달의 누적적 인과관계와 경제적 계층)

13 조명래(2017), 한국사회의 경제적 환경 불평등, 데일리 환경.

14 조명래(2015), 만들어진 불평등, 지역격차, 이정우·이창곤외 지음, <불평등한국, 복지국가를 꿈꾸다>, 서울: 휴마니타스.

15 현대경제연구원(2014), 우리나라의 지역 간 경제력 격차 현황과 시사점, 14-42호(통권 593호).

16 양재진(2005), 빈곤과 소득격차의 고착화 방지를 위한 사회정책의 방향, 연세행정논집, p.86.

17 Esping-Andersen and Regini(2002), Why deregulate labour markets? British Journal of Sociology, 53(4). pp.693-696

18 최충·정성엽(2016), 근로자의 고용형태가 임금 및 소득 분포에 미치는 영향, 경제연구 제2016-17.

19 이데일리, 2016.12.04. 비정규직 늘면 소득 불평등 심화

20 조선비즈, 2016.3.16.
http://biz.chosun.com/site/data/html_dir/2016/03/16/2016031602569.html

21 중앙일보, 2015.5.28. http://news.joins.com/article/17904101

22 지리적 주건이나 도시 구조의 관점에서 도시를 인체에 비유해 도시의 골격과 같이 사람의 흐름이 구체화한 간선 도로와 하천 같은 자연흐름의 설설점을 동양의학의 침술처럼 경혈자극에 의해 도시의 활력과 경제 활동에 매우 높은 파급 효과를 창출하는 도시 만들기 수법이다.

23 정은주 외(2016), 도시의 지속가능성(Sustainability)과 리질리언스(Resilience)에 관한 연구, 한국지역개발학회지 28(4), 인용.

24 정은주·나주몽·정봉현(2016), 공공공간을 활용한 지역활성화에 관한 연구, 한국도시행정학보, 재인용.

25 남성윤(2014), 우리 모두 항꾼에 잘 살아요, 도시재생모범지자체, 월간 자치와 협동.

26 슬로시티(Citta Slow) 운동은 느림의 미학(Slow is better) 즉, 자연친화적인 환경 속에서 지역 고유의 먹거리와 전통문화를 느끼면서 삶의 질적 향상을 추구하고, 현대인들의 인간성회복 및 마음의 고향을 제공하고자하는 운동으로 시작되었다. 1999년 이탈리라 그레베 인키아티 등 4개 도시에서 시작되었고, 2007년 아시아 최초로 청산도가 국제슬로시티연맹으로부터 슬로우시티 인증을 받았다.

27 느린섬 여행학교 http://www.slowfoodtrip.com/

28 권오관 느림의 미학, 마음의 고향을 찾아서 한국형 슬로시티 관광자원화 육성, 알기 쉬운 지역발전위원회.

29 지역을 활성화시키기 위해서 상품화된 음식

30 비싸지 않은 서민 음식

31 서정렬(2015), 도시 공공디자인, 커뮤니케이션북스.

32 정은주(2015), 고령자 통행특성에 따른 주거입지에 관한 연구, 전남대학교 도시·지역개발학 박사학위논문.

33 Belzer, D., Autler, G., & Economics, S.,(2002), 「Transit Oriented Development: Moving from Rhetoric to Reality」, Washington, DC: Brookings Institution Center on Urban and Metropolitan Policy, pp.6-15. TOD 프로젝트의 6가지 성능 기준으로 ①위치효율성(Location efficiency), ②가치 회복(Value Recapture), ③거주적합성(Livability), ④재정확보(Financial Return), ⑤선택(Choice), ⑥효율적인 토지이용과 패턴(Efficient Regional Land Use and Patterns)을 제시했다.

34 1994년 미국 연방정부저당대출협의회(Fannie Mae)에 개념이 도입되어 시애틀, 샌프란시스코, LA,시카고에서 시행되기 시작된 것으로 근본적인 취지는 뉴어바니즘(New Urbanism)을 근간으로 한다. 입지효율성을 갖춘 지역에 대출가능금액과 금리 차이를 도입해보는 것으로 입지효율지역은 집에서 걸어서 가게나 학교, 여가시설, 그리고 대중교통에 접근할 수 있는 지역을 일컬었다. 이곳에 거주하는 사람들은 다른 지역에 거주하는 사람들보다 자동차 운전이 적어지게 되어 절약된 교통비용을 저축으로 전환하는 비용효율을 가져온다는 점으로 추가 대출과 조건에 의미하며, 기본적으로 가구의 밀도와 대중교통의 편리한 접근성에 그 기초를 두고 있다. 자료: 백성준·하성권·이종훈(2010), "입지효율저당대출을 활용한 대중교통 이용촉진과 서민주택공급에 관한 연구", 도시정책학회, 『도시정책연구』, vol.1 no.2, pp.5-14.

35 정은주(2016), 창조도시의 이해, 전남대학교출판부.

36 김경은(2015), [대전의 비전]대전 창조도시=경제+과학+문화, 주간경향 1148호.

37 승효상의 보이지 않는 건축, 움직이는 도시 마스터플랜의 망령, 경향신문 기사 중 발췌, 2015.01.28.

38 "도시의 이미지(Image of City)" 5요소는 ①Path(도로) - 도로와 같은 이동의 경로를 말하는 것으로 방향성과 영속성을 가져야 한다. ② District(지구) - 2차원적 영

역을 가진 것으로 테마가 명확히 있어야 하고, 각 지구간에는 인구성이 있어야 한다. ③ Edge(변두리) - 지역과 지역을 분리하는 선형적 요소이다. ④ Landmark(목표) - 시각적 상징성을 가진 것으로 지역을 포함한 주변에서 탑, 오벨리스크 건축물, 동상과 같이 관찰자의 시야에 두드러지게 보인다. ⑤ Node(결절점) - 교차점 혹은 집중점으로 교차로 광장 등이 해당한다.

39 정은주(2016), 비도시쇠퇴지역 주거 클러스터 도입 방안에 관한 연구, 한국지역개발학회 춘계학술발표대회.

40 ハイライフ研究所 www.hilife.or.jp/都市の鍼治療データベース 자료 인용.

41 社会資本整備審議会(2007), 新しい時代の都市計画はいかにあるべきか.

42 정은주(2015), 고령자 통행특성에 따른 주거입지에 관한 연구, 전남대학교 도시·지역개발학 박사학위논문.

43 Fjellstrom Karl(2003), "Mass Transit Options for Developing Asian Cities: Rail-based Metros, or Bus Rapid Transit?" CityNet e-News. Issue #11.

44 황상규·성현곤·김혜자(2005), 아시아 대도시에서의 지속가능한 도시교통정책에 관한 연구, 한국교통연구원, p.95 인용.

45 정은주(2016), 쇠퇴지역 주거 클러스터 도입에 관한 연구, 한국지역개발학회, 추계학술대회 학술대회발표집, 인용.

46 Botsman, R.(2013), The Sharing Economy Lacks a Shared Definition.

47 Kenneth Olmstead, Aaron Smith(2016), "How Americans define the sharing economy", Pew Research Center.

48 Lessig, L.(2008), Remix : Marking Art and Commerce Thrive in the Hybrid Economy, Penquin Press.

49 하이퍼커넥티비티(Hyperconnectivity)는 초연결성으로 번역되어 사용된다. 캐나다 사회과학자인 Barry Wellman과 Anabel Quan-Haase이 만든 용어로 네트워크화된 사회와 조직 등에서 사람과 사람, 사람과 기계, 기계와 기계 등이 연결되어 있는 것을 의미한다. 여기에는 이메일, 대면접촉, 웹2.0 정보서비스, 문자 등을 수단으로 연결되어 있거나 컴퓨터로 네트워킹 되어있는 상황을 일컫기도 한다.

50 디지털 경제라는 용어는 1995년 니콜라스 네그로폰테가 물질의 최소 단위인 원자(Atom)에서 정보 최소 처리 단위인 비트(Bit)로 이전되는 현상을 설명하면서 시작되었다. 경제를 구성하는 재화와 서비스의 생산, 소비, 분배 등의 활동이 정보와 지식의 형태로 디지털화, 네트워크화 된 요소에 의존하는 경제시스템을 말한다. 정보경제(Information Economy), 네트워크 경제(Network Economy), 지식기반경제(Knowledge Economy) 등이 동일한 용어로 사용되거나 혹은 유사한 용어로 혼용되고 있다. 전통적인 생산요소인 토지, 노동, 자본 등에 의존하는 경제와 구분된다는 의미에서 신경제(New Economy)라고도 하고, 인터넷을 기반으로 하여 인터넷 경제(Internet Economy)경제라고도 한다.

51 http://biz.chosun.com/site/data/html_dir/2015/11/13/2015111301987.html?related_all#csidx7643e47a9f9125994bfa3201cda2c5b

52 Fleura Bardhi · Giana M. Eckhardt(2015), The Sharing Economy Isn't About Sharing at All, Harvard Business Review.

53 NRC.next., A.(2014), Vriendschap met de chauffeur? Laat me niet lachen Bij UberPOP en Airbnb blijft veel geld aan de strijkstok hangen.

54 Roose, K.(2016), The Sharing Economy Isn't About Trust, It's About Desperation. Belk, R.(2014), Sharing Versus Pseudo-Sharing in Web 2.0. Anthropologist, 18(1), pp.7-23.

55 Simon, Phil(2011), The Age of the Platform: How Amazon, Apple, Facebook, and Google Have Redefined Business. Motion Publishing.

56 2개 이상의 고객집단 혹은 참가자 집단 간의 직접적인 상호작용을 장려해 가치를 창출하는 기술이나 제품, 서비스를 말한다(출처: 동아비지니스 리뷰).

57 Http://Www.Pwc.Co.Uk/Issues/Megatrends/Collisions/Sharingeconomy/The-Sharing-Economy-Sizing-The-Revenue-Opportunity.Html.

58 Frenken, Koen, Toon Meelen and Martijn Arets(2015), "Smarter Regulation for the Sharing Economy", The Guardian, 20 May.

59 Ilaria Maselli, Karolien Lenaerts & Miroslav Beblavý(2016), Five Things We Need to Know about the On-Demand Economy CEPS ESSAY No.21/8.

60 http://www.ttf.org.au/ Growing Australia's Visitor Economy Should Be Front & Centre At This Election 2016.

61 John Gapper(2015), New Gig Economy Spells end to Lifetime Career, Financial Times, AUGUST 5.

62 http://news.chosun.com/site/data/html_dir/2017/04/12/2017041201616.html?Dep0=twitter&d=2017041201616, 조선일보, 시티은행 80% 지점 폐쇄, 경제일반 기사, 2017. 4. 12.
조선일보 2017년 경제일반 기사에 따르면, "한국씨티은행은 최근 서울 다동 본점에서 전 행원을 대상으로 직무설명회(Job Fair)를 열고, 영업점 133개 중 101개 폐점 계획을 밝혔다. 제주도에 딱 한 개 있던 점포도 없애 제주도에서 완전히 철수한다고 하였다.

63 KB금융지주경영연구소(2016), 긱 이코노미(Gig Economy)의 이해와 향후 전망.

64 Daly, M. C., & Hobijn, B.(2015), Why is Wage Growth So Slow?. FRBSF Economic Letter, 1.

65 Mondon, M.(2015), 'Sharing Economy Could Reach $335 Billion by 2025, But Will It Get a new Name?, Next City, 14 April, viewed 6 May.

66 Miller, S.R.(2015), 'First Principles for Regulating the Sharing Economy', Harvard Journal on Legislation, Forth coming.

67 William Motron Wheeler(1910), Ants: Their Structure, Development and Behavior, Columbia University Press.

68 권애라(2013), 소유를 넘어 공유로, 크라우드산업연구소.

69 Zervas, G., D. Proserpio & J.W. Byers.(2014), The Rise of the Sharing Economy : Estimating the Impact of Airbnb on the Hotel Industry. Boston University School of Management Research Paper Series No.2013/16.

70 사람의 활동이나 상품을 생산, 소비하는 전 과정을 통해 직·간접적으로 배출되는 온실가스 배출량을 이산화탄소(CO_2)로 환산한 총량 발생하는 이산화탄소(CO_2)의 총량을 말한다. 2006년 영국의회 과학기술처(POST)에서 처음 사용한 용어로 제품 생산 시 발생된 이산화탄소의 총량을 탄소발자국으로 표시하게 함으로써 유래됐다. 표시 단위는 무게 단위인 kg 또는 우리가 심어야 하는 나무 수로 나타낸다.(한경 경제용어사전)

71 Buczynski, B.(2013), Sharing is Good: How to Save Money, Time and Resources Through Collaborative Consumption, New Society Publishers, Canada.

72 Cervero, R., Golub, A. & Nee, B.(2007), 'City Car Share: Longer-Term Travel Demand and Car Ownership Impacts', Transportation Research Record: Journal of the Transportation Research Board, vol.1992, no.1, pp.70-80.

73 정화상(2016), 우버 비즈니스 모델의 정책적 시사점, 한국경제연구원, keri brief.

74 http://biz.chosun.com/site/data/html_dir/2016/10/30/2016103000306.html#csidxa86e6c9ce8e173bae3984552c6e55e

75 http://www.carguy.kr/2017/02/

76 QTIC - Queensland Tourism Industry Council.(2014), The Sharing Economy - How it will Impact the Tourism Landscape and what businesses can do.

77 David Bollier(2011), Think Like a Commoner-A Short Introduction to The Life of Commons, New Society Publisher.

78 Schor, J.(2014), Debating the Sharing Economy, Great Transition Initiative, viewed 19 May 2015, http://www.greattransition.org/publication/debating-the-sharing-economy

79 Buczynski, B.(2013), Sharing is Good: How to Save Money, Time and Resources Through Collaborative Consumption, New Society Publishers, Canada.

80 인터넷 망이 공공재, 공동의 소유라는 뜻에서 망중립성(Net Neutrality)이라는 용어를 사용한 콜로비아 대학교 팀 우 Tim Wu교수는 인터넷 네트워크로 전송되는 모든 트래픽은 동등하게 취급되어야 한다고 하였다. 인터넷 가입 상품과 유형, 단말기의 종류, 서비스 종류, 수신자와 발신자에 관계없이 동등하게 취급되어야 인

터넷의 가치가 실현되는 것이라고 하였다. 망중립성 문제는 인터넷 환경은 물론이고 초연결사회를 구현하는 밑거름이 되는 것이지만, 독과점인 통신상의 경제적 가치와 사회의 미래 가치가 대립되고 있어 논의가 계속되고 있다.

81 한계레 신문, 에어비앤비의 두얼굴, 2016.1.24.
http://www.hani.co.kr/arti/science/science_general/766960.html

82 조선닷컴, 에어비앤비, 주택시장까지 뒤흔드나, 2016.08.18.
http://news.chosun.com/site/data/html_dir/2016/08/17/2016081700403.html

83 "Where Do Airbnb Hosts Make the Most Money?", Smartasset web site, https://smartasset.com/mortgage/where-do-airbnb-hosts-make-the-most-money

84 OECD(2015), Digital Economy Outlook, pp.157-158.

85 Arun Sundararajan(2014), Peer-to-Peer Businesses and the Sharing(Collaborative) Economy: Overview, Economic Effects and Regulatory Issues 2014.

86 손상영·김사혁(2015), 공유경제 비즈니스 모델과 새로운 경제 규범, 정보통신정책연구원.

87 블로터뉴스(2015), 호주 노동당, '공유경제' 활성화 6가지 조건 제시.
http://www.bloter.net/archives/241934

88 공유허브 '공유서울' 2기 추진계획 sharehub.kr/

89 에어비앤비, 한국 정부와 농촌관광 활성화를 위한 업무 협약 체결, 2016. 8. 31.
https://korea.airbnbcitizen.com/ko

90 김점산 외(2014), 공유경제의 미래와 성공조건, 경기개발원, 이슈&진단 No.134, pp.19-20.

찾아보기

ㄱ

간선급행교통시스템 • 144
간접경제 • 196
거주적합성 • 64
경험경제 • 205
공동소비 • 248
공유(共有) • 169
공유가치 • 304
공유경제 • 169
공유경제 프레임 • 244
공유경제 플랫폼 • 183
공유도시 • 304
관광 • 203
글로컬리즘 • 289
긱 이코노미 • 212

ㄴ

네트워크 효과 • 183
뉴 노마드 • 62

ㄷ

다면 플랫폼 • 184
다차원적 거버넌스 • 148
도시 경영 • 61
도시 이미지 • 131
도시 자원 • 94
도시 침술 • 129
도시매력 • 69
디지털 리터러시 • 241

ㄹ

레스토랑 데이 • 252
리질리언스 • 53

ㅁ

마을 만들기 • 115
메트칼프 법칙 • 182, 193
무형자산 • 191
문화도시 • 97

ㅂ

방문자 경제 • 203
범용 프리랜서 노동력 제공형 • 248
복합기법 • 133
비교우위이론 • 122

ㅅ

사회관계 • 172
사회적 가치 • 69
상업적 공유경제 • 300
성숙한 도시 • 50

소거기법 • 133
스크랩 앤드 빌트 • 134

ㅇ

압축도시 • 149
온 디맨드 경제 • 187, 195
유형자산 • 191
유휴자산 임대형 • 248
인구 오너스 • 24
입지효율성 • 83

ㅈ

접근 경제비즈니스 모델 • 180
정주환경(定住環境) • 82
제로시간 계약 • 210
제품서비스 경제 • 196
종주도시화 • 36
주거 클러스터 • 157
주거입지효과 • 82
주거클러스터 • 133
주거환경(住居環境) • 82
중고경제 • 189
지니 지수 • 43
지방소멸위험지수 • 26
지속가능한 발전 • 51
직업적 서비스 제공형 • 248
집단 지성 • 221

ㅊ

창조경제 • 285
창조도시 • 96
축소사회 • 65
충전기법 • 133

ㅋ

커먼스 • 230
컴팩트시티 • 150
코끼리 그래프 • 173
크라우드소싱 • 248
크라우드펀딩 • 248

ㅌ

통합 플랫폼 • 186
투자 플랫폼 • 186
트랜잭션 플랫폼 • 184

ㅍ

파괴적 혁신 • 260
평판 • 281
플랫폼 • 182

ㅎ

하이퍼커넥티비티 사회 • 177
혁신 플랫폼 • 184
협력경제 • 187
협력생산 • 248
협업소비 • 172
호스피탈리티 • 238

A

Airbnb • 256

B

BRT(Bus Rapid Transit) • 151

D

DogVacy • 252, 253

F

Fon • 254

G

G2B(Government To Business) • 188
G2C(Government To Citizen) • 188

L

Lending Club • 253
LRT(Light Rail, Light Rail Transit) • 155

N

Neighborgoods • 254

P

P2P 자산 매매형(Peer-To-Peer Asset Sales) • 249
P2P(Peer-To-Peer)경제 • 187
Poshmark • 254

T

T2P(Technology To Personal) • 302
TaskRabbit • 251

V

Voyagin • 251

Z

Zipcar • 259